U0816392

【文化经济学译丛】

文化经济学讲义

TEACHING CULTURAL ECONOMICS

[丹]翠妮·比利　[意]安娜·米诺萨　[英]露丝·陶斯 ◎ 编著
何群　文旻 ◎ 译

首都经济贸易大学出版社
Capital University of Economics and Business Press
·北京·

图书在版编目（CIP）数据

文化经济学讲义 / （丹）翠妮·比利，（意）安娜·米诺萨，（英）露丝·陶斯编著；何群，文旻译. -- 北京：首都经济贸易大学出版社，2023. 5

ISBN 978-7-5638-3498-3

Ⅰ. ①文…　Ⅱ. ①翠…　②安…　③露…　④何…　⑤文…　Ⅲ. ①文化经济学-研究　Ⅳ. ①G05

中国国家版本馆 CIP 数据核字（2023）第 054060 号

Teaching Cultural Economics

根据 Edward Elgar Publishing Ltd. 2020 年版翻译

著作权合同登记号

图字 01-2021-4619

文化经济学讲义

（丹）翠妮·比利　（意）安娜·米诺萨　（英）露丝·陶斯　编著

何群　文旻　译

责任编辑　王玉荣

封面设计　砚祥志远·激光照排 TEL：010-65976003

出版发行　首都经济贸易大学出版社

地　　址　北京市朝阳区红庙（邮编 100026）

电　　话　（010）65976483　65065761　65071505（传真）

网　　址　http://www. sjmcb. com

E- mail　publish@cueb. edu. cn

经　　销　全国新华书店

照　　排　北京砚祥志远激光照排技术有限公司

印　　刷　唐山玺诚印务有限公司

成品尺寸　170 毫米×240 毫米　1/16

字　　数　388 千字

印　　张　21

版　　次　2023 年 5 月第 1 版　2023 年 5 月第 1 次印刷

书　　号　ISBN 978-7-5638-3498-3

定　　价　79. 00 元

译丛总序

自威廉·鲍莫尔于1966年开创本学科之后，文化经济学就开始了其独立发展的历程。在文化经济学的诸多应用研究领域，众多学者取得了丰硕的成果，并构筑了学科的基本问题框架。特别是2006年，文化经济学界通过集体的努力，撰写了《艺术和文化经济学手册》，并纳入爱思唯尔（Elsevier）的经济学手册序列，标志着文化经济学学科基本成型，并得到社会的认可。而在此之前由著名文化经济学家露丝·陶斯编撰的《文化经济学手册》，则通过对学术史的梳理，集中呈现了文化经济学几乎所有具有分量的著作，从而为文化经济学学科圈定了研究范围。所有这些都标志着文化经济学不仅有了“建筑物”，也有了“城墙”，学科独立的基本要件都已经具备。

21世纪以来，学界同仁纷纷引介文化经济学领域的经典，不少有分量的“建筑物”已经移植至中国，为国内学术界所熟悉，并为我国文化产业学术体系建设奠定了良好的基础。但是，毋庸置疑，这些译本缺乏学术史支撑，导致选本方面有着明显的缺憾，难以反映西方文化经济学的历史脉络与宏观概貌。一方面，遗漏了其中若干重量级的代表作，如学科创始人威廉·鲍莫尔的《表演艺术：经济学的困境》、著名文化经济学家艾伦·皮考克的自传体学术专著《打赏艺术：文化、音乐与金钱》，因此使得文化经济学的版图不够完整；另一方面，也缺乏对学科发展前沿的捕捉，如简·斯诺鲍尔的《文化价值评价：文化经济学的方法与例证》和阿尤·克莱默的《做正确的事：以价值为基础的经济学》，从而难以让中国读者了解西方学术的前沿发展。这套译丛就是在已有译著的基础上，拾遗补阙，试图与已有译著共同拼接出文化经济学学术史的完整版图，以此作为我国文化产业学术大厦建设的重要基础。当然，这也意味着这套丛书暂时无法毕其功于一役，我们将继续努力，也欢迎更多学术同行的加入。

编者谨识

译者序

《文化经济学讲义》是一本写给讲授文化经济学课程的教师的教学参考书，也是一本告诉人们文化经济学基本知识谱系的学习性著作。它在文化经济学研究基础上建构的教学法，体现了西方文化经济类人才培养的教育教学方式。

一、文化经济学是一门不断发展的学科

自20世纪60年代以来，文化经济学在欧美已经从一门被少数对艺术领域感兴趣的经济学家所研究的细分学科，发展成一个更为广泛的领域。虽然在西方的主流经济学中，文化经济学仍是一个比较小的领域，更多地体现为主流经济学家研究或者在会议上演讲的小众主题，但作为一门学科，它已经是一个成熟的研究领域。它拥有自己的学术协会——拥有来自世界各地约150名成员的国际文化经济学协会（ACEI）、官方期刊——受到国际认可的同行评审期刊《文化经济学杂志》（Journal of Cultural Economics）和每两年召开一次的国际文化经济学学术会议，涌现了如阿兰·皮考克、威廉·鲍莫尔、布鲁诺·S. 弗雷等一批著名经济学家，出现了威廉·鲍莫尔和威廉·鲍文的《表演艺术：经济困境》、大卫·索斯比的《艺术的生产与消费：文化经济学的视角》等诸多影响广泛的文化经济学研究成果。并且，文化经济学已经在美国经济学会《经济文献杂志》（Journal of Economic Literature，JEL）的主题分类系统（Z1）中有自己的代码，该系统被现代西方经济学界广泛采用，用于对经济学各部类进行"辞书式"编码分类。随着近些年来文化产业中的一些问题越来越多地使用经济学方式解决，文化经济学的发展也在不断加速。

作为应用经济学的一个分支，文化经济学不仅长期致力于用经济学原理和方法去阐释文化生产、文化消费与文化政策的特殊性，而且紧随"文化"的变化和基础经济学的发展，在研究内容上也成为一门不断发展的学科。从诞生以来，文化经济学形成了自己关注的传统领域——表演艺术、文化遗产、视觉艺术、艺术市场、广播电视等"最传统的行业"，构建了本学科最常见的话题：福利经济学和公共财政、对文化产品和服务的需求、文化产品和服务的生产成本和供应、表演艺术经济学、文化遗产经济学、创意产业经济学、版权、艺术家劳动力市

场、城市和区域发展中的艺术和文化等。近年来还密切关注数字化和互联网等新技术对文化领域的改变，不断拓展研究内容，增加了数字化与版权、数字化文化消费、众筹经济学等文化经济前沿问题的研究，并将其细化到不同的分领域，如人工智能在文化创造中发挥的作用、博物馆的数字化、数字音乐付费、电子书、大数据应用，以及数字化创意公司的商业模式等。对于这些新问题的探讨，无疑使该书不仅展现了文化经济学的发展历程，而且也更加贴近当下的文化经济实践。

二、文化经济学教学的“现身说法”

文化经济学的发展与文化经济学的教育教学密不可分，如今活跃在文化经济学研究领域的许多学者都是文化经济学的主讲教师，本书的30余位作者，如翠妮·比利、安娜·米诺萨、露丝·陶斯等，便是其中的代表。他们分别在欧美不同的大学里一边从事文化经济学研究，一边为本科生或研究生讲授文化经济学课程。他们非常有心地将他们所负责专题的教学内容和教学方法完整地记录下来，与不同国家、不同大学的教学同仁交流共享，显示了他们不遗余力推进文化经济学教育发展和人才培养的拳拳之心。

本书的内容分为六个部分，每一个部分又下设若干不同的专题，而每一个专题就是一份体例大致相似的完整教案。在这些教案中，大都包括教学目标、基本知识点和研究方法的详细解释、案例分析、教学方式、供学生在课堂讨论或书面作业中考虑的问题、课堂练习与测试方式、可用于考试的问题、客座演讲的方式、评估要点和学习目标建议、补充阅读材料、参考文献等，有的甚至还提供了统计资料来源和研究工具的网址，几乎涵盖了文化经济学教学的全过程和各环节，不仅完全能够满足文化经济学授课教师的全方位需要，而且也为学习文化经济学的人提供了详细的认知和练习路径。通过这些教学法设计，可以看出欧美文化经济学教学中存在以下特点。

1. 重视因人施教。由于选修文化经济学课程的学生所学专业、知识结构、文化背景等具有多样性：有的是音乐等艺术专业的学生，有的是商学院的学生；有的学习过经济学类课程，有的却患有“基础数学恐惧症”；有的是本国的学生，有的是国际留学生……，因此这给文化经济学的教学带来了很大的复杂性。充分调研学生的知识结构，对教学进行有针对性的特别设计，几乎成了所有教师的共同行为。他们发现，艺术类专业的学生对经济学理论不太熟悉，经济学专业学生对文化行业不太熟悉，该书旨在为面对这两类学生的文化经济学教师提供一系列有用的授课专题和教学方式，以说明文化产业的变化及其趋势。

2. 强调经济理论与文化实践的结合。在每一位作者的教案中，对所在专题相关基本经济理论的详细解释都是其最重要的部分。他们重视基本经济概念和模型的辨析，并将这些概念应用到文化产业的具体案例分析中，以详细指导学生运用经济理论来分析文化产业的经济问题。如在分析文化消费与价格时，作者在教学计划中一方面讲解价格弹性的经济模型，另一方面通过研究卢浮宫的票价，引导学生根据卢浮宫游客的人员结构，评估不同定价方案的影响。经济学理论与真实的文化实践案例相结合，不仅使学生更加透彻理解了文化经济学理论，而且也保证了他们对文化经济“技术”层面上更多技能的掌握。

3. 重视“问题”意识的培养。对于“问题”的普遍重视，是该书留给译者最深刻的印象之一。概览每一章节，“问题”都是出现频率最高的名词。讲述文化经济学课程，是为了使学生认识到经济学作为一种分析方法，可以为找出和解决文化产业所面临的问题做出贡献；在教学计划中，会从基本知识中提炼出若干问题一一去解释，会设计一系列可供课堂讨论或可做书面作业的问题以激发学生思考；在评估方法中，会考察学生是否具有批判性的反思意识和是否能够解决具体文化经济实践问题的能力。对于“问题”意识的培养，无疑增进了学生对文化经济现象及其所面临的挑战的开放式认识和创新性解决问题的能力。

三、对于我国高校文化经济学教学的启示

大约从2004年我国高校招收第一批文化产业管理本科专业学生以来，文化经济学就作为其核心专业课程陆续进入了我国200多所高校，出现了数百名承担文化经济学课程教学的专职教师。著名经济学家厉以宁在北京大学曾多次为本科生、研究生开设与文化经济学有关的专题讲座，清华大学文化经济研究院院长魏杰也曾在清华大学独创了“文化经济学”课程并担任主讲教授。相应地，文化经济学教材也不断涌现，据译者粗略统计，我国目前已有十余种《文化经济学》教材面世。如厉以宁的《文化经济学》，胡惠林的《文化经济学》，宋琪、占绍文的《文化经济学》，王天玺的《文化经济学》，颜士锋的《文化经济学》，程恩富的《文化经济学通论》，周正兵的《文化经济学经典导读》等。同时，国外学者的一些文化经济学教材也被翻译到国内，如露丝·陶斯的《文化经济学教程》、詹姆斯·海尔布伦、查尔斯·M. 格雷的《艺术文化经济学》等，这使得我国的文化经济学教学也出现了繁荣的局面。

但在这种繁荣中有一点可以确定的是，国内并没有出现一种公认的文化经济

学课程的教学大纲，更没有出现一本类似该书这样的“讲义”，其教学的规范性、广泛适用性等并没有建立起来，基本处于各自为战的阶段。当然，我国的文化经济学研究主要“立足于中国文化经济实践，试图以中国的视角，借助和应用马克思主义经济学与一般经济学理论相结合，探讨建构中国的‘文化经济学’学术图谱”（胡惠林《中国文化经济学：历史、现状与特点》，《福建论坛 ·人文社会科学版》2017 年第 12 期），具有鲜明的中国特色，不能在内容上照搬西方。但该书中对于文化经济学基本知识体系的梳理、教学法的研究，以及欧美等西方高校频繁的教学交流状况，仍然能给我们诸多启示，使我们去思考并解决我国的文化经济学课程“为何教?”“教什么?”“怎么教?”的问题。

目前，我国正处于健全现代文化产业体系和市场体系，建设社会主义文化强国的关键时期，社会对于文化经济、管理类人才的需求将越来越大，此时，借鉴一切有益经验，推进文化经济类课程教学法的研究，大力促进文化经济学类学科建设，无疑是培养更多、更好国家亟需人才的必要途径。而这也正是我们翻译这本书的目的。

本书的贡献者

维多利亚·阿泰卡-阿梅斯泰（Victoria Ateca-Amestoy），西班牙巴斯克大学

哈桑·巴赫希（Hasan Bakhshi），英国创意产业政策与证据中心

安德里亚·鲍尔丁（Andrea Baldin），丹麦哥本哈根商学院

玛丽亚·德尔巴里奥-泰拉多（María José del Barrio-Tellado），西班牙巴利亚多利德大学

范娜沃丝·本哈慕（Françoise Benhamou），法国巴黎第十三大学；巴黎政治学院

翠妮·比利（Trine Bille），丹麦哥本哈根商学院

埃吉尔·比约森（Egil Bjørnsen），丹麦表演艺术发展平台；英国华威大学

雷纳特·布杰斯（Renate Buijze），荷兰鹿特丹伊拉斯姆斯大学；荷兰伊拉斯姆斯信托基金

塞缪尔·卡梅伦（Samuel Cameron），英国布拉德福德大学

卢克·尚巴诺（Luc Champarnaud），法国阿尔图瓦大学

达琳·C. 奇泽姆（Darlene C. Chisholm），美国萨福克大学

莉迪亚·德卢默（Lydia Deloumeaux），加拿大联合国教科文组织统计研究所

朱丽叶·丹尼斯（Juliette Denis），法国巴黎第一大学

保罗·迪·卡罗（Paolo Di Caro），意大利经济与财政部

路易吉·迪·加埃塔诺（Luigi Di Gaetano），意大利竞争管理局

乔尔·法奇（Joëlle Farchy），法国巴黎第一大学

后藤和子（Kazuko Goto），日本摄南大学

克里斯蒂安·汉德克（Christian Handke），荷兰鹿特丹伊拉斯姆斯大学

西格丽德·黑莫斯（Sigrid Hemels），荷兰鹿特丹伊拉斯姆斯大学；安理国际律师事务所；瑞典隆德大学

路易斯·赫雷罗-普列托（Luis César Herrero-Prieto），西班牙巴利亚多利德大学

帕特里夏·卡辛斯卡（Patrycja Kaszynska），英国伦敦艺术大学；伦敦国王学院；伦敦新人文学院

伊丽莎白·拉扎洛（Elisabetta Lazzaro），荷兰乌特勒支艺术学院

伊西多罗·马扎（Isidoro Mazza），意大利卡塔尼亚大学

乔迪·麦肯齐（Jordi McKenzie），澳大利亚麦考瑞大学

安娜·米诺萨（Anna Mignosa），意大利卡塔尼亚大学；荷兰鹿特丹伊拉斯姆斯大学

特里塞·纳瓦雷特（Trilce Navarrete），荷兰鹿特丹伊拉斯姆斯大学

泰勒·奥姆（Tylor Orme），美国爱默生学院

贾科莫·皮尼亚塔罗（Giacomo Pignataro），米兰理工学院；意大利卡塔尼亚大学

伊尔德·里佐（Ilde Rizzo），意大利卡塔尼亚大学

布鲁斯·A. 希曼（Bruce A. Seaman），美国佐治亚州立大学

露丝·陶斯（Ruth Towse），英国伯恩茅斯大学

目 录

CONTENTS

第四部分 文化产业中的消费者行为

第五部分 数字化与版权

第六部分 文化与创意产业经济学专题

1 简 介

——翠妮·比利，安娜·米诺萨，露丝·陶斯

在过去五十多年的时间里，文化经济学已经从一门少数对艺术领域感兴趣的经济学家所研究的细分学科，发展成一个更为广泛的研究领域。如今，文化经济学涵盖了各种各样的创意和表演艺术，以及对这些艺术作品进行营销的文化产业。鉴于一部分来自经济学院或商学院、抑或其他专业领域的教师对于开设文化经济学这门课程是有兴趣的，因而这本由已讲授了一段时间文化经济学课程的经济学家们所编纂的书得以问世。通常情况下，其他专业的教师有意愿（或被要求）开设文化经济学课程，或是在他们更为广泛的教学内容中加入一些文化经济学的例子。这便是本书的编者们所设想的这本教材的应用场景。同样，学习文化经济学课程的学生们可能具有（也可能没有）严格意义上的经济学背景。因此，本书为由浅至深的各种文化经济学教材提供了教学建议。本书的大部分内容由文化经济学专业在职教师所编写，并提供了经过检验的教学材料。

1.1 本书的结构

第2章至第6章主要介绍了编者和其他主要作者在文化经济学教学与研究方面的观点和经验。我们处于不同国家的制度环境以及不同的文化组织，这无疑会对我们的思维有所影响。此外，正如本书的结构所示，我们每个人都专攻文化经济学的不同领域。其他作者来自更为广泛的背景并具有更多元的观点，因此，我们希望每一位读者都能在此书中得到有益的收获。本书专为教师所编写，并分为

若干部分，每一部分都由三位编者中的一位来策划，具体内容如下：

第一部分：艺术与文化组织的公共资助经济学

第二部分：文化生产的资助

第三部分：艺术家劳动力市场

第四部分：文化产业中的消费者行为

第五部分：数字化与版权

第六部分：文化与创意产业经济学专题

其中：第一、第四部分由翠妮·比利策划；第二部分由安娜·米诺萨策划；第三、第五部分由露丝·陶斯策划；第六部分由三位编者共同策划。一些章节回顾了关于某一特定专题的文献，而另一些章节则更倾向于实际教学内容。此外，本书也提供了延伸阅读、课堂练习以及考试题目的相关建议。

1.2 如何使用本书

原则上，一门课程可以基于本书的每一章来构建，但实际上，教师将会根据分配给该课程的时间以及学生的经济学基础，来做出更为合适的选择。本书的一些章节适合于基础知识较弱的本科生，教师可以安排这些学生阅读相关教材以帮助其理解课程的专题；而另一些章节则要求学生具备微观经济学与福利经济学的基本知识。

1.3 推荐阅读书目

由剑桥大学出版社出版的海尔布伦（Heilbrun）与格雷（Gray）的著作《艺术文化经济学》（*The Economics of Art and Culture*，2001 年）及露丝·陶斯所著的《文化经济学教程》（*A Textbook of Cultural Economics*，第 2 版，2019 年）可作为一般性的参阅资料。篇幅较短者有 Edward Elgar Publishing（爱德华·埃尔加出版社）出版的露丝·陶斯的著作《文化经济学高级导论》（*Advanced Introduction to Cultural Economics*，2014 年）。同样由 Edward Elgar Publishing 出版的《文化经济

学手册》(*A Handbook of Cultural Economics*，第 2 版，2013 年）由露丝·陶斯主编，该书包括专门研究文化经济学的不同作者所撰写的 60 篇论文。法文版教科书，请参阅范娜沃丝·本哈慕（Françoise Benhamou）所著的《文化经济学》(*L'économie de la culture*，第 8 版，2017 年)。

2 文化经济学的教学

——露丝·陶斯

在我16岁时，一次幸运的机会让我开始了学习和研究经济学的生涯，迄今为止已有60年了。爱德华兹（Edwards）夫人出乎意料地出现在我于诺丁汉（位于英格兰中部，还是罗宾汉的故乡）就读的女子高中，她主动提出要向那些刚升入六年级的学生教授进阶经济学[1]，我就是其中之一。爱德华兹夫人曾在第二次世界大战期间担任国家煤炭委员会（National Coal Board）的经济学家，我相信，教书对于她来说还是个相对新鲜的事。不管怎样，她都把我们当作成年人来看待，并带领我们学习了“经济与公共事务”概论，我们从中学习了很多有趣的经济史和一些经济学理论的内容。我很喜欢学到的这些东西，故而决定在大学学习经济学。我在雷丁大学（University of Reading）获得了政治经济学学位（在当时基本上是经济学与政治学的“联合”学位），之后前往伦敦经济学院（London School of Economics）攻读当时新引入的极其严格的经济学硕士，这是英国第一个授课型经济学硕士学位。我于22岁那年毕业，并很快得到了那时的恩菲尔德理工学院（Enfield College of Technology，后成为Middlesex University）的全日制讲师职位。

恩菲尔德理工学院有一种特殊的教学理念，即强调任何教学科目都有应用于潜在工作场所的需要。因此，我们需要重新思考高等教育所扮演的角色，而非仅仅将我们目前为止所学到的并使我们得到这份工作的东西进行不断的重复。这不仅困难，而且显得格格不入——直到20世纪60年代，英国的高等教育基本上都是面向精英阶层及少数足够聪明因而可以接受进阶教育的人的。但在过去的50年中，这种情况发生了根本性的变化，教学所扮演的角色也随之而改变。结果是高等教育所提供的、往往针对特定工作领域的，特别是硕士水平的课程大量增加。如今，通常在应用领域里，有更多的学位课程提供给学生。此外，博士学位的要求以及一些教学方法上的培训，发展成为从事高等教育工作的先决条件。然而在20世纪60年代，教学几乎就是将一个人之所学按照他从前的学习方式来进行复制与再现。因此，当被告知这样的方法还不够好的时候，的确令人感到震惊和触动。回首往昔，我非常珍视这样强烈的触动，这种经历一直伴随着我的整个教学生涯。

我进入文化经济学领域的时间相对较晚。我在恩菲尔德理工学院任职期间，曾有一年在泰国曼谷的泰国国立法政大学（Thammasat University）教授微观与宏观经济学，区位、城市与区域经济学以及数理经济学。我的丈夫马克·布劳格（Mark Blaug）是伦敦大学（University of London）的教育经济学教授，他受聘为泰国政府提供教育规划方面的建议。我作为妻子随行前往，并被泰国中央银行（Bank of Thailand）行长兼经济学院院长普瑞·安格普恩（Puey Ungaporn）聘用，培训年轻的教师以及助教。马克本质上是一位经济思想史学家，他在该领域的工作广为人知并且受到高度评价，然而在英国，几乎没有使他可以专攻这些领域的教学工作。20世纪70年代，他成为文化经济学的少数先驱之一，并编纂了在当时被称为艺术经济学的首批读物之一。即便如此，我当时也没有在学术上涉足这一领域。直到后来，在20世纪80年代中期，时任英国白金汉大学（University of Buckingham）经济学教授的阿兰·皮考克（后为该校副校长）作为对文化经济学做出贡献的最著名人物之一，雇请我参与他的关于通货膨胀与艺术的研究项目——成本病（Cost Disease）假说的实证检验，我自此开始加入文化经济学领域之中。

在20世纪80年代末，我花了很多时间来学习歌唱而并非去追求我的学术生涯。我获得了一笔拨款用以研究歌唱行业中的经济学，从而出版了《市场上的歌手》（*Singers in the Marketplace*）一书。同时，我也在埃克塞特大学（University of Exeter）教授入门经济学及社会政策经济学。之后，我于1990年第一次参加了国际文化经济学学会（Association for Cultural Economics International，ACEI）会议，并积极参与重组后的国际文化经济学协会。我在1993—2002年成为《文化经济学杂志》（*Journal of Cultural Economics*）的编辑，并于2016年被评为国际文化经济学协会的杰出会员。

后来，荷兰的鹿特丹伊拉斯姆斯大学（Erasmus University Rotterdam）为我们提供了专门教授文化经济学的机会，我们于1999年进入该学校。我是创建了“文化经济学与文化产业”硕士学位的团队中的一员，现在，伊拉斯姆斯大学在训练文化经济学研究生方面已处于领先地位。作为创意产业经济学的教授，我为本科生和硕士生教授文化经济学和创意产业经济学课程，直至退休。于 2010 年出版、现已再版的《文化经济学教程》，正是基于我在该校的授课内容而著。

到了 21 世纪初，我的研究重心越来越集中于版权经济学。我与理查德・瓦特（Richard Watt）合作成立了版权问题经济研究学会，他是版权经济学领域中最具影响力的《版权与经济学理论：朋友还是敌人》一书的作者。[2] 在我 65 岁（在当时是退休的标准年龄）时，我既没有准备好，也不愿意退休。自 2007 年始，我在英国伯恩茅斯大学（Bournemouth University）的“知识产权政策与管理中心”担任兼职教授。2013 年，我成为英国格拉斯哥大学（University of Glasgow）的英国版权与创意经济中心（CREATe）文化经济学学术会员。2018 年，我加入了奥斯陆大学（University of Oslo）的 MUSEC 团队[3]，担任了三年的兼职研究员。

显然，在数字创意经济领域内，版权法越发重要，而版权经济学在当今作为一个专题，其重要性也与日俱增。然而，当我在 20 世纪 90 年代初第一次开始研究这些内容时，情况并不是这样的。律师和经济学家们对版权兴趣的提升，来自关于下载音乐之合法性的奈普斯特（Napster）案例[4]。尽管只有少数经济学家在探究这一专题，但仍有许多法律以及法律与经济学的研究者从事这一研究。这两种研究的区别在于：法律和经济学的研究者考虑法律中的基本经济原理，而作为经济学家，我感兴趣的是版权对创意经济市场的影响，我认为它是文化经济学的一个组成部分。除了保护创作者和表演者的权益之外（或作为保护创作者和表演者的权益之结果），版权至少应该为创作者和表演者提供收入。在这方面，它符合我对艺术家劳动力市场的兴趣。然而，这种兴趣需要实证依据，而这正是我着手研究的版权对创作者收入的影响。它清楚地表明，将版权视为对创作的一种激励的主张被夸大了，因为对大多数版权持有人来说，来自版权的收入只占其总收入的一小部分。固然，超级明星们通过版权税赚了很多钱，但与大多数从事音乐、写作、电影制作等工作的人相比，超级明星的数量实际上很少。

2.1 为何教授“文化经济学”而非“经济学”

在过去的 20 年里，我有幸专注于文化经济学，在此过程中，我借鉴了我早先在埃克塞特大学教授基础经济学和社会政策经济学课程的经验。社会政策经济学涵盖了从教育、健康到福利政策等非常广泛的主题。然而，从许多方面来说，文化经济学都是另一回事。其实，福利经济学是所有这些领域的基础，因此，从一个领域过渡到另一个领域是很容易的。

我在经济学领域的长期耕耘使我相信，虽然经济学的诸多领域都是非常学院派的，且这一特点会随着时间的推移而越发明显，但是，所谓的“常识”经济学对来自不同学科背景的学生（比如艺术或媒体管理、文化研究甚至艺术史）仍然有重要意义，他们很可能需要在以后的职业生涯中为了扩大自己的责任范围或为其辩护而进行一些经济上的辩论。根据我的经验，基本的经济概念——机会成本、供给与需求、公共产品，对于艺术及媒体管理者、政策制定者等来说可能会有很大的用处，前提是，这些经济概念能够在这些人所感兴趣的领域内被阐释给他们。然而，除此之外，艺术和文化在市场经济中运作也是重要的原因。在市场经济中，一方面，资源是有限的，这与对它们的需求有关，无可避免；另一方面，与整体经济相关的法规，例如与最低工资及工作环境相关的法规、与健康及安全相关的法规等，也会对创意经济产生影响。

因此，我认为教授文化经济学，应将这些基本经济概念应用于创意经济的不同领域当中，并且在教学中，不应回避学生可能会遇到的一些概念上的难点。这并不意味着你应该坚持要求学生们能够根据一个需求表写出一个方程式，但学生们应当掌握需求的变化和移动之间的差别，以及在需求表中的每个点的需求弹性的变化。简单的算术例子就可以说明这一点。如果游戏开发者了解到他们的销售收入取决于消费者对价格变化的反应程度，那么，即使他们无法准确得出需求弹性，了解需求弹性也一定会对他们有所帮助。

这些基本经济概念也被应用于其他经济学的分支，这些分支与艺术及文化领域有相似之处。环境经济学就是一个明显的例子，它使用了与文化经济学非常相似的概念，但这些概念被应用于自然资源以及自然遗产的使用。教育经济学通过使用与文化资本类似的方式来使用人力资本组成的概念，并运用福利经济学以证明免费提供中小学教育的合理性。

那么，我们为什么应该教授文化经济学？第一，文化经济学是应用经济学的一个分支，且学习基本的经济学是非常有用的。第二，文化经济学已经发展并形成了自己的应用领域，以适应文化生产与文化消费的特殊性。第三，作为一门学科，经济学提倡将实证依据作为决策和管理的基础。文化经济学已经有更多的证据揭示了大量关于文化类组织对金融、文化产品的供求、艺术家的劳动力市场、盗版对创意产业的冲击等方面的经济影响。

然而，过度的专一化是危险的。与其他任何应用领域一样，文化经济学绝不能变得封闭和自我参照。我们对专业知识的要求依赖于不断发展的基础经济学。正如我们后面所讨论的，数字化给创意经济和既定的经济思维带来了挑战，而我们可以利用新的理论来应对这一挑战。

2.2 应如何教授文化经济学

一个不假思索的答案是：应该像教授其他课程一样来教授文化经济学！对我来说，作为一名教师要有明确的目标，要清楚你在一段时期内可以取得什么成果。此外，还要明了学生的兴趣以及如何利用他们的兴趣。每周上 1 小时的课，一个学期该课程将有总共 10 小时的课时。当然，这在很大程度上取决于学生的水平：他们是本科生还是研究生，以及他们的其余课程有哪些？我曾给应届本科生和研究生上过文化经济学的课。就我而言，因为本科生没有经济学背景，所以必须详细阐释所涉及的各种经济学概念。如果学生们对经济学有基本的理解，如学习过一门“微观经济学原理”课程，那这样做就不是特别有必要了。至于我给研究生上课，因为有些学生已经修习过经济学的课程，例如管理学或商务经济学，所以我的任务是引导他们将已掌握的知识应用到文化经济学的问题上。经常性的，班上的一些学生所具备的经济学知识要远胜于其他学生。我认为，即使学生们有所抵触，把一些知识复习一遍也是无妨的。我记得在我还是学生的时候，我以为我什么都知道，但只有当我多次重温那些概念时，尤其是在我讲课的时候，我才会得到启发。

我曾在英国和荷兰教过书，这两个国家的经济状况及其施行的经济、文化政策非常相似。在英国和荷兰，人们普遍认为文化与创意产业对更广泛的经济有着重要贡献，并且对于创造力、创新及文化福祉而言亦不可或缺。实际上，大多数发达国家都或多或少地认同这些观点。因此，教授文化经济学的一个出发点，可以在关于政策或如何实施政策的争议中找到。举个例子说明：我记得早在 1975 年，美国加利福尼亚州讨论艺术家的转售权法案（著作追续权）时，这一权利就已经在文化经济学领域中引起了争论。基于经济学原理，经济学家们认为这将对年轻艺术家不利，因为买家们将愿意支付更低的价格（这是一个用以解释折扣的好方法）。不过，至少在英国，经过实证检验后发现事实并非如此。另外，研究还发现，总体上，受益者并不是在世的艺术家，而是他们的继承人。这引发了学生们的很多思考。其中有理论和统计依据，也具有对政策评估的影响。

尽管这些国家在某些方面是相似的，但它们文化部门的经济组织形式却有所不同。总的来说，英国的艺术组织是非营利组织，接受中央和地方政府的资助，但其所有权和管理权为私人所有；然而，在荷兰，作为福利计划的一部分，艺术组织由国家资助、拥有和管理。这种由国家所有并管理的模式，无论是在地方、区域还是中央政府的层面，在欧洲很常见，并使人们对艺术与其他创意产业的作用产生了不同看法。例如：欧洲大多数管弦乐队的成员都是国家雇员，他们有定期的雇佣合同与养老金；而在英国，管弦乐队可能是自我管理的，并且由企业赞助，严重依赖于门票销售收入和其他收入来源，如电影公司的宣传与商业活动。因为这些制度安排上的差异，所以在面对例如节目编排、观众群体等问题时，需要不同的处理方式。在将文化经济学应用于这些问题时，必须对此差异加以考虑。

关于教师在制订课程计划中的作用，我的教学习惯是提前（通常是为了教师手册）提供课程名称、课程目标、对于教学方式的一些说明（如讲座、课堂、自学），以及教师对这门课的看法。然后会提供一个详细的课程计划，包括阅读材料、课堂讨论的推荐话题，以及一份关于评分的时间表（通过书面作业、测验、考试等），其具体格式通常由院系或学校会议来制定。因此，对于一门为期10周的课程来说，它可以是一个1小时的正式演讲（讲座或有条理的讲话）和一个研讨会，或是一个以课前阅读为基础的、同样有条理的课堂讨论与演讲。

2.3 教授什么内容

我认为这主要取决于教师和学生们的兴趣。文化经济学有自己的著作，包括提供总论的教科书。我撰写的《文化经济学手册》（第2版，剑桥大学出版社，2019年出版）共有20章，涵盖了文化经济学和创意产业经济学的既有文献，其中第8章至第19章专门介绍了具体的研究领域。这本书可以作为一门每周上1节课再加1次讲座、为期10周的研究生课程或一门同样的为期20周的本科生课程的基础读物。

任何课程都应该至少触及上述基础知识，但可以通过不同的方式，例如正式的讲座或课堂讨论与练习。之后，我会了解学生以前上过的课程，并试着弄清楚他们知道什么以及他们的兴趣是什么。如果说这门课是为具备基础经济学知识的商科本科生开设的，那我会选择创意产业专题，对创造力的激励、版权经济学以及各种产业（电影、音乐、出版）的经济组织，也许会让学生们来选择。课堂上可能会有某些学生在某个行业工作过，他们的实践性知识可以被用来激发其他学生的兴趣（他们通常能够很好地互相学习），也可以使教师以此来说明他们希望在课堂中讨论的要点。

参与编撰这本书对我来说是一次新的经历，使我与来自世界不同地区和不同教学传统的教师互相协作。这项工作比较不寻常的一点在于，我一直认为属于我们专业的领导者的经济学家们，通常没有机会教授文化经济学课程。对他们来说，文化经济学一直是一个研究、出版以及在会议上演讲的主题。不过，本书几乎所有的编者都曾经教授或正在积极地教授文化经济学的一系列专题。令人欣慰的是，文化经济学是一个不断发展的学科。我们都可以从彼此的经验中学习，我也从为本书做出贡献的作者们那里学到了很多。

注释

［1］1972 年以前，英国的中学生离校年龄为 15 岁。全国共有两套考试体系：16 岁时参加“普通水平”考试，18 岁（或即将年满 18 岁）时参加“高等水平”考试。当我在学校（1961 年毕业）时，大多数孩子在 15～16 岁时离校，通常不会参加“普通水平”考试。但由于我就读的学校只招收成绩最好的学生，我们大多数人都参加了大约七门课程的“普通水平”考试，然后又针对“高等水平”考试进行了为期两年的全日制学习。根据学校所提供的内容，学生们可以选择广泛的“高等水平”考试科目，并以相当高的成绩通过其中三门考试，才能符合大学的一般入学要求。

［2］由 Edward Elgar Publishing 于 2000 年出版。

［3］Music on Demand：Economy and Copyright in a Digitised Culture（《点播音乐：数字文化中的经济与版权》）。

［4］参见 Washington University in St. Louis，School of Law（2013），*ase study*：*A&M Records*，*Inc. v. Napster*，*Inc.*，1 August［blog］，accessed 8 October 2019 at https://onlinelaw. wustl. edu/blog/case-study-am-records-inc-v-napster-inc/。

3 研究与教学中的文化经济学

——翠妮·比利

在研究与教学方面，文化经济学仍是一个比较小的领域。在大多数大学，研究和教学有着密切的联系，因为教学是以研究为基础的，故此二者值得仔细探讨。在这一章，我将给出我个人对文化经济学教学和研究的看法以及我在这方面的经验。并且，我认为学生和社会对这一领域有更多的兴趣和认可。

3.1 研究

文化经济学是一个成熟的研究领域，拥有自己的学术协会，即“国际文化经济学协会”（ACEI）[1]。该协会的官方期刊是由斯普林格出版社（Springer）出版的、受到国际认可的同行评审期刊——《文化经济学杂志》（*Journal of Cultural Economics*）。国际文化经济学协会是一个拥有来自世界各地约 150 名成员的科学协会。该协会每两年组织一次关于文化经济学的国际会议，举办地点通常在欧洲和美国的主办方之间切换。在过去的十年里，该会议还曾在日本和澳大利亚举办。自 1992 年第一次文化经济学国际会议在得克萨斯州的沃思堡举办以来（这是我第一次参加学术会议），每一次会议我都未曾缺席。2010 年，我有幸在丹麦哥本哈根商学院主持了这一会议，当时来自世界各地的学者约 250 人赴会。我于 1996—2002 年以及 2012—2018 年，任职于国际文化经济学协会的执行委员会。2018—2020 年，我是该协会的候任会长；而 2020—2022 年，我接任会长一职。我对于担任协会的会长感到非常荣幸与期待。

该协会的历史可以追溯到 1973 年。当时俄亥俄州阿克伦大学的威廉·汉登

(William Hendon) 教授创立了《文化经济学杂志》，并于 1979 年在爱丁堡组织了第一届文化经济学国际会议。他还成立了一个文化经济学协会，这些年来逐步发展成为今天的样子。文化经济学协会、会议与期刊，把对文化经济学有共同兴趣的经济学家们互相联系起来，包括阿兰·皮考克（Alan Peacock）教授、威廉·鲍莫尔（William Baumol）教授、布鲁诺·S. 弗雷（Bruno S. Frey）教授等著名经济学家。

起初，文化经济学这一研究领域就与威廉·鲍莫尔和威廉·鲍文于 1966 年出版的《表演艺术：经济困境》(*Performing Arts*: *The Economic Dilemma*) 一书有关。该领域一直在不断发展，并且文化经济学这一学科在《经济文献杂志》(*Journal of Economic Literature*, JEL) 分类系统（Z1）中有自己的代码。大卫·索斯比（David Throsby）教授在 JEL 上发表的文章《艺术的生产与消费：文化经济学的视角》（“The production and consumption of the arts: A view of cultural economics”, 1994），是文化经济学领域一个重要的里程碑。不过，文化经济学仍是一个相对较小的研究领域，尚未发展到其他经济学领域（例如环境经济学）所达到的规模。

在世界各地的大学的经济学系中，文化经济学还是一个边缘化的、在大多数情况下根本不存在的研究领域，虽然有一些教授专门研究文化经济学，例如经济学特聘教授大卫·索斯比（悉尼麦考瑞大学）、创意产业经济学教授露丝·陶斯（英国伯恩茅斯大学）和阿尤·克莱默（Arjo Klamer）教授（鹿特丹伊拉斯姆斯大学），但大多数文化经济学的研究者是在研究其他专题时才涉足这一领域的，例如布鲁诺·S. 弗雷教授（苏黎世大学）。

文化经济学涵盖的专题是多方面的，涉及微观与宏观经济学中的许多分支。其中一些最常见的话题有：福利经济学和公共财政、对文化产品和服务的需求、文化产品和服务的生产成本和供应、表演艺术经济学、文化遗产经济学、创意产业经济学、版权、艺术家劳动力市场、城市和区域发展中的艺术和文化。对文化经济学研究的最佳概述请参阅 Throsby（1994）、Ginsburgh 和 Throsby（2006，2014）。

3.2 教学

全球有多少大学开设了文化经济学课程？哪些院系正在教授文化经济学？我

的印象是，大学里很少有经济学系开设文化经济学课程，而且当他们开设时，都是由对这一领域有个人研究兴趣的教授推动的。这些课程通常是选修课而非必修课。另一方面，商学院，尤其是人文学院、艺术学院和艺术学院中与文化行业相关的学习项目，已经开始在其课程中引入文化经济学。目前，一些完整的学位项目已经开始出现。例如，在荷兰，鹿特丹伊拉斯姆斯大学提供“文化经济学与文化创业”的学士及硕士学位课程；在意大利，威尼斯大学提供“艺术与文化活动的经济与管理”的硕士学位课程。

在我所居住的丹麦，情况又如何呢？在哥本哈根大学经济系，我以前的教授兼导师克里斯汀·霍思-安德森（Christian Hjorth-Andersen）教授于20世纪80年代末开始教授文化经济学课程。这门课是作为硕士生的选修课而开设的。我是他的一名学生，我对这一学科非常感兴趣。我写了一篇关于文化经济学的硕士论文，1991年获得了经济学硕士学位。之后，在安德森生教授的指导下，我于1996年获得了文化经济学博士学位。从那以后，文化经济学就成为我职业生涯的基础。自从安德森教授退休后，哥本哈根大学经济系便不再开设文化经济学课程。

在我担任教授的哥本哈根商学院，我们提供“工商管理与服务管理”理学学士学位课程。我担任这个项目的负责人已有8年，我使其侧重于三个方向：艺术与文化、旅游与接待、服务与创新。该项目以英语授课，每年招收约180名新生，其中约30名学生选择研习艺术与文化[2]。在这一项目中，我们教授管理经济学、宏观经济学、定量和定性方法、企业财务、会计、营销、组织行为以及策略等标准课程。这些课程在三个方向都是通用的，但有些课程在有的方向会更专业化一些。这意味着即使这些课程在三个方向都是通用的，也会在一些课程中根据学生在专业化程度上的不同来对它们做一些区分。除此之外，这三个方向各有三门专业课程（总计22.5 ECTS学分）[3]。“艺术与文化”方向的三门专业课程分别是“文化流程、项目与机构之管理”（7.5 ECTS学分）、“文化创业”（7.5 ECTS学分）和“文化经济学与政策”（7.5 ECTS学分）。这些课程都是必修课。“文化经济学与政策”是哥本哈根商学院唯一一门教授“纯粹意义”上的文化经济学的课程。

哥本哈根商学院还有其他与艺术、文化、设计等学科相关的学习项目和课程，然而，它们更多地涉及管理、组织和创业。哥本哈根商学院是一所涉猎广泛的商学院，它不仅教授狭义的商业和经济学科，还教授哲学、心理学和社会学等更广泛的学科。这反映在它的许多学习项目中。

哥本哈根商学院的高层管理人员表达了与艺术及人文类院系就其学习项目进行合作的兴趣，因为这些院系越来越有兴趣在他们的教学中加入经济学、管理学以及创业的元素。在过去的一年里，我一直负责开发一个全新的“战略设计与创业”硕士学位，这是哥本哈根商学院和丹麦皇家美术学院的建筑、设计和保护学院（KADK）共同合作的硕士课程[4]。该课程的理念是让这两所院校的学生了解管理和设计实践如何结合在一起，以利于创新和经济发展，并使设计师和建筑师能够自己创业。其目的是为哥本哈根商学院的学生创造新的机会，以便在设计与设计领域的管理之间架起一座桥梁，使他们能够以创新的方法在创意形成的过程中应对各种复杂或困难的情况。未来进入建筑师和设计师行业的 KADK 的学生将获得商业策略、项目管理及创业方面的知识与方法。该学习项目于 2018 年 9 月首次招收学生，学生们对加入此项目非常感兴趣。

这些跨学科的课程将艺术与文化、(文化）经济、管理以及创业方面的知识和能力相结合，似乎有进一步发展的潜力，因为文化管理、文化机构和创意产业的从业者需要各方面的知识与能力。

最后，我想提的是，我于 2019 年秋季在哥本哈根商学院的一个高管学习项目——“公共治理硕士项目”（Master of Public Governance）中开设了一门选修课，即“文化经济学与管理”。本课程面向在文化领域内有丰富经验、希望提高文化经济学和管理学知识的管理者。我非常高兴能教这门课。

丹麦的其他大学，特别是人文类与艺术类院系，提供针对文化行业管理的学习项目与课程。哥本哈根大学提供的一个名为“现代文化与传播”的硕士课程就是一个例子。该课程不提供文化经济学和（或）管理方面的教学，但该课程的许多毕业生在文化机构、市政当局等部门担任文化类管理人员。另一个例子是哥本哈根的韵律音乐学院（The Rhythmic Music Conservatory）提供的“音乐管理”学士学位。

3.3 哥本哈根商学院（CBS）的“文化经济学与政策”课程

自 2009 年以来，我一直在哥本哈根商学院的“工商管理与服务管理”理学学士学位课程中推行并教授“文化经济学与政策”课程。如上所述，该学士项目的学生会上一些标准的经济学课程，以及与艺术和文化领域的管理与创业相关的其他专业课程。

“文化经济学与政策”的课程目标如下：

本课程旨在提供西方背景下的文化经济学和文化政治学知识。文化经济学将作为一门处理文化类行业中经济问题的学科引入。本课程旨在让学生了解如何利用文化经济学分析文化类行业的经济问题，尤其是与文化公共财政相关的问题，从而为文化政策提供依据。此外，本课程将介绍文化政策，描述不同的文化政策模式，并说明不同模式的不同目标与手段。

“文化经济学与政策”的课程内容如下：

本课程将概述文化行业、文化经济学与文化政策。本课程将说明如何运用经济理论来分析文化行业的经济问题，从而处理诸如艺术与文化的市场需求，艺术与文化参与的决定因素，市场失灵（如外部性以及文化行业的公共产品），艺术与文化的非市场需求，成本效益分析，生产、生产力以及收入差距（鲍莫尔成本病）等问题。本课程将使用相关理论模型分析文化政策，并分析和讨论国家和地方文化政策的具体实例。本课程还将涵盖现今的一些议题，例如地方与区域发展中的文化以及体验经济。

该课程围绕两个整体观点构建：增长观点和福利观点。从增长的角度来看，我们教授创意产业、艺术市场、版权、城市和区域发展中的文化以及经济影响研究等专题；从福利的角度来看，我们教授公共产品、外部性和成本效益分析等专题。此外，教学内容还包括文化产品与服务的消费和生产，数字化（包括数字消费），表演艺术、博物馆及文化遗产的经济学，文化政策，以及文化的可持续性。

本课程包括 11 次课（共 32 小时）。作为课程的一部分，学生们要写出他们在二年级时想要开展的项目。该项目研究团队由两到三名学生组成，在课程结束时，他们会提交一个 15～20 页的方案。他们在课程中选择自己的意向选题与研究问题，并在此过程中接受几小时的项目指导。我们的许多学生都有兼职工作和在文化行业工作的经验，第二年的项目让他们能够有机会深入挖掘自己选择的主题。课程结束时，会对学生进行口试，他们需要为自己的项目答辩，并接受课程中全部科目的考试。

总的来说，学生们对这门课感到很满意，他们的评价也很高。事实上，学生们提到的一个主要看法是，他们发现经济学在他们感兴趣的领域（艺术和文化）的应用非常有趣和有用。此外，该课程与整个学士项目中的许多其他课程不同，因为它不仅从一个公司的角度（就像大多数其他课程一样）出发，而且还从整个社会的角度出发。特别是关于福利经济学、公共产品和外部性的课程，为学生们提供了他们一直不熟悉的新视角和新知识。

多年来，此课程一直使用露丝·陶斯的《文化经济学教程》，并辅以研究类文章。最近，我还使用了露丝·陶斯（2014）的《文化经济学高级导论》，这本书比前者（约560页）要薄得多（约130页）。由于7.5 ECTS课程的要求通常为700~1 100页，因此使用《文化经济学高级导论》需要更多的额外材料（如研究类文章等），这通常会使课程的水准比仅仅使用教科书要更高一些。

在授课期间，我邀请了学生喜爱的行业和公共管理领域的客座讲师来做讲座。事实证明，客座讲师的讲座非常好地介绍了不同主题的、更加切合实际的观点，作为对理论的更多材料补充是非常有效的。以下举几个例子：

• 除了关于版权的课程，还举行了主要版权集体管理协会之一的首席执行官的讲座，由他们讲述自己的实践经历。

• 除了学习表演艺术经济学的课程之外，学生们还可参观丹麦皇家剧院。这座剧院有三座建筑：一座用于歌剧表演，一座用于芭蕾舞表演，一座用于戏剧和音乐会演出。在参观期间，剧院的首席执行官针对与这座剧院运营有关的重要管理与经济类问题进行演讲。学生们还可以通过参观后台来观察幕后的运作情况。

• 在文化政策的课程中，请一位既有在文化部门工作的经验又担任市政当局文化主管的公职人员做了一次讲座，作为对课程的补充。

• 在关于艺术家劳动力市场的课程中，请丹麦一位非常著名的视觉艺术家做了一次讲座。

• 在关于音乐产业的课程中，辅以一位帮助音乐家进行创业等事宜的顾问的讲座。他本人是一个非常著名的丹麦摇滚乐队的超级巨星（吉他手），他为课程增添了很多精彩的内容。

• 发源于丹麦的“创意商业杯”竞赛的创始人兼总经理，以及欧洲创意产业联盟政策学习平台（ECIAP）主席，为创意产业课程做了讲座。

此课程为期一个季度（教学时间为6周），每周2堂课，每堂课3小时。这意味着在平时有讲座的工作日中，学生有3×45分钟的听课时间。分配给邀请的客座讲师的时间只会占据3个小时中的一个。在另外2个小时内，我将教授与课程专题相关的理论，并与学生讨论与理论和课程的学习目标有关的客座讲座的内容。

该课程的教学法是基于讲课、客座讲座、学生报告、练习和二年级项目的结合。二年级项目为学生最终的学士学位项目做了准备。

3.4 基本经济概念

对于学生而言，了解并能够将机会成本、公共产品、外部性、供需等基本经济概念应用于他们即将在文化行业中的实践是非常有用的。对于没有经济学背景的学生来说，这些概念确实是非常新颖的。但对于商科和经济学科的学生（比如我自己的“工商管理与服务管理”项目中的学生）来说，将这些概念应用到文化行业的具体案例中是非常有用的，因为根据我的经验，它极大地增强了他们对相关概念的理解。

我想举一个例子，我在课堂上用过几次，这是一个让学生们大开眼界的例子，以便真正理解机会成本的概念。一位非常著名的丹麦作家在其公开的脸书（Facebook，后更名为“Meta”）页面上介绍了以下内容：

相关调查显示，51%的丹麦人希望减少对艺术的资助。人们尤其希望减少对艺术家和作家的直接资助。

为什么艺术家们时不时地得到公众的资助或支持会被视为一个问题？我不明白。如果没有对音乐、电影、戏剧、文学等领域及相关艺术家的资助，在丹麦这样的小国就不可能有文化生活。难道我们不想要文化生活吗？

自 2010 年以来，我写了两本书，这两本书的销量都在 2 万册左右。在此期间，我收到了大约 140 万丹麦克朗（187 000 欧元）的公共资助，远远超过大多数艺术家，因为我很幸运地获得了丹麦艺术委员会（Danish Arts Council）的 3 年工作补助金。这些补助金符合纳税条件，因此州政府立即收回了一半的资金，约 70 万丹麦克朗。

我的图书销售营业额约为 800 万丹麦克朗（100 万欧元），即 200 丹麦克朗（27 欧元）×40 000。我拿到了 15%的钱（120 万丹麦克朗，相当于 16 万欧元）。这其中我当然还交了税，这意味着我 6 年的工作税后收入为大约 60 万丹麦克朗，相当于 8 万欧元。

剩下的大约680万丹麦克朗归于出版商和书商，当然，他们也已经缴纳了这一收入的税款。因此，大约总共有400万丹麦克朗（533 000欧元）用于缴纳税款。该州用于资助我的净支出为70万丹麦克朗（93 000欧元）。但州政府已经从我的工作中得到了大约400万丹麦克朗（533 000欧元）的税收，并因此赚取了约330万丹麦克朗（44万欧元）的收入，而我只赚了60万丹麦克朗（8万欧元）。

此外，我的书已被翻译成多种语言，从而向国外推广丹麦这个国家。最后，这些书至少有望给一些读者带来有趣而激动人心的体验。如果我的书卖了1/10，政府的盈余约为10万丹麦克朗（13 000欧元）。

3.5 课堂上讨论的问题

（1）上述计算以及论点是否正确？为什么？尽可能多地阐述支持你观点的论据。

（2）一位文化经济学家所认为的对艺术家予以公共资助的主要理由是什么？

这些问题在课堂上分组讨论。关于第一个问题，商科学生都没有给出答案。我所寻找的是机会成本，也就是说，如果人们不买作者的书，他们会把钱花在其他东西上，这也会给社会带来收入和税收。因此，作者认为国家通过给予他工作补助金从而赚了很多钱（44万欧元）的说法是错误的。在这次讲座之后，看到学生们的反应和他们对机会成本概念的深刻理解，对我们来说是一次非常有益的教学经历。关于第二个问题的回答，可参见本书第7章。

3.6 整个社会的文化经济学

在我看来，整个社会对文化经济学的话题越来越感兴趣。20年前，丹麦文化部、艺术家协会以及文化机构对文化经济学家的研究和学识不太感兴趣。艺术和文化被视为与生俱来的美好事物，超越了经济分析的范畴。然而，最初被怀疑论视为对艺术与文化的威胁的事物（夸大的经济影响研究除外），如今被视为积极和有益的东西，因为人们相信文化经济学实际上可以帮助解决该行业的一些问题，并提供有用的依据和政策指导。

数字化在许多方面改变了文化行业，这些变化刺激了文化经济学的更快发展，以解决新问题。新的产品、新的消费方式、新的商业模式、新的融资方式（例如公私合作），需要新的文化政策的实施方式。文化行业的快速变化，需要新的研究来了解艺术市场，来为艺术家的劳动力市场提供指导，来评估和促进文化政策的变化，来理解观众的需求并研究吸引他们的方式，来了解技术的影响及其潜在用途，以及来理解文化创意产业。

此外，在过去10年中，对艺术和文化的公共资助一直处在压力之下，可用于该行业的资金在减少，文化机构越来越期望能够赚取自己的收入并适应市场。这使得文化行业接受了文化经济学的观点和研究成果。

与此同时，文化行业的行政与管理正在发生变化，文化机构的高层管理人员需要具备管理和经济学方面的能力。几年前，在艺术和文化领域拥有经验和能力就足够了，然而当下的许多文化机构都感到，有必要使其在管理和经济方面的技能与知识趋于专业化。

这些变化使我们相信，文化经济学的教育市场正在增长，我们希望这本书能对拟开设文化经济学课程的教师（无论是经济学的教师还是其他领域的教师）有所启发。

注释

[1]参见该协会网站 http://www.culturaleconomics.org/。

[2]哥本哈根商学院工商管理与服务管理理学学士，参见 https://www.cbs.dk/uddannelse/bachelor/bsc-in-business-administration-and-service-management。

[3]ECTS（欧洲学分转换体系）为学分数。一学期包含30个ECTS学分，一学年包含60个ECTS学分，一个学士项目包含180个ECTS学分。

[4]哥本哈根商学院社会科学硕士——战略设计与创业，参见 https://www.cbs.dk/uddannelse/kandidat/candsoc-msc-in-social-science/msc-in-social-science-strategic-design-and-entrepreneurship。

参考文献

BAUMOL W J, WILLIAM G BOWEN, 1966, Performing Arts: The Economic Dilemma[M].New York:Twentieth Century Fund.

GINSBURGH V, THROSBY D, 2006. Handbook on the Economics of Arts and Culture: Volume 1[M]. Amsterdam:Elsevier Science/North-Holland.

GINSBURGH V, THROSBY D, 2014. Handbook on the Economics of Arts and Culture: Volume 2[M]. Amsterdam:Elsevier Science/North-Holland.

THROSBY D,1994. The production and consumption of the arts:A view of cultural economics[J]. Journal of Economic Literature,32(1):1-29.

TOWSE R, 2010. A Textbook of Cultural Economics [M]. Cambridge, UK: Cambridge University Press.

TOWSE R,2014, Advanced Introduction to Cultural Economics, Cheltenham, UK and Northampton[M]. MA,USA:Edward Elgar Publishing.

TOWSE R,2019. A Textbook of Cultural Economics[M]. 2nd ed. Cambridge,UK: Cambridge University Press.

4 为什么要写一本（或又一本）关于文化经济学的书

——安娜·米诺萨

我记得小时候参观过罗马的朱利亚别墅博物馆（the museum of Villa Giulia）。我现在把它定义为一个“小型”博物馆，该博物馆收藏着精美的埃特鲁斯坎（Etruscan）艺术品。在参观时，我注意到一扇开着的门，往里面看时，我意识到在那扇门后面有许多公众看不见的令人惊叹的艺术品。那一刻，我决定自己长大以后有机会要去看看这些杰作。要做到这一点，我可能必须成为一名策展人、考古学家或艺术史学家。然而，我学习了经济学。

但是，生活发生了奇怪的转变。在我结束大学生涯后，我发现我的院系正在开设一门由阿兰·皮考克教授主讲的“文化经济学”课程。我决定参加这门课程，却不知道这成为我的一个转折点。在皮考克教授的课堂上，我意识到我可以把我所学的东西与我真正喜欢的东西（文化遗产、建筑、艺术与文化——当时文化与创意产业的概念还处于起步阶段）结合起来。也许，我本可以实现我的愿望，看看博物馆仓库里有什么。不过事实上，我改变了我的愿望，可能是受到我（公共）经济学背景的影响，我想让所有人都能看到那些“隐藏的宝藏”。

然而，在那之前，我需要理解为什么一些艺术品被展出，而另一些则没有。我必须学习普拉多博物馆病（Prado disease）[1]、专家的作用、把关的概念、公共干预的原因（我不知道文化可以像空气一样被认为是一种公共产品）、政府可以用来资助文化的措施、经验品的概念，以及使用价值和非使用价值之间的差异等，这些理论解释了为什么文化与文化遗产不能作为在市场上以特定价格交换的普通商品来处理。文化经济学让我有机会以一种新的对我来说更有趣的视角来看待文化行业。

我有机会开始与意大利卡塔尼亚大学（the University of Catania）经济学院合

作进行一项关于文化遗产治理的研究。在采访那些实际上正在做出与文化遗产相关决定的专家的同时，研究文化经济学文献是一次非常鼓舞人心的经历。这促使我开始攻读文化经济学博士学位以继续我的研究。1999 年，我搬到荷兰，当时我是伊拉斯姆斯大学唯一一位文化经济学教授。在那里，我写了一篇关于文化遗产治理的论文，对西西里岛和苏格兰的文化政策进行了国际比较。这似乎是一个奇怪的比较，但这些国家在文化权力下放方面表现出相似之处，值得去研究。

从那时起（似乎很久以前），文化经济学就成了我研究和教学活动的焦点。当我谈到文化经济学时，看到人们脸上的困惑总是很有趣。经过这么多年，人们主要的反应是认为文化经济学似乎是一个矛盾的术语，我首先必须试图解释它到底是什么。

4.1 什么是文化经济学

在过去的 10 年里，文化经济学的教育得到了广泛的发展。文化经济学最初被认为是“帝国主义”（经济学学科）对文化行业的入侵，这将“玷污”文化行业并威胁其本质，然而从现在开始，这被视为是必要的。文化经济学可以尝试解决文化行业的一些问题，并最终保证后者的生存。

文化经济学诞生于 20 世纪 60 年代，主要研究表演艺术，即舞蹈、歌剧和古典音乐的经济现象与规律。它是随着一个协会的成立和两年一次的国际会议的召开而发展起来的。然而，在 2001 年，著名学者马克・布劳格教授指出，文化经济学仍然关注“最传统的行业”（表演艺术、文化遗产、视觉艺术、艺术市场、广播）。不知何故，他忽略了文化行业正在发生的变化。

文化是一个不断演变的概念。新技术，尤其是数字化和互联网，在许多方面深刻地改变了文化部门：从引入促进文化“消费”的服务（如在线订票和购票/售票），到在文化场所提供服务（如语音导览、歌剧院的字幕等）；从创造新的“方式”来扩大现场观众（如电影院里的歌剧等），到创造“新的”在线观众（如音乐会的在线传播、在线参观博物馆等）等。同时，新产品也被创造出来，例如数字文化遗产和视频艺术。互联网也对艺术市场产生了巨大的影响，使其脱离了当地的视角，并通过传播有关艺术家、画廊和拍卖等销售的信息，使其具有国际吸引力。网上拍卖则使这种吸引力进一步加强。

数字技术和互联网对出版业产生了影响，首先是生产成本的降低，以及随之而来的按需印刷的可能性。然后是电子书的发行，以及在线购买纸质版和电子版图书的可能性。同样的变化也对报纸产生了影响——在线消费已经成为主导，纸质报纸的生存受到了冲击。

电视、电影业和音乐业也未能幸免于这些变化。在线广播业务不断增长——所有传统（公共和私人）频道都引入了使用户在方便时再次观看节目的功能。Netflix 等新的电视“流媒体频道”彻底改变了我们使用和观看电视的方式。音乐行业也表现出类似的特点。广播仍然存在，但也可以在线收听广播电台。随着数字化的发展，我们听音乐的方式发生了变化：我们不再去实体店（大多数实体店已经消失了，但也有有趣的例外），而是在网上购买 CD，或者很可能在网上购买曲目（例如 iTunes），或者只听流媒体音乐（Spotify）。有趣的是，这些变化改变了这些文化产品的性质——其中一些已经从私人物品（书籍）转变为公共产品（电子书）。

从 20 世纪 90 年代以来，城市及其所经历的变化与转型也对文化行业产生了影响。许多工业中心都遭遇了工业危机，例如里尔、毕尔巴鄂、格拉斯哥、伯明翰、底特律等，这催生了利用文化来重新振兴这些城市的计划。工厂被改造成文化空间，以振兴衰败的城市地区。利用文化复兴城市的策略，也证明了文化政策和人们对文化的看法发生了变化。文化行业不“只是”一个依靠补贴来进行管理的公共干预行业，它成为达成其他目的的手段。

2007—2008 年的金融危机加速了这一趋势。可用于文化行业的（包括公共和私人）资金急剧减少，这使其开始寻求新的资金来源和新的组织形式。在这一趋势中，社区发挥着越来越重要的作用，它们以直接的方式来照看自己的文化遗产——他们的文化。“产消合一者”（prosumer）用于表示参与到文化供给中的消费者（例如，博物馆的线上藏品的甄选）。“共同生产者”（co-producer）是指在文化产品的供给中发挥积极作用的消费者（例如，在博物馆工作的志愿者，以及振兴社区计划、组织电影节活动等的参与者）。在最近的实践中，“文化与创意产业”一词被用来指代从传统行业（表演艺术、文化遗产）发展成为最具“创新性”的文化行业。

所有这些变化刺激了文化经济学的更快发展，以解决伴随这些现象而来的问题。出现了新的产品、新的商业模式、新的组织管理形式（例如，公私合作伙伴关系），以及制定文化政策的新方式。得益于学生在报告中使用或在论文中分析的案例，教授文化经济学是能够跟踪甚至预测这些新变化的最佳方式。学生们在发现变化和新奇事物方面有着惊人的天赋，是我们推进文化经济学研究的非凡助力。

4.2 文化经济学与文化管理

文化经济学不同于文化管理。简而言之，我们可以说前者提供了更广阔的视角，而后者则侧重于微观层面，并提供了在文化组织日常运作中实施经济学方法的方式。关于文化管理的课程已经存在了相当长的一段时间，首先是在美国——由于文化政策的实施，文化组织觉得有必要使其管理技能专业化。随后，欧洲也有了文化管理课程。文化经济学的发展路径则不同。在意大利和荷兰开始出现大约 2 000 个硕士项目后，课程主要以短期研讨会的形式进行。

自从我开始教授文化经济学以来，我对文化经济学越来越感兴趣。艺术类院校和人文类学科已经开始在课程中引入文化经济学，其目的在于：了解艺术品市场（如果有可能的话）；就艺术家劳动力市场提供指导/建议；评估文化政策的变化；了解观众的需求和吸引他们的方式；了解技术的影响及其潜在用途；理解文化创意产业。

跨越学科之间的界限并不总是容易的。有时人们对经济学方法缺乏信心，即使并非如此，也很难使经济学家之外的人理解经济学概念。一个文化经济学家进入一个非经济学家群体的感觉，就好像是在一个未知的星球上，为了避免冲突而需要一个良好的翻译。文化经济学课程在其他（即非经济学）教育类别中的传播，需要不同的“方式”来支持文化经济学教学。在许多这类课程中，人们关注的是理论，但重点在于它在文化行业的日常实践中的应用。通常，文化经济学课程会寻找各种方式，以使学生将理论与实践联系起来，因为：其一，学生非常了解实践（如艺术类院校的学生），但对理论不太熟悉；其二，学生非常了解理论（如经济学学生），但对文化行业不太熟悉。本书旨在为这两类课程的教师提供一种方式，为他们提供一系列有用的授课专题，以说明文化行业的变化及其趋势。本书还包括与这些专题有关的、能够分析和解释相关现象的文化经济学理论。

根据我的经验，无论学生是否有经济学背景，他们都会试图从日常生活中理解案例研究，这一点很明显。教育年轻人有一个巨大的优势：他们总是了解文化领域的新趋势和发展；他们几乎就像雷达，能够在变化仍在发生时就“捕捉”到变化。然而，我也注意到，很难找到合适的文化经济概念来解释这些案例。有时，年轻人很难找到能够帮助其理解一个案例的理论。此外，他们可能会去试图解决一些似乎阻碍了一个新节日发展的问题；可能会去试图帮助文化组织获得所需资金；可能会去试图让政府看到“文化”在社会文化层面上的影响力是如何使公共干预变得有价值的，即使其在经济层面上的影响力不足以达到这种程度。本书旨在克服这个困难，为教师提供一种方式来指导学生使用特殊的方法来分析文化行业。我希望这样可以帮助学生从一个新的视角来解决一些经常限制文化行业发展的问题。

注释

［1］基于此术语，很多学者（参见 Peacock and Rizzo，2008）认为博物馆不可能展示它们的全部藏品。

参考文献

BLAUG M，2001. Where are we now on cultural economics［J］. Journal of Economic Surveys，15（2）：123-143.

PEACOCK A T，RIZZO I，2008. The Heritage Game：Economics，Policy，and Practice［M］. Oxford：Oxford University Press.

5 我的文化经济学教学方法：为何教？怎么教？教什么？

——范娜沃丝·本哈慕

5.1 为何教？

法国在艺术和文化领域有着长期的公共干预传统。州和地方政府分别将预算的1%和5%用于资助文化产品和服务的供需。此外，由于国家传统上对艺术（如书籍、电影、音乐、电子游戏）和其他行业——例如，对旅游业（法国是世界第一旅游目的地，每年约有8 300万外国游客）以及奢侈品行业（设计、时尚等）的大力支持，使得文化与创意产业得以发展。因此，私营企业和公共部门对文化经济学的培训有着急切的需求。此外，许多艺术家和创作者有兴趣了解他们未来的市场，文化经济学可以帮助他们更好地应对这些市场，从而更好地理解合同和产权法规。

5.2 怎么教？

我的文化经济学课程在内容和侧重点上有所不同，这取决于学生是否已经专攻经济学。当他们接受经济学训练时，我试图展示如何使用一般经济学的方法来更好地理解和解释文化现象。此外，我坚持认为文化经济学是对更普遍的经济进行理论和实证研究的先导：新的消费经济，信息经济学，非标准就业的理论和实证分析（以完成项目为准的临时性就业等），数字平台经济的理论化（双边市场）等。相反，文化经济学家使用来自不同经济学领域的方法。当学生对经济学的概念知之甚少时，我试图从文化和文化产业领域的公共决策者或私营企业家所面临的具体问题开始，阐释经济学家如何帮助他们解决这些问题。在这两种情况下，我展现了理论分析和实证问题之间的联系。

我的经验促进了这两种方法的运用。我是一名涉足文化生活的学者。在博物馆和遗产领域，我曾在巴黎国家遗产研究所（the Institut National du Patromonie）向未来的策展人教授课程，并担任卢浮宫博物馆董事会成员，为时 6 年。在视听领域，我在国家视听学院（the Institut National de l'Audiovisuel）任教，我是法德电视频道（Franco-German channel）"Arte"的节目咨询委员会主席。我还担任法国公共广播服务伦理委员会（Ethics Committee of the French public radio service）主席。在图书领域，我担任国家图书中心（the Centre National du Livre）指导委员会主席，同时，我也是法国国家图书馆的科学委员会成员。在现场表演领域，我与巴黎爱乐乐团一起参与了一个文化民主化项目，成立了邻里儿童管弦乐团。

以下两个例子说明了我是如何构建文化经济学课程的。第一个例子是，如果我想要分析消费和价格，我的课程一方面可以依赖价格弹性的经济模型，另一方面可以依赖实证案例。卢浮宫最近改变了定价政策，为展览和永久藏品提供联票，26 岁以下的人免费入场。它大幅提高了收入。根据游客人口结构（2018 年为 1 000 万游客），评估不同定价方案的各自影响非常有趣。

第二个例子涉及两个或多个雇主的工作。关于这个问题有令人印象深刻的经济文献，这些文献发展了艺术家的行为模型。这些模型与艺术家在就业市场上的职业和行为实例的对比令人着迷。此外，我还可能会邀请艺术家与学生互动，并解释影响他们职业选择的决定性因素。

5.3　教什么？

文化经济学也是一个对公共干预的优点进行辩论的领域，一些经济学家以补贴和监管所造成的不良影响为由提倡自由放任。我的课程以我的书《文化经济学》（第 8 版，2017 年）为基础。此书分为三个部分：首先是各领域的常见问题：需求、就业、价值、价格、产权；其次是关于图书出版、电影放映等各种活动的具体问题，并且特别强调数字化对各行业的影响（音乐行业是这方面的先驱）；最后是通过国家之间的比较并从历史的角度来探讨文化政策以及它们的范围、目标与问题。

6 教授文化经济学：十年来的思考

——布鲁斯·A. 希曼

6.1 背景与特点

亚特兰大市中心的佐治亚州立大学提供了许多与文化行业直接相关的本科专业，包括音乐（5 个专业）、艺术史、美术（7 个专业）、艺术教育、电影和媒体，以及音乐产业管理。这些学术部门设在其艺术学院的 3 个子学院中：欧内斯特·G. 韦尔奇艺术与设计学院（Ernest G. Welch School of Art & Design），电影、媒体与戏剧学院（School of Film，Media & Theater），以及音乐学院（School of Music）。

大约在 2001 年，音乐学院与安德鲁·杨政策研究学院的经济系接洽，希望开设一门课程以更好地满足音乐产业管理学士课程学生的兴趣，而非微观经济学和（或）宏观经济学的一般原理，此专业并不需要修读这些课程。该课程计划每年（秋季学期）开设一次，不要求经济学基础，并且对该大学的所有学生开放，无论其专业领域是什么。经济学专业的学生可以参加，但不会因此获得学分，因为这是他们经济学专业课程要求的一部分。不过，他们可以获得选修课学分。在佐治亚州，一门典型的学期课程共有 28 次课，每次 1.25 小时，总共 35 小时。因此，这不仅仅只是一些次要的“专题”课程，或者是学习时间相当有限的另一门课程的一部分。

音乐学院的这一要求来得特别及时，因为经济系所在的单位安德鲁·杨政策研究学院即将增加另一名在文化经济学方面具有丰富经验的教师。当时是书评编辑后来是《文化经济学杂志》联合编辑的迈克尔·拉什顿（Michael Rushton），他于2002年加入公共管理和政策部。由于我当时在教授其他课程，是拉什顿博士最初设计并教授了这门课程，但他在2004年因获得了一项研究资助而无法教授这门课程。因此，我在2004年介入这门课程的教学并做了一些修改，拉什顿博士在2005年重返教学岗位。自从他在2006年离开这所大学去印第安纳大学（Indiana University）任职（很快成为其艺术管理项目负责人）以来，我从2006—2014年连续9年教授这门课程。在那段时间里，我进一步做了一些修改，使这门课主要（而非完全）应用微观经济学方法来分析文化行业的关键问题，尽管这门课一直被称为“艺术、娱乐与文化经济学”。正如下文所讨论的，这门课始终拥有大量的学生听众，远远超出了其最初的初衷——主要为音乐学院（以及其他艺术相关专业）的学生服务。但由于音乐学院的课程以及我自己教学计划的变动，2014年是开设这门课的最后一年。在10年内，平均每年有38名学生入学，从2010年最多的48人到2014年最后一次招生时的22人不等。我第一次教这门课是在2004年，当时有30名学生。

在我对这门课程的教学中，可以确定五个显著特征：①课程目标和教学方法与学生的高度多样化之间构成自然的联系。②课堂分析中的更多“技术”层面上的事情并没有被忽视，事实上有时反而会得到强调。③我此前还教授过运动经济学课程，并且是将体育纳入文化研究的狂热支持者。体育被列为“娱乐”行业的一部分，它显然也是“文化基础设施”的一部分，与我们平时讨论的“艺术”行业既有重要的相似之处，也有重要的差异。④特邀演讲嘉宾与我在艺术和体育方面的经历有关，几乎每学期都有亚特兰大大都会艺术与文化联盟（Metropolitan Atlanta Arts and Culture Coalition）、亚特兰大运动理事会（Atlanta Sports Council）的领导人以及曾担任多伦多一家大型博物馆的首席财务官的会计师出席。⑤作为课程要求的一部分，应根据学生对课程中涉及的特定专题的强烈兴趣撰写学期论文。结果证明，这些内容在令人着迷的同时，有时也会令人沮丧，这成为课程的关键部分，并且在许多情况下对我个人而言是非常有用的。

6.2 学生构成与课程目标

课程的目标自然会受到最初的目标受众以及不要求掌握经济学原理这一前提

的极大影响。因此，很明显，必须在文化行业的特定动机和应用背景下开展教学。幸运的是，我的教学一直都是基于公共政策的应用或私营部门管理方面的应用来构建均衡的教学内容，因此，我认为这门课程是非常适合我的。事实上，由于最初的目标受众包括音乐产业管理专业的学生，因此显然需要说明经济学之于管理决策是非常重要的。我以前曾在其他本科生和研究生课程中教过许多商科学生，这些课程都非常强调这一点。

出乎意料的是，这门课程不仅吸引了少数经济学专业的学生（只适用于选修学分），而且吸引了来自备受推崇的罗宾逊商学院的大量学生。事实上，所有年级和 7 个专业的商科学生（不包括经济学，来自经济学专业的学生一直很少，而且他们通常在安德鲁·杨政策研究学院就读）构成了最大的一类学生群体（略高于 50%）。来自市场营销专业的学生最多（近 16%），也有不少学生来自管理、会计和金融专业。2008 年，来自商学院的学生比例的峰值达到了令人震惊的 76%，而第二年，这一比例仍高达 67%。它从未低于 32%，通常高于 40%，直到 2014 年（最后一年）为 18%——一个十分异常的最低值。

相比之下，艺术/音乐类学生的比例在 2004 年（我教这门课的第一年）高达 40%，2006 年和 2007 年有所下降，平均为 28%，然后在 2008 年和 2009 年降至 10%以下这一无法解释的低点。随后，艺术类学生在 2010 年和 2011 年再次反弹至平均 28%，过去四年的总体平均水平在 2014 年结束时略高于 21%。在 2014 年（课程的最后一年），这一比例为 23%。在与艺术相关的专业中，来自音乐产业管理的学生最多，在所有年级的学生中约占 13%（2010 年达到 21%，2006 年达到 25%），其次是来自电影、媒体/视频专业的学生，约占 5%。

商学院的所有学生都必须学习微观和宏观经济学课程，并且他们还需要学习更高层次的经济学选修课。因此，很快地且很明显地表现出学生群体在经济学背景上的差异会比平时更大。经济学专业（以及公共政策专业）和商学院的学生至少应该上过一些（通常是相当多的）经济学预科课程，而艺术、音乐、电影和媒体/视频以及音乐管理专业的学生则不然。更具挑战性的是，上述统计数据也证实，随着时间的推移，在任何待定的课程中，变化不定的学生构成是很难预测的。

此外，这门课程总能吸引来自文理学院的各种迷人的其他专业的学生，这些学生的经济学背景也是不可预测的。这些专业包括：法语、德语、历史、数学、社会学、地质学、新闻学、非裔美国人研究、哲学、心理学、化学、物理、生物学、人类学、国际研究/国际语言，以及演讲。而且总是有一小部分尚未确定专业的学生，以及罕见的来自护理学预科、酒店管理专业的学生和“临时”学生。为了使这门课程取得成功，那些从未上过经济学课程甚至有时会害怕学习经济学的学生，必须接受“有针对性的”经济学原理课程，而那些已经掌握了基础知识（尽管可以肯定他们的理解程度并不相同）的学生则必须全心投入并接受挑战。

美国人每年在合法的娱乐形式上花费至少 1 200 亿小时的时间和超过 1 500 亿美元的金钱。尽管如此，研究该行业的经济学往往被人误解。本课程研究关于表演艺术和其他美术、电影和电视节目、商业音乐、广播、有线电视、赌场赌博、特定体育项目等主要娱乐业的经济学。除了这些行业的基本情况和经济学特征外，本课程还讨论了该行业如何受到宏观经济和公共政策的影响，并特别关注经济学分析如何有助于我们理解娱乐消费者和生产者的行为，以及重要的公共政策辩论。

如前所述，虽然对学生没有任何前提要求，但课程大纲总是会提醒学生“过去学过的一些经济学原理非常有用”。课程大纲中包括“课程学习目标”，在我教这门课期间，这些目标描述如下：

本课程的主要目的是增进学生对艺术、娱乐与文化行业独特的经济实力及其所面临的挑战的理解，这其中也涉及一些与体育相关的专题（从美国和国际的视角出发）。此外，本课程会讨论管理和公共政策方面的议题，学生可以接触到初级和中级学术研究资源。本课程的第二个目标是使学生认识到经济学作为一种分析方法，可以为找出和解决文化行业所面临的问题做出贡献。

6.3 课程教材

在我教这门课的前五年，有两本必修教材：詹姆斯·海尔布伦（James Heilbrun）和查尔斯·M. 格雷（Charles M. Gray）编著的《艺术文化经济学》（第二版，剑桥大学出版社，2001 年）；以及哈罗德·沃格尔（Harold Vogel）的最新版《娱乐产业经济学：财务分析指南》（*Entertainment Industry Economics: A Guide for Financial Analysis*，剑桥大学出版社）。从 2010 年开始，这门课所需的唯一教科书改为露丝·陶斯编著的《文化经济学教程》（剑桥大学出版社，2010 年），沃格尔的书为可选的补充教材。从 2012 年开始，另一个可选教材是罗杰·

D. 布莱尔（Roger D. Blair）编撰的《运动经济学》（*Sports Economics*，剑桥大学出版社，2012 年）。在过去的 10 年里，在学校为所有课程提供的在线数字学习资源上，都发布了大量的补充阅读资料、考试例题、课堂讲义以及令人感兴趣的新闻。

6.4 课程内容的范围

对于一门最初旨在为艺术和文化类本科专业学生提供核心经济学分析方法的课程，其早期主题必须侧重于需求、供给和边际分析的基本原理。促使学生关注这些概念，需要他们在面临实际的类似问题时对这些概念予以更好的理解。这样的训练，也可以为那些已经对这些概念有所掌握的学生提供有趣且具有挑战性的延伸拓展。因此，在概述了这门课将要涵盖的专题、一些关于娱乐业的汇总统计数据和一些明确的问题之后，重要的是要深入探讨一些定价问题。这些问题可以展现出需求、需求弹性、固定成本与可变成本的实用性，并帮助学生理解所有艺术和体育组织在面临重要挑战时的边际思维。特别是哪些因素会影响对这些文化类服务的需求？应该如何定价？哪些成本变化会影响其定价决策？学生们也将有在转售市场购买娱乐行业票据的亲身经历，因此本课程的扩展之一就是关于门票倒卖[1]和门票转售的补充阅读和讨论。

我认为屈服于真实或想象中的“基础数学恐惧症”是错误的，尤其是当许多重要问题可以通过基础代数、简单的微积分工具以及一些简单的数学思想与具有高度说明性的图形来解决时。毕竟，最有可能患上这种所谓恐惧症的群体，是那些绝非目不识丁的文科学生。此外，雷吉纳德·布伦戴尔（Regnald Smith Brindle，1987：42-43）观察到音乐反映了“一系列非凡的数字属性”，尽管人们过度主张“莫扎特效应”（Mozart effect），但一直有严肃的研究在致力于探讨听音乐与提高对包括数学在内的认知技能之间的潜在联系。最后，如上文所述，最常见的非商学院文科学生都在攻读名为音乐产业管理的学位课程，如果这些学生看到一个方程式就会尖叫，我对他们的建议是转行。当然，我也认为，现在的高阶经济学对数学的运用已经远远超出了最合理的限度。目前还没有从集合论或是从对凸集分离定理的讨论中，得出更多额外的关于经济如何运行、应该如何运行或应该做出哪些政策改进的见解，因此，参加我课程的学生不用担心。

在本书的第20章“文化产品需求：关键概念和假设案例研究”中，我提出了一种方法来说明如何理解需求变化和需求数量变化之间的区别，弧价格弹性和点价格弹性之间看似乏味的区别如何在理解音乐会门票价格是否有必要上涨时发挥关键作用，以及在表演场所增加额外观众的极低边际成本在确定最佳音乐会平均目标价格方面发挥的作用（如果将收入与利润作为目标）。

除此之外，我还会问学生，如果有人在对公司的戏剧产品进行需求分析后走进他们的办公室，递给他们下面的等式（见式6-1），其中 B 代表贝尔维尤（Bellevue）剧院，C 代表科克伦（Cochrane）剧院，O 代表该地区的其他艺术活动，P 代表停车，*Income*（收入）定义为人均数千美元，E 代表该地区受教育年限的中位数。他们还对科克伦剧院的初始价格、其他艺术活动的平均价格、收入和教育程度给出了一些假设。

$$Q_B = 950 - 50P_B + 25P_C + 5P_O - 18Pp + 10Income + 15E \tag{6-1}$$

一旦他们将这些自变量的初始值和相关方程系数相乘，以便将该方程缩减成一个只包括修改后的常数项和贝尔维尤剧院价格的方程，并画出这一需求曲线图后，显然，除了贝尔维尤的价格之外，任何变量的任何变化都会使需求曲线向右或向左移动，而贝尔维尤价格的任何变化只会沿着那条曲线移动到不同的点。此外，通过对贝尔维尤最初的平均门票价格做出一些假设，他们就可以轻松地计算出预期的门票需求量，并准确地了解到如果需求发生变化，对门票的需求将如何变化。在解释需求弹性的概念，说明它如何应用于每个自变量，并推导出简单的计算公式，明确“斜率不等于弹性”（自身价格弹性 =（数量变化/价格变化）×（价格/数量））之后，也可以计算经过特定假设的贝尔维尤的初始价格的需求价格弹性。若价格是不具弹性的，那么很容易证明，价格上涨会增加门票总收入；若价格是具有弹性的，价格上涨则会产生相反的影响。此外，还可以计算交叉价格弹性（cross-price elasticity），根据科克伦剧院价格的某些特定百分比变动以及其他艺术活动的平均价格变动，可以预测实际需求百分比变动的幅度和已售贝尔维尤门票数量的变动。

一个有用的课程延伸是让学生阅读一些新闻报道，内容涉及音乐会发起人就艺术家不断上涨的出场费或运动队针对运动员的更高工资而提出的投诉，以及这是如何“强迫”他们提高票价的。借助总金额和平均赛事售出门票数量的图形分析可以很容易地得出这样的结论；当固定成本增加时，边际成本没有变化，并且在工资增加之前，无论平均价格如何使总收入（或总收入与总成本之间的差距）最大化，继续涨价将起反作用。一个更复杂的课程扩展是重新回到贝尔维尤式的定价示例，并说明如何从以价格作为数量函数的逆向需求方程式中以数学方式推导出边际收益方程式，并将边际收益设为 0 美元（或任何其他假设），以便实际推导出“最佳”平均价格。当这些内容在数学学习网站上发布的讲义中得到充分说明并附有完整的课堂讲解时，大多数学生最终会对这些基本的推导步骤感到满意。当然，我们在这里的目标不是生成乏味的数值结果，而是使用这些决定性的结果来说服学生，这些概念至少可能直接有助于决策，而不仅仅只是教科书中的术语。一些学生可能会对学习这一方法感到困难。然后，进一步的讨论可以包括，从收入角度来看，这一最佳价格可能会在多大程度上严重降低剧院的入座率从而阻碍扩大观众规模的目标（更多的观众不仅意味着长期的稳定需求，还能够带来从礼品店购买食物、饮料和纪念品的短期收入）。

本课程中的许多其他专题通常不需要太多这种类型的计算，当然如何将关于版税追续权[2]的法律表现为较低的初始购买价格是有实用意义的，而且总是需要解决关于经济影响和竞争方法的具体数学问题。其他通常涉及的话题包括：关于潜在生产率滞后和成本病[3]的辩论；博物馆在最佳藏品政策与其他政策方面面临的具体挑战；版权问题（包括数字盗版以及非法售卖录制的表演或电影之间的区别）；竞争与市场势力（market power）的问题；艺术品价格、艺术品投资和艺术品拍卖；政府对艺术的资助，以及关于艺术、文化和体育作为潜在的区域经济发展方式的辩论（包括创意城市论[4]、经济影响方式及其替代方案）；电影经济学中的具体问题，包括与理查德·凯夫斯（Richard Caves）关于艺术中纵向问题（vertical issues）的重要讨论有关的一些契约议题[5]；艺术和体育领域的劳动力市场；以及消费和生产中的技术快速变革所产生的持续性影响。为了避免过度关注北美，我们做出了很多努力，并讨论了许多国际上的例子，这与课堂上国际学生的普遍存在是分不开的。两个令人印象深刻的学生是：一名对于“诺莱坞”（Nollywood）有着直接亲身经历的尼日利亚学生，以及一位对韩国流行音乐的发展有着浓厚兴趣和独到看法的韩国学生。

6.5 将体育类专题纳入课程

鉴于我对艺术和体育之间的各种关系非常感兴趣，并且相信体育和艺术经济学家可以从关于这两个领域的著述中的广博知识中受益，我尽可能全面地交叉参考了艺术和体育管理部门在场馆中对其产品进行最优定价的相似之处。在这些场馆中，艺术和体育管理部门面临的入场费基本上是固定的，必须应对活动门票活跃和有组织的转售市场的现实，我尽可能地互相参照了在面对场馆的固定成本（为观众人数的函数）时，艺术和体育管理部门如何确定它们产品的最佳定价，同时必须想办法应对它们举办活动的门票拥有一个活跃而有组织的转售市场的现实。此外，这些管理部门也能通过多种静态和动态的区别定价形式来受益。这两个行业都在努力证明其在与支出相关的经济影响方面的重要性，以及更多的“内在”好处：是的，不仅有莫扎特效应，还有与巴西足球传奇人物有关的贝利效应。一个源自体育领域文献并与著名的科斯定理（Coase theorem）类似的重要主题（起源于该文献的“罗滕伯格不变性原理”——Rottenberg invariance principle），考察了球员流动性大幅增加的影响，以及这是否不仅改变了球队所有者和运动员之间的经济报酬分配，还改变了球员天赋在球队中的分配。这对于艺术家的流动性也有潜在的启示。

将体育纳入课程范围不会吸引所有教授文化经济学的人，但正如下文所列的学期论文主题（见表6-1）所示，许多学生对体育与艺术的联系特别感兴趣，尤其是体育专题。一般来说，在社交上比较活跃的学生是艺术和体育的忠实消费者，有时也是艺术和体育的生产者，我相信加入此二者中的一些内容能够对课程有所改善。

6.6 客座演讲者的潜在作用

来自艺术和体育界的本地演讲者可能是对常规课堂的精彩补充。即使一个人成功地吸引了广泛的学生参与到课堂之中，引入不同职责以及具有新颖视角与观点的人也可以极大地提升学生的上课体验。

当然，寻找并说服如此重要的演讲者到访并做讲座可能是一个挑战，而我的优势在于能够与优秀的演讲者一同完成这一挑战。即使你没有和他们一起工作过，你也可能会惊讶于这些专家是多么渴望回到大学里与学生互动。我的三位常客不太可能是个例，他们似乎不仅真的很享受这次经历，而且会提醒我一定要再次邀请他们。此外，他们都善于演讲，都是开办讲座的热情支持者。例如，亚特兰大大都会艺术与文化联盟的首席执行官，致力于为非营利艺术开发更稳定的资金来源（包括指定百分比的当地期权销售税）。她从对艺术十分友好的亚特兰大市到该州其他不同地区为艺术进行政治宣传的事迹总是很有启发性。我曾代表她向多个倡导团体（advocacy groups）做过报告，因此我完全有能力向她请求帮助。亚特兰大体育委员会主席是努力使亚特兰大成为能够举办大型体育赛事城市的忠实拥护者，也是我针对此类赛事做出合理的经济影响评估的重要伙伴。我的一位会计同事曾与我一起在各种咨询类项目中共过事，他曾在加拿大一家大型博物馆担任高层管理人员，他非常乐意通过幻灯片来分享他心目中运营博物馆的最佳模式，这是他在博物馆内进行管理与决策的一个关键目标。有一位我未能成功安排的人是亚特兰大大都会艺术基金（Metropolitan Atlanta Arts Fund）的负责人。不过，我总是努力举出一些我所熟悉的她的工作与我的课程之间相互联系的例子。

邀请这些演讲者会面临三个问题：一是是否让他们的讲座集中在与他们的专业知识相关的主题中，以便更好地将他们讲述的内容融入课程中，抑或是允许他们讨论任何他们想讨论的内容。二是如何根据课程安排来确定他们的出席时间，因为他们的出席时间可能与你的教学大纲中的相应课程专题的时间不太相符；另一个相关的问题是，如果你自己因为会议或其他与旅行有关的事情而不得不错过课程，是否可以请这些嘉宾来代替你。三是如何最好地将他们讲述的内容融入课程考试或其他评估标准。

在这些问题上，各种情况之间会有很大的不同。但从我的个人经验来看，我发现最好是简单地告知嘉宾们在我的课堂上所涉及和讨论的内容的背景，以及我认为他们最能解决的问题，然后给他们更广阔的施展空间。当然，向他们介绍关于课堂活力、学生对于提问和发表意见的兴趣和意愿等内容总是明智的，甚至可以告诉他们学生针对课堂专题所做的适量阅读。至于日程安排，我很少需要在非常不合适的时间安排客座嘉宾，只在仅有的两次与我的会议相冲突的情况下，我请过一位演讲者，但这只建立在他愿意主导课堂的基础之上。此外，如果该嘉宾是用可以与大家分享的讲义做一个更为正式的演讲，那么你就可以相当确定讲座的内容是什么。然而，这不是一个非常推荐的做法，主要是因为观察演讲者与学生之间的互动是非常有趣的。当然，也是因为就像我们经常告诉学生的那样，你在课堂上学到的东西会比没有学到的多得多！

最后，将讲座内容纳入考试中确实是一项挑战，尤其是当这些内容特别有趣、内容广泛且有助于学生寻求职业建议时（这本身就是邀请演讲者的一个有价值的理由）。不过，设计讨论类问题，请学生将讲座所涉及的内容融入他们的答案中总是可以实现的，有时设计一个或两个多项选择题就可以做到。

6.7 书面作业的重要性：一份必需的学期论文

要求写学期论文有两个理由：一是能够正式地写作、学习正确的引用规则、设立假设、连贯地阐述论点、收集各种论据，这些显然是本科生必须培养的基本技能，但可能不容易兼容所有课程的内容；二是对于文化经济学课程来说，学期论文毋庸置疑是十分合适的，因为学生对这门课的主题所涉及的范围兴趣非常广泛，这就给了学生更多地了解某个感兴趣的专题的机会。在查询了更多高质量学术资源而不是从他们的朋友那里听到只言片语（以及他们自己之前的偏见）后，再开始写一篇连贯的论文，通常对于学生克服面对这类作业的恐惧有足够的帮助。这并不是说所有的学生都能应付自如，论文的质量很可能会参差不齐。然而，大多数学生似乎真的很重视在他们关心的话题上表达自己的机会，并且也会明确地意识到他们的课程成绩并不仅仅取决于考试。

向学生提供必要的指导是值得建议的做法。学生们被告知，论文篇幅一般从5页（太短了）到17页不等，许多论文包括参考文献在内长达13页，但是并没有严格的行文要求。当学生们的写作明显脱离了理性，也就是无法基于有可靠根据的研究或思路时，他们就不应再继续写下去。一篇好的论文不仅能提出一个有趣、重要的问题，而且还是一种可靠的研究（包括参考文献和脚注或尾注），并试图整合与这个主题相关的可靠的学术文献。学生需要知道论文不是博客，也不是请他们闲谈对于这个话题的看法。连贯且语法正确的写作是评分标准的一部分。我邀请学生们与我讨论他们的选题，如果有必要，他们还会寻求我的进一步建议，看看他们还能从哪里找到关于他们课题的可靠材料来源。我提醒他们，不要把信息来源局限在网站上，多阅读一些严肃而认真的人士对某个话题的看法，这是这项作业的好处之一。事实上，总结和讨论可能会出现的任何争论与矛盾点（包括提出他们自己的观点，并试图找出这种争论的原因），这件事本身就可能是一篇优秀论文的模式。我也会和他们分享一些可能的题目，包括任何以前的学生做过的、特别有趣的题目。当然，我也会强调，虽然他们可以写一些与其他人写过的东西相类似的内容，但任何在学术上不诚实的行为都将受到严厉的惩罚。

这些学生经过努力而完成的书面作业，成为课程中非常重要的一部分，不仅对学生是这样，对我也是如此。坦率地说，我在阅读这些论文时学到了很多，因为这些论文所涉及的主题的范围很广（可以预见的与特别不寻常的话题兼有），有些学生写作的主题我知之甚少。提供一份关于这类主题的列表或许很乏味，但对于那些考虑将这类作业纳入课程的人来说，它可能是有用的。因此，表 6-1 列出了过去十年中的 60 个论题。显然，一些学生并未完全认识到缩小研究问题范围的好处，但许多学生都投入了相当多的精力与热情。一名学生（大概到了法定饮酒年龄）以这项作业为借口，去了很多夜总会以便收集数据来源（见第 23 个论文题目）。

表 6-1　十年来的论文题目

序号	论文题目
1	电影制作和电影院：经济展望
2	技术变革在唱片业中所发挥的作用
3	超级明星的经济情况与收入及其与电影成功之间的关系
4	免费是好事，对吗？过去二十年中科技对音乐产业的影响
5	编剧的罢工及其经济后果
6	音乐技术的进步：100 多年的创新、数字化时代和奈普斯特（Napster）的诞生
7	博物馆应该提高入场费吗？涨价的优点与缺点
8	为什么乐队应该热爱互联网：音乐行业中的新媒体研究
9	美国的休闲活动：棒球在美国体育市场保持市场份额的斗争
10	文化全球化是好是坏？
11	创新阶层
12	为什么编剧会罢工？
13	电影在商业上取得成功的影响因素
14	工资限制是否有意义？
15	艺术节对当地经济的影响有多大？
16	具有电影配乐资格的作曲家与音乐监制
17	哈利·波特经济学：世界上最受欢迎的巫师系列作品中的经济学
18	唱片业
19	由计算机生成的艺术：高风险还是高回报？
20	全球化正在破坏民族文化吗？

续表

序号	论文题目
21	小说的发展——不断变化的市场会影响文学的质量吗？
22	纳税人应该对体育场馆进行补贴吗？
23	同质化市场中的价格歧视：亚特兰大夜总会中的服务费
24	蓬勃发展的产业：漫画和动漫对美国经济与文化的影响
25	绗缝的艺术
26	职业体育运动队对城市的影响之动态研究
27	对数字时代黑胶唱片的复兴之考察
28	艺术家应该与大唱片公司还是独立唱片公司签约？
29	基督教音乐的兴起
30	人才分散：此现象对美国职业棒球大联盟有何影响？
31	音乐节是慈善活动的有效筹款方式吗？
32	城市的品牌建立：经济效益与社会效益
33	创意阶层：买家抑或卖家？
34	是否应该对一些人反感的艺术进行公共资助？关于 NEA 的讨论
35	文件共享中的文化
36	NBA 中的商业贿赂
37	亚特兰大高速公路的经济影响
38	现代好莱坞对不确定性、财务风险与时间期限的克服
39	自从实施自由球员制度以来，美国职业棒球大联盟真的存在平衡的竞争吗？
40	艺术对亚特兰大的经济增长有影响吗？
41	音乐共享
42	对艺术家的补偿：金额是否足够？
43	水族馆的经济意义
44	博物馆在网络上发布数字图像的影响
45	如果有工资限制的存在，棒球会发展得更好吗？
46	科技真的会使音乐变得更好吗？
47	巨人陨落：大唱片公司的衰落

续表

序号	论文题目
48	超级明星经济学
49	名人需要保持瘦削的身材才能在事业上取得成功吗?
50	职业体育与总体经济影响
51	盗版如何影响日本
52	盗版问题
53	网络对音乐家的证明与负面影响
54	关于唱片业中的追偿：经济分析
55	当前的音乐趋势可能导致的经济与社会问题
56	越南音乐在美国的制作与发行
57	体育薪酬：荒谬抑或合理?
58	城市艺术家：是什么吸引了他们并让他们留下来?
59	大牌明星对于电影取得成功的重要性
60	为什么独立音乐公司的销售额超过了大牌音乐公司?

6.8　总结

文化经济学课程的设计与开展，将因学生的论文内容、教师的目标与背景以及教材与补充教学材料的不断发展而有所不同。是否将体育、学期论文或特邀讲座结合起来，以及是否教授经济学里的一些难度更高的内容，这些都是每一位讲师必须做出的决定。在不断做出这些决定的十年中，我体会到教这门课可以带来多少乐趣和学术上的满足感，我很感激能拥有这样的机会。

注释

[1]倒卖门票是指转售门票,通常价格较高,但有时其价格也会低于原售价

(具体取决于需求和时间)。倒卖门票的形式通常表现为,人们在文艺活动举办地点周围的街道上非正式地买卖门票。但在有组织的二级在线门票转售市场中进行倒卖的现象越来越普遍,参与者既有文艺活动的原始赞助商,也有独立的在线门票交易公司。

[2]追续权旨在赋予艺术家或其继承人(通常在艺术家去世后长达 70 年)在转售其艺术作品时获利的合法权利。这与阻止艺术家从其艺术作品的任何转售中获利的“首次销售原则”形成对比。

[3]“成本病”是由已故普林斯顿大学和纽约大学经济学家威廉·鲍莫尔提出的一个概念,他解释了相对于制造业而言,服务业(例如由四重奏演奏的古典音乐)劳动生产率更加难以提高的原因,以及“进步部门”的生产率相对快速增长将导致“停滞部门”的相对成本不断增加。

[4]“创意城市论”由城市研究者理查德·佛罗里达(Richard Florida)提出,即:致力于树立“创意工作者摇篮”声誉的城市将发展得更快,并获得更高的财政收入,因为这样的城市将吸引想要搬迁到高质量劳动力居住地区的公司。“创意城市论”的焦点是:如何定义“创意”以及“创意城市指数”与相关实证证据是否能够证明“更具创意和包容性”是使一个城市不断增长和繁荣的关键要素。

[5]理查德·凯夫斯是哈佛大学经济学名誉教授,主要以其在产业组织方面(包括跨国公司等在内)的成就而闻名。但他的著作《创意产业:艺术与商业之间的契约》(*Creative Industries: Contracts Between Art and Commerce*,哈佛大学出版社,2002 年)以认定各种艺术行业(如电影、图书出版、表演艺术)的重要特征(包括一些关于契约的内容)而闻名。

补充阅读材料

1. Brindle, R. S. (1987), *The New Music: The Avant-Garde since 1945*, Oxford University Press.

2. Seaman, B. A. (2003), “Cultural and sport economics: Conceptual twins?”, *Journal of Cultural Economics*, 27(2), 81-126.

第一部分

艺术与文化组织的公共资助经济学

7 对艺术与文化的公共资助的经济学论证

——翠妮·比利

关于对艺术与文化的公共资助的经济学论证，是文化经济学中最古老也最重要的话题之一。在大多数国家，文化行业（特别是博物馆、图书馆和表演艺术）或多或少地都会得到一定的公共补贴。当然，这是基于政治决策之上的。然而，学生在文化经济学课程中必须认识到并理解经济学理论中的一些重要论证。

支持公共干预的主要论点是基于“市场失灵”。市场失灵意味着价格机制无法“优化”分配资源，以生产适当的供应，因为存在市场价格没有考虑到的利益或成本。文化经济学中市场失灵的两个最重要的根本原因，在于公共产品的存在和外部性[1]。

接下来，我们将阐述基本的经济学理论，并就如何教授此专题提出一些建议。在本章的最后，将针对课堂讨论的问题提出一些建议以及一些相应的评判要点。

7.1 基本经济理论

对艺术与文化的公共资助的经济学依据是基于福利经济学的[2]。在福利经济学中，社会福利被认为是一个社区或社会中所有个人从所生产的商品中获得的“效用”或利益的总和，其基本假设是整个社会的目的在于寻求社会福利最大化。然而，当出现市场失灵（例如，由于存在公共产品或外部性的原因）时，市场无法提供这些物品的“最佳”产出水平，因此便需要公共干预来实现这一目标。

有时会有这样一种观点：艺术和文化之所以值得公共资助，仅仅是因为它们是有益产品（merit goods）。因此，所有人都应该尽可能多地消费艺术和文化。但这一观点并没有基于人们的偏好或效用，因此它是一种政治上的言论。

7.1.1 公共产品（public goods）

纯公共产品的特点是消费上的非排他性和非竞争性。国防就是一个特别好的纯公共产品的例子。不可能把公民排除在国防利益之外，即使他们不愿意为这项服务付费，所有公民也都会受到同样的保护。同样的道理，当一个消费者的消费行为不会减少任何其他消费者可以得到的产品数量时，这样的消费就是不具有竞争性的。每个人“消费”相同数量的国防，一个消费者的效用不会因为另一个消费者消费相同的产品而减少。

私有产品（private goods）则具有消费上的竞争性，对于那些不会消费这些产品的人而言可能具有排他性。如果我吃了一个冰激凌，其他人就都不能吃了（竞争性消费），只有那些愿意付钱的人才可以吃冰激凌（可能具有排他性）。

由于这些特点，公共产品的存在是市场失灵的一个根源，这意味着私营市场无法供给足够的这些产品以满足人们需求。因为并没有办法执行一种价格机制，使受益于这些产品的人能够为它们付钱。这种情况会导致搭便车行为（人们不付钱就受益），因此这些产品的供给是不足的。这就是为什么公共产品往往由政府来提供（但并不是必须由公共部门提供）。

公共干预可以采取直接和间接的公共资助的形式，以确保能够供给足够的公共产品。第一种形式以补贴为代表；第二种形式是通过税收减免来促进私人捐助，美国的文化行业就是这样。与大多数欧洲国家相比，美国的文化行业主要是由私人捐赠来支撑的。

准公共产品（quasi-public goods）在可能具有排他性的同时具有消费上的非竞争性，亦被称为俱乐部产品（club goods）。文化类机构可以被视为俱乐部产品。

以博物馆为例，因为它可能会收取入场费，所以有可能具有排他性。另一方面，它在某种程度上（不存在拥挤现象的情况下）具有消费上的非竞争性。我参观博物馆并不会因为其他同样参观博物馆的人而受到影响。这也意味着边际成本为零（额外增加一名游客并不会增加博物馆的运营成本），但边际收益为正

（额外增加的一名游客可以从参观博物馆之中获得效用）。因此，博物馆多一名参观者意味着福利的增加。同样的论证也可以适用于电视、广播、互联网等。

在非竞争消费的情况下，收取费用是弊大于利的，因为收费会阻止一些人参观博物馆。简而言之，免费提供这些服务是会提高福利水平的，因为边际成本（对于额外增加的一个消费者）为零，而边际收益为正。

表 7-1 总结了公共产品、私有产品和准公共产品的特征。

表 7-1　公共产品、私有产品与准公共产品（俱乐部产品）的特征

	消费意义上的竞争性（对商品的额外使用所产生的个人的正边际成本）	消费意义上的非竞争性（边际成本为零）
非排他性		纯公共产品（例如国防）
排他性	纯私有产品	准公共产品（俱乐部产品）： 边际效益为正 边际成本为零

7.1.2　外部性（externalities）

纯公共产品具有这样的性质：即使它被很多人消费，也并不会影响或妨碍其他人也去消费这种产品。而在消费中存在外部性的产品具有这样的特点：如果它被更多人消费，则其他人对此产品的消费受到影响，但影响程度不一定相同。因此，外部性可以被视为一种不纯粹的公共产品（或公共产品可以被视为外部性的一种极端形式）。

就艺术与文化而言，有人认为它们存在正外部性（positive externalities），因为一个消费者的消费可能会对其他消费者产生积极的影响。这些外部性可以有多种形式。

消费中的正外部性为对艺术与文化的公共资助提供了最常用的依据。弗雷和波默雷恩（Frey and Pommerehne，1989：18-19）是这样解释的：

市场对于艺术反对的主要理由在于：艺术的供给者无法充分享有这些艺术产品所带给他们的收益，因为人们可以不必付费就能享受这些产品。这种艺术中的所谓“公益”或“正面的外部效应”表现为以下几点：

- 选择价值（option value）。
- 存在价值（existence value）。
- 遗产价值（bequest value）。

- 声望价值（prestige value）。
- 教育价值（education value）。

创造这些效益是很困难的，有时根本不可能通过市场来实现。

关于公共产品与外部性的主题，有以下两个重要的问题需要解决：

（1）最佳的供给量是多少（出于对效率的考量）？

（2）谁来买单（出于对公平的考量）？

7.1.3 对效率的考量（最佳供给）

要确定公共产品的最优供给，我们必须知道人们愿意为每一单位的公共产品付多少钱（税款）。对于任何给定的需求量，我们将每个人的支付意愿（willingness-to-pay，WTP）相加以计算总支付意愿。通过计算各个需求量所对应的总支付意愿，我们可以通过垂直相加个人的支付意愿以绘制出社会需求曲线（见图7-1）。这与对私有产品的需求完全相反，针对私有产品需求，我们将每个人在每个价格水平上的需求量相加（见图7-2）。

社会的需求曲线与公共产品的供给曲线的交点所代表的产出水平是有效的。

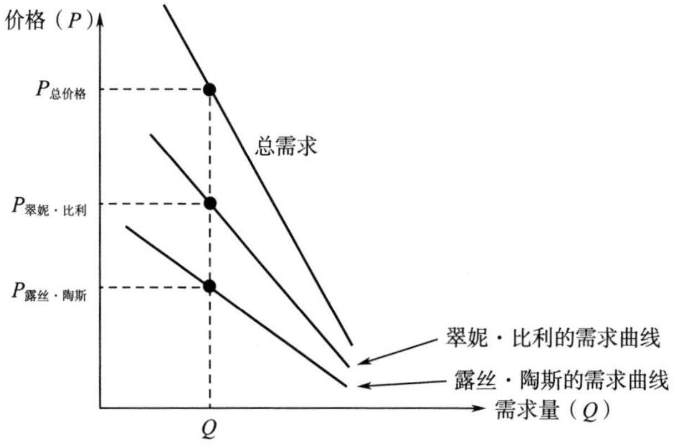

图7-1 公共产品总需求

艺术和文化对非市场收益（由外部性和公共产品创造）的需求原则上可以通过（非市场）经济评估方法来估计。意愿调查法（the contingent valuation method）是一种研究人们对于文化领域的公共或准公共产品或服务（以下简称“产品”）支付意愿的方法，该方法须基于调查。在调查中，受访者会说明他们对于此类产品的（潜在的）增加的最大支付意愿。或者，受访者会在此类产品的水平或质量降低的前提下，说明他们愿意接受补偿性支付。这种方法被称为意

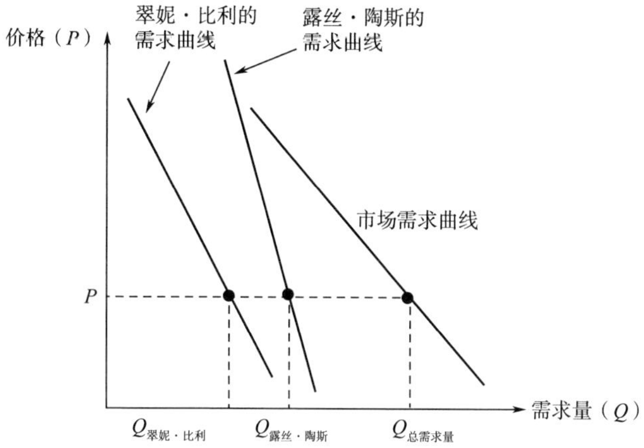

图 7-2 私有产品的市场需求

愿调查法，因为调查是基于一个假设的市场，在这个市场中，受访者被视为消费者。商品的总价值是经由受访者的估计而推断出来的[3]。

对学生来说，重要的是要知道，税收通常会改变资源的分配，因为它们改变了经济诱因。此外，税收具有行政成本。由于获取公共产品的成本在税收造成扭曲（distortions）的情况下更高，因此，公共产品的效率通常比有扭曲性税收时要低（Stiglitz，2000）。

7.1.4 对公平的考量（谁来买单）

在公共资助方面，在考虑效率的同时，也要考虑公平性。即征收公共补贴所需的财政资金对收入分配有何影响？在公共产品或俱乐部产品的公共供给中，谁将受益，谁将受损失？一般而言，政府会关注这个问题。当然，在实践中，不可能向每个人征收与其支付意愿相等的税款。这种税款通常是作为一般所得税的一部分向人们收取。

这就提出了一个问题：谁来买单？因为在文化领域有很多俱乐部商品，所以收取使用费（如博物馆、歌剧表演等）是很常见的。从公平的角度来看，由这些文化产品的消费者来买单似乎是正确的，因为他们比没有消费这些文化产品的人受益更多。

众所周知，艺术与文化的消费者一般受过更好的教育，比其他人有更高的平均收入。这也意味着，对艺术的补贴可能会产生累退效应（regressive effect），因为受益最多的人一般都比较富裕，而“税收负担”却分摊到所有纳税人身上。

7.2 对教学、问题与讨论的建议

有一种有趣的方式，可以让学生了解对艺术和文化进行补贴的经济依据，那就是播放一部英国的老电视剧《是，大臣》（*Yes Minister*）的片段，“汉弗莱（Humphrey）爵士和吉姆·哈克（Jim Hacker）讨论艺术补贴”[4]。在对这一视频片段以及学生的反应进行简短讨论后，便可以开始讲授课程的核心主题。

7.2.1 公共产品、俱乐部产品与外部性

向学生介绍公共产品概念的一个好方法是展示表 7-1。可以要求学生将此表格和文化产品与服务做以下对比思考：

（1）要求学生给出艺术与文化领域中公共产品、私有产品以及俱乐部产品的具体例子。

（2）要求学生找出艺术与文化领域中消费者外部性的具体例子。

这样的讨论，旨在让学生掌握私人产品、纯公共产品和俱乐部产品的概念在文化行业中的应用。在文化行业，我们发现纯公共产品很少，而俱乐部产品很多。

7.2.2 对效率的考量

小规模的意愿调查实验可以在课程中进行。在你的城市或国家选择一个重要的文化机构，它在很大程度上是由公共补贴资助的，并且为所有（大多数）人所熟知。它可以是国家美术馆或其他一些著名的文化机构。

（1）要求学生给出他们对该机构及其活动的支付意愿（通过缴税）。此外，学生可以被要求表明他们是否为该文化机构的消费者（在过去一年内）。该实验可以按照常规方式进行，也可以使用课堂投票系统等数字化辅助手段，例如使用 Vevox 平台[5]。

（2）收集调查结果，并向学生们展示此结果如何构成总需求曲线上的一点。如图 7-1 所示，露丝·陶斯和翠妮·比利的支付意愿构成了曲线在产出水准 Q 之上的一点。

（3）继续讨论总需求曲线的构建以及最优供给量。

（4）将在调查中获得的支付意愿，与消费者及非消费者的利益联系起来，在课堂上分析和讨论：消费者和非消费者的平均支付意愿是多少？消费者和非消费者愿意为哪些获益付钱？

（5）文化机构的非消费者愿意为哪些公益特性或外部性买单？讨论可以弗雷和波默雷恩（1989）提到的外部性（见上文）为出发点。

7.2.3　对公平的考量

最后，在课堂上可以就对公平的考量来进行讨论：

（1）谁将受益，谁将承担成本？

（2）有多少学生是消费者，有多少为非消费者？那些不去博物馆的人认为他们通过纳税来支付博物馆的费用是“公平”的吗？原因何在？

（3）有无可能找到这个博物馆在全国有多少参观者的统计数据？也许还有关于参观者资料的信息？如果可能的话，使用这些数据来讨论公平的问题。

（4）这个博物馆能否被视为一个“有益产品”？为什么？

7.2.4　最后的争论：对公共资助的赞成与反对

结束此专题的一个有趣的方式是进行一场赞成与反对针对艺术与文化的公共资助的辩论。选择一个由 3 名学生组成的小组，他们将为赞成对艺术与文化的公共资助而辩论，另外 3 名学生将为反方观点而辩论。辩论中所陈述的观点不一定反映学生自己的真实想法。他们应该根据自己所学到的经济理论而提出支持和反对的观点。

在小组辩论结束后，全班同学可以投票选出最具说服力的获胜组。然后，一些投票的学生需要陈述他们选择其中一组的理由。

7.3　评估要点与建议学习目标

一个优秀的学生应该能够：

（1）表现出对私人产品、公共产品、俱乐部产品、外部性以及有益产品的概念的认知与理解。

（2）理解并解释为什么对艺术机构的公共资助不等于公共产品的概念。

(3) 系统地分析并讨论和这些概念相关的不同文化产品与服务的供给。

(4) 理解、分析并解释公共产品之供给中关于效率的考量。

(5) 理解、分析并解释公共文化产品与服务之供给中关于公平的考量。

注释

[1]参见 Frey(2003)的相关论述(包括信息匮乏和供给侧理论)。

[2]"帕累托最优"的基本理论和次优理论在此不做详细阐述。可参阅 Blaug(2003)的相关概述。

[3]有关该方法的说明,参见 Snowball(2007)。关于该方法的应用示例,请参见 Bille Hansen(1997)。

[4]参见"Sir Humphrey and Jim Hacker discuss art subsidies"(2008),YouTube, https://www.youtube.com/watch? v=zvNw0P5ZMbA。

[5]请访问 Vevox 网站 https://www.vevox.com/。

补充阅读材料

1. Chapter 7 in Towse, R. (2019), *A Textbook of Cultural Economics*, 2nd edition, Cambridge, UK: Cambridge University Press.

2. Bille Hansen(1997) and Stiglitz(2000). 见下文"参考文献"。

参考文献

BILLE HANSEN T, 1997. The willingness-to-pay for the Royal Theatre in Copenhagen as a public good[J]. Journal of Cultural Economics, 21(1): 1-28.

BLAUG M, 2003. Welfare economics [M]//TOWSE R. A Handbook of Cultural Economics. Cheltenham, UK and Northampton, MA, USA: Edward Elgar Publishing: 476-481.

FREY B S, 2003. Public support [M]// R Towse. A Handbook of Cultural Economics Cheltenham, UK and Northampton, MA, USA: Edward Elgar Publishing: 389-398.

FREY B S, POMMEREHNE W W, 1989. Muses & Markets: Explorations in the Economics of the Arts[M]. Oxford: Basil Blackwell.

SNOWBALL J D, 2007. Measuring the Value of Culture: Methods and Examples in Cultural Economics[M]. Berlin: Springer Science & Business Media.

STIGLITZ J, 2000. Economics of the Public Sector[M]. New York: W. W. Norton.

8 艺术与文化的文化价值与经济价值[1]

——帕特里夏·卡辛斯卡

经济价值能否表达文化产品的“总价值”？文化经济学家认识到，许多文化产品的价值并没有被市场的定价机制所反映，他们认为，意愿调查研究等经济价值评估方法为此问题提供了解决方案[2]。然而，一些文化经济学家对此提出质疑，不是因为经济价值评估方法不够好（只要我们对这些方法予以改进即可），而是因为文化价值在原则上不是那种可以用经济价值全面表达的价值。他们认为所有的文化价值都不能被分解为个人的效用以及个人的偏好与选择。相反，文化应该被视为一种不可减少的集体利益（Crossick and Kaszynska，2016）。

在本章中，我们将讨论价值多元化，即经济价值和文化价值是共存关系的观点。是什么推动了这种想法？接受这种立场的利与弊是什么？接受这种多元化的观点会增强我们对艺术和文化价值的理解吗？它会对经济估值提供有趣的启发吗？与此同时，承认文化产品的经济价值，是否会削弱艺术和文化应该得到公共资助的合理性？

8.1 为何选择此专题

价值多元化不仅在文化经济学中是一个重要的专题，在政策制定中也非常重要。首先，认同价值多元化可能要付出高昂的代价。使用非市场估值方法使文化价值对于政界人士和政策制定者而言是“可见”的，他们根据（某种）成本效益分析的思维做出资金分配的决策。如果承认以上这些方式无法完全体现文化的价值，则可能意味着文化并不能被放在这种思维中来考量——如果文化产品无法用“数字”来衡量，它如何能在成本效益决策中被予以适当的考虑?

然而，在更基础的层面上，认识到价值多元化可能会对这些价值的“计算”和政策制定的推动产生影响。值得注意的是，索斯比和哈特承认“在当代世界中有一种认知：决定艺术价值的经济因素正越来越多地盖过其他要素”（Throsby and Hutter，2008：xv）。我们的社会对于那些可以用经济来衡量的价值的推崇，是否会损害我们对于艺术与文化价值的看法，甚至损害我们对整个社会的看法?从文化经济学的角度来考虑这个问题似乎很重要。

8.2 对基本问题的详细解释

用露丝·陶斯的话来说，“作为一门学科，经济学使用理论——经济学原理——来分析问题，它也通过实证等方式来试图解决它们。文化经济学使用这种分析方法并将其应用于文化行业”（Towse，2010：5）。但经济学原理在艺术和文化领域的应用并非没有争议。这一挑战是本章的关键主题，且无法由经济学自身来克服。相反，争论的焦点是经济学方法的局限性。根据我们目前的探讨，并非所有的文化价值都可以通过个人效用来分解。

8.2.1 经济估值法的局限性?

经济估值法用于将艺术和文化的非市场利益进行货币化。有人认为，这些方法不仅使我们能够考虑人们对文化产品的一些正外部性的重视，例如它们的“遗赠价值”以及希望为后代保存它们的愿望，而且还让我们关注大多数人都认同的艺术与文化的核心价值。弗雷（2008）认为，这些经济估值法往往被文化经济学家认为是更好的方法，因为它们试图捕捉文化参与对于人们的实际价值。例如，使人产生情感的力量，使人能够表达复杂含义的力量，为人们提供审美愉悦等[3]。

这就是说，即使是使用这些方法的文化经济学家们，也没有在艺术与文化的“核心”价值（反映审美、艺术和更广泛的文化意义）可以转化为经济价值这一点上达成共识。文化经济学家在一些著作（Hutter and Frey，2010；Throsby and Hutter，2008）中，对于所有的文化价值都可以转化为经济价值并与经济价值相比较表示怀疑。正如索斯比所言，这种持保留的态度等同于承认某些价值“只能以集体的方式来体现，而无法合理地用单一的货币估值来表示”（Throsby，2007：5）。一种更广泛的观点是，以个人效用为基础的标准经济学理论，无法解释文化中那些集体性或不可忽视的社会性。

这种思路使文化经济学家区分了艺术与文化的经济价值和非经济价值，而后者可以进一步细分。例如，索斯比提出了以下几个子类：审美价值、精神价值、社会价值、历史价值和象征价值。这里的重点是经济价值和那些经济学家所说的文化价值之间的根本区别——“前者可以用经济学分析方法来衡量，可以用货币来表示；后者则是多维度的，更多地关乎于广泛的文化范畴，没有标准的计算单位”（Throsby and Hutter，2008：4）。

8.2.2 不可化约的社会产品（Irreducibly Social Goods）

索斯比和哈特（2008）承认非经济价值的存在。关于经济价值的存在，可以追溯到查尔斯·泰勒（Taylor，1995）提出的观点，并建立在路德维希·维特根斯坦（Ludwig Wittgenstein）的观点基础之上（Wittgenstein and Anscombe，1997）。

维特根斯坦有一个著名的观点，即个人语言是不存在的。语言，从定义上说，是一种需要一个人以上才能存在的事物，不仅仅是为了交流的意义，而且为了让这个交流的意义存在并易于理解，你需要有一个共同的文化背景。即使一个人可以试着去与他人沟通，语言也不能被分解为个人行为，沟通如果想要成功，则必须在一种集体的共同规范下进行。

泰勒（1995）认为，不可化约的社会产品是那些只能被集体认知的产品。文化产品作为不可化约的社会产品，需要人们共同的理解才能受到重视。这些产品不是个人“拥有”的东西——它们不是那种可以分解成单位、以个人效用和偏好来表达的事物。相反，它们提供了一个背景，在这个背景下，估值首先发生，并构成整个社会的结构。与公共产品不同，文化产品不能用单个效用的总和来表示。换句话说，文化产品作为不可化约的社会产品，是无法通过经济估值法（一种基于个人效用的经济学原则）来衡量的。

8.2.3 价值多元化

据观察，文化产品受所谓的价值“双重话语体系”的支配：“在第一种话语体系中，会从计算、偏好、成本、利益、利润、价格和效用的方面来解释事物。在第二种话语体系中，则从灵感、鉴赏、品味（好品味、不好的品味、没有品味)、时间的考验、内在价值和卓越的价值等方面来解释。”（史密斯，1988：127）这两种解释思维的存在，与现代美学领域、艺术史以及美术学科的发展密切相关。的确，从历史上看，价值多元化是一个根深蒂固的观念，可以追溯到启蒙运动时期。当时的科学思考（关于什么是真的）与道德推理（关于什么是正确的）以及文化偏见（关于美）是彼此分离开来的（Bernstein，1992）。

因此，从历史的角度来说，价值多元化并不是什么新鲜事物，估值多元化（估值是一种评估价值的活动）也不会让其他领域的价值研究者感到惊讶。人类学家长期以来一直在讨论各种“价值体系”（Appadurai，1986）与如何认定事物所具有的意义的方式（Graber，2001）。甚至有一些研究经济学的社会学家乃至经济学家，长期以来一直在讨论不同的“价值顺序”（Boltanski and Thévenot，2006；Beckert and Aspers，2011）。这些方法的基础是一种认知，即当人们重视事物时，他们会采用不同的评价准则，因此人们对同一对象可能会根据不同的原则和规范进行判断。此外，评价事物、事件和行为的方式是不同的，有时甚至是相互矛盾的，因此做出评价时有可能会使用不同的价值模型和评估方法（Kaszynska，forthcoming）。

8.3　教学方式

（1）这里首先介绍巴赫希等人（Bakhshi et al，2015）在《衡量文化机构的经济价值》（*Measuring Economic Value in Cultural Institutions*）[4]中的研究发现。你也可以专注于摘要部分（第2-9页）。该研究与自然历史博物馆（Natural History Museum）和泰特利物浦美术馆（Tate Liverpool）合作，使用了针对现场游客的调查，和针对一般人群的在线调查数据，关注了游客对于博物馆的使用价值与非使用价值的观点，以及普通人群对于博物馆的非使用选择性价值的观点。这项研究的独特之处在于，它对文化行业的意愿调查和幸福指数评估法进行了比较，但它不仅比较了每种方法的表现，还探索了如何将两种方法结合起来，以改善文化机构使用这些方法的效果。

（2）你可能想要从对上述研究中使用的两种评价方法的潜力和局限性方面取得进展的反思开始。你可能想指出，这项研究表明，对这些方法中的任意一种的开发仍有很长的路要走。

（3）引导学生思考自然历史博物馆和泰特利物浦美术馆等文化机构的总价值。讨论它们能给参观者带来什么样的好处，以及如何从经济角度来衡量这些好处；问问从未接触过这些博物馆的人，它们有多少价值以及如何衡量其价值。

（4）接着指出，非使用价值仍然是惠及个人的基本价值。例如，博物馆对那些从未参观过它的人的认知价值，以及对于那些现在就在参观和将来可能会参观它的人来说的欣赏价值。

（5）要求学生思考，友谊、社会平等和共同语言作为其他不可化约的社会产品的例子。我们能否认为这些产品可以根据个人效用来分解并根据个人偏好来体现？

（6）对比公共产品与不可化约的社会产品可能会有所帮助。查尔斯·泰勒以大坝（作为公共产品的一个例子）和文化（作为不可减少的社会利益的一个例子）为例指出，大坝和文化都具有公共产品的共同特征，它们都只能保证群体的利益而非个人的利益。相比之下，大坝的价值（拥有大坝的好处）可以分解为对个人的好处。

（7）最后讨论接受价值多元化以及文化价值不能简化为经济价值的观点。回到上文第二部分内容，请学生从公共资金分配和支出决策的角度来探讨这可能导致的结果。或许你还想讨论一下，认识到经济估值法的局限性会带来怎样的普遍后果，因为我们认为，经济估值法在我们的社会中总体上仍然是有价值的。

8.4 评估要点与建议学习目标

一个优秀的学生应该能够：

• 表现出对经济价值、文化价值、公共产品以及不可化约的社会产品概念的认知与理解。

• 理解并解释为什么文化价值可能不包括在经济价值中，并能够予以探讨。

• 理解并解释价值多元化。

• 理解并讨论价值多元化在公共产品/不可化约的社会产品的公共资助和资源配置方面可能意味着什么。

注释

[1]笔者感谢翠妮·比利提出的探究性问题以及在编辑上所给予的极其认真的帮助。

[2]意愿调查法试图以货币形式对非市场商品(即市场无法给出价格的商品)的价值进行量化。此方法通常要求个人陈述他对(公共)产品或服务的最大支付意愿(WTP)。

[3]另见 Bakhshi、Freeman 和 Hitchen(2009)。

[4] 参见 https://ahrc.ukri.org/documents/project-reports-and-reviews/measuringeconomicvalue。

补充阅读材料

参阅 Bakhshi et al.(2015)、Taylor(1995)、Throsby(2007),见下文参考文献。

参考文献

APPADURAI A, 1986. The Social Life of Things: Commodities in Cultural Perspective[M]. Cambridge,UK:Cambridge University Press.

BAKHSHI H,FREEMAN A,HITCHEN G. Measuring intrinsic value:How to stop worrying and love economics[J/OL]. Mission Money Models electronic paper,https://mpra.ub.uni-muenchen.de/14902/.

BAKHSHI H,FUJIWARA D,LAWTON R et al,2015. Measuring Economic Value in Cultural Institutions[M]. Swindon:Arts and Humanities Research Council.

BECKERT J,ASPERS P,2011. The Worth of Goods:Valuation and Pricing in the Economy[M]. Oxford:Oxford University Press.

BERNSTEIN J M,1992. The Fate of Art:Aesthetic Alienation from Kant to Derrida[M]. Cambridge,UK:Polity Press.

BOLTANSKI L, THÉVENOT L, 2006. On Justification: Economies of Worth[M]. Princeton,NJ:Princeton University Press.

9 文化机构的绩效评估

——路易斯·赫雷罗-普列托、玛丽亚·德尔巴里奥-泰拉多

与卫生、教育等其他公共服务以及各种行政服务相比，对文化机构的效率分析较少。这可能是由于文化产品具有独特的象征意义与无形意义，因此难以物化它们所投入的资源。这也可能是因为难以从各机构收集可靠和有代表性的数据，或者只是因为从财务角度对文化机构的分析仍然很少。然而，没有理由不去评估这些机构在实现目标或管理方面的表现。一是因为供给文化产品消耗了稀缺的资源，而这些资源本可以被用于其他目的，从而造成机会成本。尤其在需要削减开支时，这种机会成本是更为明显的。二是因为许多文化机构所涉及的服务是无形的或是非市场产品，这并不意味着不能从经济分析的角度来定义它们的生产和管理方式并对其进行评估，从而为找出最佳的生产和管理方法提供比较性参考。考虑到这些因素，我们首先讨论要评估什么以及为什么要评估；其次，我们考虑如何进行评估，并提出评估文化机构绩效的主要方法，并介绍一些具有代表性的案例研究；最后，我们介绍这些应用案例的实用性以及反对的意见，并提供一些教学资源以用于教学目的。

9.1 应该评估哪些内容？原因何在

文化领域涉及一系列不同的机构，如私营公司、非营利组织和公共机构，尽管它们同属一个领域，都从事与文化有关的活动，但它们并不总是追求相同的目标。对于私营公司来说，目标与实现特定的结果有关，即盈利能力。相比之下，非营利组织和公共机构的建立，旨在为社会提供服务。在这种情况下，会计业绩

是衡量机构生存能力的指标，但不能衡量其在多大程度上实现了其目标。

尽管如此，无论这些实体的目标是什么，通常都会实施一个定期的评估，以衡量其在多大程度上实现了初始目标。首先，对于私营公司来说，所有者或股东需要就是否继续投资做出决定；其次，对于非营利组织来说，那些提供资金的机构需要知道他们的捐款在多大程度上被善加利用，这样他们才能决定是否继续捐款；最后，对于公共机构来说，公民（纳税人）和国家（公共资助产品的提供者）之间有一种默契，纳税人通过这种默契关系向国家提供资金以换取公共服务，这种关系可以且的确应该被评估。

我们假设对于私营公司来说，主要的绩效评估机制是它们在市场中的盈利能力。而在其他机构和实体中，各利益相关者无法依靠市场信息来评估公共生产，这也是因为一些产出和服务的价值并未通过市场表现出来，抑或单纯是因为这些机构的行为并不受市场规则的约束。因此，人们普遍赞同需要一些实证依据支持来衡量与评估文化行业的公共行为。公共资金的短缺，再加上社会对要求公共行政部门采取有效率行为的态度不断变化，使人们更加意识到需要为文化机构制定评估程序。

然而，一个文化机构的具体绩效是什么？我们如何定义它？这里并没有一般性的概念，只能从一个机构运行方式的不同方面来对它进行评估。我们可以首先衡量一个实体实现其目标的程度（有效性），或者这些目标是否通过适当地使用可用资源而得以实现（效率）。因此，有效性指的是结果，即一个组织的目标是如何通过有计划的文化活动实现的，或是（在更高的层面上）通过实现文化政策的目标来达成的。在这种情况下的评估是复杂的，因为文化机构的目标通常是相当模糊的，并且在此类评估中总是有可能导致具有主观性的解释。相比之下，从效率的概念出发，即通过具体产出来衡量一个机构的目标，具体产出可以根据可用资源进行量化。因此，定义一个生产函数，并将生产的商品和服务与所采用的生产要素联系起来，以便我们进行比较，从而辨别效率的高低。通过这种方式，可以区分三个概念：①技术效率——使用尽可能少的资源实现给定的生产水平；反之，使用给定的投入实现生产的最大化。②规模效率——拥有适当规模的工厂（文化机构）以实现最优的长期生产。③配置效率——以尽可能低的成本实现生产目标，并需要了解相关生产要素的价格。对于文化机构来说，对其技术效率的研究是最常见的。

然而，是什么导致文化机构的效率低下？首先，有纯粹的技术原因。换句话说，由于公共部门的采购受到体制上的限制，或由于某些文化行业不太容易受到技术变革的影响，例如遗产或表演艺术，可能会出现有关某一特定因素或获得某些技术的问题。其次，是所谓的 X 低效率（公司缺乏控制成本的动力——译者注），即由于缺乏控制机制或正确的激励措施而导致劳动力要素表现不佳，从而导致管理层和工人都表现不佳。这是由组织的问题以及上下级之间的信息不对称所造成的，因为官员（公共部门的工作人员或文化管理者）可能会向上级（高层管理者或政策制定者）隐瞒自己的部分行为，导致绩效不佳或官僚主义行为，从而追求其他目标或个人抱负（声望、保住自己的职位等）。市场规则的缺乏，最终导致文化机构在运作中不再严格追求利益最大化或成本最小化的目标，也催生了另一种官僚主义——追求规避风险或维持现状。然而，人们应该会对此感到疑惑：这种欠佳的资源配置，是否可以被视为社会为了方便地提供某些类型的公共产品而付出的代价。无论如何，技术评估法可以查明持续低效的原因，提出纠正措施，推动制定更适当的奖励政策，以提高文化机构的绩效表现。

9.2　效率评估方法与手段

任何效率评估方法都必须建立在为机构构建生产函数的基础之上，该函数通过假定可用资源与供给的产品和服务之间的关系，来概括机构的生产活动。首先，明确用于分析该机构的一般函数。其次，具体说明函数中的产出以及生产这些产出的可用投入。例如，根据国际博物馆协会（International Council of Museums，ICOM）的定义，人们一致认为，博物馆基本上履行了获取、保存、研究、传播和展示人类及人类所处的环境中的物质和非物质遗产的职能，以供人们学习、开展教育活动及享受。基于此，可以根据其展览职能来确定函数中的产出可能包括：访客数量和各种展览；获取并登记新的作品或修复博物馆藏品（保存职能）；教育活动、出版各种手册与指南等，以履行教育和传播的职能。至于投入，我们首先考虑博物馆在执行各种任务中的劳动要素。至于资本投入，我们拥有既用于一般运行也用于各种博物馆任务的建筑、设备和设施。最后，博物馆的主要资产就是它的藏品。正因为文化价值是一个难以量化的多元概念，因此，以文化价值来衡量这些因素总是会有挑战性。不过，可以设置代理变量——例如藏品数量、文化认可度、经济价值的估算，甚至是计算其在社交网络上的影响力。

同样的评估方法也适用于其他文化机构（从图书馆、档案馆和其他涉及文化遗产的实体，到表演艺术领域的剧院、交响乐团、音乐厅等），以及任何其他旨在创造文化或促进艺术发展的机构。对于资本资源和劳动资源的计算，可能总是会有一些区别。其中一项关键资产，是各机构的主要文化投入类型（博物馆的艺术藏品、图书馆的书目资源、音乐厅与剧院的可容纳人数等）。而在产出方面，除了包括文化活动（展览、音乐会、曲目等）以及其他补充活动（传播、教育等）外，产出还包括对文化服务的消费者（博物馆的参观者、音乐会的观众、图书馆借阅者和咨询者等）的计算，这是任何文化机构的最终目的。然而，应该注意，公众参与的程度不仅取决于所安排文化活动的质量和吸引力，还取决于个人的偏好，以及其他外部条件因素（通达性、购买力、教育水平等），因此，在某种程度上，用于反映该机构是否成功的产出所囊括的范畴，超出了管理部门的控制。所以，在进行更全面的效率分析时，有必要区分计划产出与在公众共同作用下的产出。因此，基于对管理者的自主控制水平，以及外部因素对文化机构绩效之影响的衡量，将生产过程分为两个阶段。

计算这些文化机构的投入与产出，可从范围或数量的层面上进行，或在可行的情况下，按成本或市场价值以货币进行估值，并在适用的情况下，通过这些机构的相应预算项目进行估值。基于这种方法，主要的效率评估方法可分为两个部分：第一，在平衡计分卡（balanced scorecard）上，设置管理绩效指标及其操作纲要；第二，使用边界法对一组机构的生产函数边界进行随机或确定性估计，并将每个机构的生产状况转化为边界内的每一个点，从而用各个点与生产可能性边界之间的距离来表示效率的缺乏。平衡计分卡的方法对于不熟悉经济学的学生和教师来说更直接、更具可操作性，而更普遍、更标准化的边界法则需要具备更深层次的知识。

绩效指标由一组简单或复杂的比率组成，这些比率与文化机构开展的不同活动有关。它们的范围可以从最直接的计算变量（如访客人数或参观者、活动的数量等）到最复杂的成本比率、构成和比例系数、动态指标等，尽管目标始终是客观地观察一个文化组织在实现其目标方面的表现，或与其所使用的资源有关的表现，但也要根据现有的信息，将一个或多个机构同时作为参考点。它们的主要用途在于提供一种汇总的可能。这要求指标具有可比性，以同类单位衡量，并由被评估的内容组成。加上这些内容，这些指标必须切合实际，有时限，并尽可能具体。它们通常具有总结性，能够从中看出文化机构活动的最独特业绩。这可能是一种获得社会知名度的非常奏效的方式（尤其对于潜在的赞助者），不过，这一方式也因为其往往会在被研究的机构内引起自满情绪而容易受到批评。可以将根据工作计划被划分成若干组别（关于财务、组织、生产、绩效等）的绩效指标设计成一个平衡计分卡，这一做法对于内部决策有很大帮助，因为这种平衡计分卡可以提供关于机构运作的全面的详细信息，并记录该机构的中期发展情况。

然而，考虑到文化机构中多维度的投入和产出，绩效指标永远不可能提供全面的描述，也不适合同时比较各机构并在它们之间进行排名。为了实现这些目的，需要更先进的方法，例如边界法。其主要目的是划定一个最佳效率边界，并衡量所有相关投入和产出，以便确定每个机构的效率与最佳效率的值之间的差距。此方法的应用使通过单一综合指标来衡量并比较各机构之间的相对效率成为可能。然而，对边界的估计需要进行一些统计或数学上的处理（需要对生产函数进行明确定义），这可以通过对参数模型或非参数模型（通过已有数据的数学最优化来处理）的使用来完成。以在大多数文化机构绩效评估研究中被广泛应用的数据包络分析法（DEA）为代表的方法赋予非参数模型更多的灵活性。关于这一主题有大量的文献，许多研究涉及对图书馆、档案馆、博物馆、剧院、交响乐团、舞蹈团、文化遗产机构等的评估。这些模型和应用正变得越来越复杂，因为人们正在努力设计更复杂的分析方法，例如由非自由变量或外部因素组成的条件效率模型、生产力的动态分析或配置效率分析。由于分析软件的便利，这些方法也变得越来越标准化，因此，使用这些方法，可以从对一组投入和产出做出适当和合理的定义开始，来对文化实体的基本评估进行研究，进而取得比较效率排名，查明效率低下的根本原因，并提出可能的具有指导性的调整方针。

9.3 实用性与现实意义

评估文化机构效率的实用性可以归纳为以下三个方面。

首先，文化机构的管理者可以从中受益，因为他们可以获取一个关于他们如何有效地运行他们机构的衡量结果。因此，这是一个旨在衡量一个机构在多大程度上实现了目标，或在多大程度上最佳地利用了资源，并查明造成效率低下或落后的可能原因，从而指出可能的纠正方向的内部评估过程。在这方面，业绩指标以及前沿技术（frontier techniques）的应用被证明是有用的。在后一种情况下尤其如此，因为效率是相对的，当这一衡量结果被公开传播时，可以促使机构之间的积极模仿和激励效应。

其次，文化决策者可以通过使用一种客观的方式来分配资源，或者通过向高效率的群体划拨一部分资金，或者通过更有想象力的方法，例如建立与管理绩效有关的效率奖金从而使受助者受益。这可能是弥补上下级之间信息不对称或官僚主义行为有害影响的一个非常有用的方式，因为决策者可以根据客观的绩效数据来设定合理的鼓励措施，这些数据也可以公开，从而增强他们的竞争意识。评估结果还可用于编制文化机构资质认证的名单和条件，这是一种在公共机构与公共服务之中日益普遍的做法，在这些机构和服务中可以应用前沿技术，以及选择一系列绩效指标作为获得认证的筛选条件或门槛。

最后，私人利益相关者，尤其是赞助商，可能会从这个排名中受益，因为他们能够了解到自己对这些活动的赞助是如何产生成效的。

对绩效评估的一些反对意见，在这里也是有必要介绍的，这更多是因为评估流程（选择适当的方法）、对相关信息的要求和对结果的解读所造成的。的确，当涉及许多产出和投入时，前沿技术对数据的要求很高，而且收集这些机构的可靠且有代表性的数据并不总是容易的，因此这些评估方法往往由于信息的限制而无法使用。使用这些评估方法有时也只会得出简单的结果（只详细说明了效率的范围），而每个机构的数据结果由于其本身的不同性质，需要根据具体情况加以考虑，以便做出相关的判断和明智的政策。绩效指标法可能更直接、更容易实施，这对于需要得到决策反馈以指导未来决策的管理人员来说可能很重要。除这些优点之外，一个缺点是在设计和解读这些指标时存在自满的风险。最重要的是，这些指标是针对单一机构的，因此，没有其他机构在同一时间或类似条件下运营的可对比指标。指标的内容只有在与其他指标互相比较时才有效，因此需要对效率结果进行动态分析，我们至少可以在一段时间内对同一机构进行对比。

总而言之，文化机构的绩效评估必须谨慎处理，因为它们的数据除了提供有用的信息之外，其本身并无意义。

9.4 教学资源

9.4.1 用于分析与讨论的案例研究

案例 1：史密森尼学会的指标汇总和管理报告

史密森尼学会是美国的一家公私合作组织，拥有世界上最大的博物馆、教育和研究中心，包括 19 家博物馆和国家动物园。在实施内部管理评估程序方面，它是先驱。它定期更新其战略计划，并每年通过管理报告审查各机构对其主要目标的遵守情况[1][2]。有趣的是，史密森尼学会的年度评估模板[3]详细列出了与各机构的几个战略目标相关的各种投入和产出指标，明确了年度目标、本年度和往年的记录，以及最后一个目标的实现程度。此外，还以一种极具吸引力和通达性的形式[4]，提供了与五个绩效领域相关的主要活动的结果。感兴趣的人可以更仔细、更详细地看一看。这是一个值得分析的有趣案例，因为除了该机构及其活动的复杂性之外，它还从方法的层面上对评估体系的定义和呈现方式做出了贡献。

案例 2：基于对管理与文化相关要求的文化机构认证体系

文化机构的认证程序正在成为一种越来越普遍的做法。它追求三个目标：提供达到一定质量水平的服务；允许对馆藏、共享设施的访问，并创造网络中机构之间互相合作的可能性；创建一个有特色的集团，同时形成企业文化品牌。作为回报，机构通常需要满足某些最低要求，即推出一个完整的文化类项目，并提出一套确保可行的、能够高效管理的指标。在某些国家，如法国和英国，由公共机构推动这一文化机构认证程序的过程，而在其他国家如美国，则由专业协会推动。从这个角度出发，分析和比较法国[5]、英国[6]和美国[7]的博物馆认证程序，了解不同类型的认证方法与要求是很有趣的。

9.4.2 建议开展的练习

练习 1：为文化机构设计绩效指标

选择一个具有代表性的文化机构，它的活动和可用资源的数据都是可获得的。根据与该机构的不同战略目标相关的一系列绩效指标，设计评估模板。如果没有特别的说明，这些目标是可以定义的。要明确指标的类型、它的目的是衡量什么、它是如何构建的、当下的记录以及给定时间范围内的变化。用一个彩色符号来表示进展是积极的还是消极的，以及是否达到了预定目标。最后，解释评估结果。

练习 2：根据一组绩效指标对文化政策进行评估

设计一个指标体系，来评估资助一系列文化机构的文化政策的有效性（目标）和效率（资源）。例如，考虑对一个图书馆或艺术创意中心的支持方案，如西班牙巴塞罗那创作工厂（Fàbriques de Creació de Barcelona）支持方案[8]。

练习 3：文化机构认证程序的绩效指标

就文化机构认证程序来制订一份管理指标的提案。例如，可以考虑你所在国家或地区的众多剧院和音乐厅。

练习 4：用前沿方法（frontier methods）分析文化机构网络的效率

考虑一个区域、国家或国际上的由同类型的文化机构所构成的体系。设计一个生产函数，首先明确主要函数，然后确定相关的投入与产出。如果可以的话，尝试使用基于前沿技术（例如 DEA）的效率评估模型。在做此练习时，建议寻求专家的指导。

9.4.3　用于讨论的主题

（1）根据文化制度评估研究的结果，提出一个激励和效率奖金制度的设计。效率最高的应该得到奖励，而那些效率低下的应该得到奖励吗？分析和讨论各种可能性。

（2）公众选择与管理艺术。文化机构有无可能知道其是否在完成自己的任务？管理层和员工如何知道他们的工作是否做得好？政策制定者能否确定机构是否实现了它们的目标？分析和讨论旨在避免文化机构的管理中信息不对称和道德风险问题。讨论为这些机构订立方案合同的可能性以及招聘员工程序的变化。

（3）财务可行性还是艺术赤字？经济可行性与公共文化产品与服务的供给目标能否兼得？讨论文化实体在财务生存与优秀的文化生产之间进行权衡的可能性。

9.4.4　评估方法

关于评估方法，我们建议将所分析主题的内容或案例分析进行书面练习，或布置一些需要公开报告并讨论的个人作业。通过在一次课程期间对合作作业进行微观模拟，在有限的时间内安排计划，并在课堂上进行激烈讨论，考虑就其中一个拟议主题开展小组作业也是很有意思的。关于讨论主题，这些主题可以是开放的，也可以将其设计成可供选择的各种类型的论题，这样就可以更容易地对其进行评估。

注释

[1]参见史密森尼学会(n. d.),"Reports and plans",https://www. si. edu/about/policies。有关 2018 年的报告,参见 https://support. si. edu/annual_report/2018/pdf/ar. pdf。

[2]关于史密森尼学会在 2022 年的战略计划,参见 https://www. si. edu/strategicplan。

[3]参见史密森尼学会(2018),Management's Discussion and Analysis FY 2018,https://www. si. edu/sites/default/files/about/smithsonian-fy2018-mda. pdf。

[4]参见史密森尼学会(n. d.),"Smithsonian metrics dashboard",https://www. si. edu/dashboard。

[5]参见 Ministère de la Culture(法国文化部)(n. d.),"Appellation 'Musée de France'",accessed 11 October 2019 at http://www. culture. gouv. fr/Aides-demarches/Protections-labels-et-appellations/Appellation-Musee-de-France。

[6]参见 Arts Council England(英格兰艺术委员会)(n. d.),"UK Museum Accreditation Scheme", accessed 11 October 2019 at https://www. artscouncil. org. uk/accreditation-scheme。

[7]参见 American Alliance of Museums(美国博物馆联盟)(2019),"Accreditation", accessed 11 October 2019 at https://www. aam-us. org/programs/accreditation-excellence-programs/accreditation/。

[8]参见 Fàbriques de Creació de Barcelona(巴塞罗那创作工厂)(n. d.),accessed 11 October 2019 at http://ajuntament. barcelona. cat/fabriquescreacio/。

参考文献

DE WITTE K, GEYS B, 2011. Evaluating efficient public good provision: Theory and evidence from a generalised conditional efficiency model for public libraries[J]. Journal of Urban Economics, 69(3): 319-327.

DEL BARRIO M J, HERRERO L C, 2014. Evaluating the efficiency of museums using multiple outputs: Evidence from a regional system of museums in Spain[J]. International Journal of Cultural Policy, 20(2): 221-238.

FERNÁNDEZ-BLANCO V, HERRERO L C, PRIETO-RODRÍGUEZ J, 2013.

Performance of cultural heritage institutions [M]//RIZZO I, MIGNOSA A. Handbook on Economics of Cultural Heritage. Cheltenham, UK and Northampton, MA, USA: Edward Elgar Publishing: 470–490.

GUCCIO C, MIGNOSA A, RIZZO I, 2018. Are public state libraries efficient? An empirical assessment using network data envelopment analysis [J]. Socio-Economic Planning Sciences, (64): 78–91.

HONG J, 2014. Data envelopment analysis in the strategic management of youth orchestras[J]. The Journal of Arts Management, Law, and Society, (44): 181–201.

MAIRESSE F, VANDEN EECKAUT P, 2002. Museum assessment and FDH technology: Towards a global approach[J]. Journal of Cultural Economics, 26(4): 261–286.

MARCO SERRANO F, 2006. Monitoring managerial efficiency in the performing arts: A regional theatres network perspective [J]. Annals of Operations Research, 145 (1): 167–171.

PEACOCK A T, 2003. Efficiency indicators and cultural policy[J]. Economia della Cultura, 13(4): 513–524.

PIGNATARO G, 2011. Performance indicators [M]//TOWSE R. A Handbook of Cultural Economics. 2nd edition. Cheltenham, UK and Northampton, MA, USA: Edward Elgar Publishing: 332–338.

WEINSTEIN L, BUKOVINSKY D, 2009. Use of the balanced scorecard and performance metrics to achieve operational and strategic alignment in arts and culture not-for-profits[J]. International Journal of Arts Management, 11(2): 42–56.

10　关于经济影响的研究

——翠妮·比利

经济影响研究通常揭示文化机构或活动在增加就业以及营业收入方面的经济影响。一些例子可以在斯诺堡（Snowball，2007a，2007b）的文献中找到。

经济影响研究主要由咨询公司进行，艺术与文化行业的组织以及政界人士都利用这些研究来为他们自身以及经济层面的公共资助进行辩护。然而，学术界一直对关于经济影响的研究持批评态度。第一，因为在许多情况下，这些研究做得很差，往往夸大了经济影响；第二，因为即使这些研究是正确的，经济影响本身并不是赞同公共资助的好理由，尽管在大多数情况下这一直是进行这些研究的主要动机。经济影响的研究者有时甚至觉得自己像是“被雇用的枪手”，因为这些研究被滥用以“证明”政府投资艺术与文化是一门“好生意”。

由于对经济影响的研究非常普遍，了解这种方法及其局限性对学生来说很重要。在下文中，首先介绍了其方法和基本的经济理论与概念；其次，讨论了一个案例研究，即“2017 年欧洲文化之都——丹麦奥胡斯”（可以选择其他案例——参见 Snowball，2007a，2007b 以进一步了解）；最后，介绍了课堂上需要讨论的问题和一些评价要点。

10.1　研究方法与基本经济理论

经济影响研究的目的，是计算如果 X（例如，一个文化机构）不再存在，在短期内，特定地区（城市或地区）的经济活动将减少多少。或者反过来说：它所创造的额外经济活动是什么？这是通过衡量各种文化机构与文化活动（以下简称“活动”）对消费、营业收入和就业产生的短期额外支出效应（short-run additional spending effects）来实现的。

从单个文化活动或单个文化机构到一个城市甚至整个国家的文化活动，关于其经济影响之研究已经遍布于各种层面。从西维和莱尔（Cwi and Lyall，1977）开始，文化行业内就有大量的对经济影响的研究。

在对经济影响的分析中，文化活动的“总影响”通常被衡量为：

总影响＝直接影响＋诱导效应＋间接影响＝（直接效应＋诱导效应）×乘数

“直接影响”是文化活动本身在当地产生的就业和收入，这些就业和收入源于专门为文化活动雇用的员工数量。“诱导效应”（顾客效应）衡量游客因文化活动而在交通、食物、饮料、住宿等方面的支出。“间接影响”是与直接效应和诱导效应相关的乘数效应。“乘数效应”是指任何新的支出注入所导致的最终收入的增加。每次向收入的循环流动中注入新的支出，都可能产生乘数效应。这是因为额外收入的注入会导致更多支出，从而进一步创造更多收入。

乘数的大小取决于区域间的联系：在幅员较小、自给自足程度较低的地理区域，乘数会较小；而在幅员较大、自给自足程度较高的地区，乘数则会较大。因为前者需要从区域外进口更多的东西，而后者则不必。现代乘数理论由约翰·梅纳德·凯恩斯（John Maynard Keynes，1883—1946）等人于20世纪30年代提出。

对于经济影响之研究也借鉴了传统的投入与产出模型。投入产出模型是一种量化经济模型，代表了国民经济或不同区域经济的不同分支之间的相互依赖关系。华西里·列昂惕夫（Wassily Leontief，1906—1999）被认为是开发这类分析的主要贡献者，他的跨行业分析创造了投入产出表，旨在反映经济中各部门之间的关系。他的工作促进了对许多国家和地区进行分析的投入产出模型的出现。

在实践中，经济影响之研究通常会通过对参与文化活动的顾客进行广泛调查来衡量支出的增加。通过调查，重要的是要揭示有关这些顾客的以下信息：

（1）他们来自该地区内部还是外部？

（2）如果他们来自该地区之外，那么这次文化活动是他们前往该地区的唯一原因吗？这次文化活动对于他们来说非常重要/重要/不重要/还是根本不重要？

（3）他们在该地区待了多少天？文化活动对他们的驻留时间有多重要？

（4）根据餐饮、交通、住宿、购物等不同消费类别，他们在逗留期间的支出是多少？在投入产出模型中，不同的支出类别是重要的投入，因为不同的支出类别会产生不同的影响。

调查的目的是计算文化活动所带来的总支出。实际上，这意味着只有来自该地区以外的人（游客）的支出才被计算在内，因为从该地区内前往该文化活动的顾客，预计无论如何都会在该地区内花钱，只是花在其他事情上[1]。

对于来自该地区之外的游客，只有那些表明文化活动是他们来到该地区的主要原因的人被计算在内。对于这些游客，需要计算他们每天的消费。根据这些数字，可以计算文化活动所带来的总消费（诱导效应）。通过使用投入产出模型，可以用文化活动所促进的就业和（或）营业收入来衡量并计算总影响。

10.2 公共资助的理由

对经济影响的研究结果经常被用于为公共资助背书。在大多数情况下，这也是开展这些研究的主要动机。例如，美国艺术协会（Americans for the Arts）为宣传目的提供了"定制的经济影响研究服务"[2]。然而，经济影响之研究并不适合为公共资助背书。首先，仅仅表明文化活动会产生营业收入和就业是不够的，因为所有的经济活动都会产生此二者。如果使用这一论点，则有必要证明将公共资助用于文化活动是否比用于其他目的更能刺激经济发展。其次，经济影响研究只衡量短期支出对经济指标的影响，而非长期的经济影响。从长远来看，大型文化活动可能会对旅游业产生积极影响，并对品牌（对于新商户、公民和学生的）吸引力、整体创造力与创新、游客和文化机构等的能力之提高（文化开放、文化理解、文化意识和文化参与被认为是游客文化能力的要素，可以促进积极的文化行为。——译者注[3]），以及身份认同产生影响，等等。然而，衡量这些长期影响即使并非不可能也是很困难的。同样，关于经济影响的研究也不会衡量非市场价值，比如消费者外部性。

但更重要的是，对经济影响的研究有可能是建立在一个错误的基础上来评估艺术。其原因在于文化活动的主要目的通常不是吸引游客或创造营业收入和就业机会（这些通常不是主要的文化政策之目标）。文化活动所产生的经济影响是额外的增益而非主要目标。有些观点倾向于认为"我们能够衡量的，并且确实可以衡量的，才能成为目标"。因此，如果我们仅从经济角度去分析艺术的影响，可能会导致文化政策难以奏效。这尤其可能会带来一种风险——只关注旨在吸引大量（外国的）观众的、能够带来最大短期经济效益的文化活动（例如，有明星表演者的大型音乐会），而非专注于有利于民众及其文化发展的文化活动。正如弗雷和波默雷恩（1989：29）所述：

> 那些热爱艺术并笃信政府应该支持艺术的人，应从其他方面（而不是经济效益）来论证自己的观点。他们尤其应该通过（如果可能的话，从数量上）证明市场之外确实存在正面的外部效益（positive external benefits）来说服社会中的其他人。

在对经济影响进行研究时会遇到很多困难，因此最好通过案例研究向学生们解释这一点。在下一节，我将从2017年欧洲文化之都——丹麦奥胡斯（Aarhus, Denmark, the European Capital of Culture, 2017）的案例开始讨论。

10.3　案例研究：2017年欧洲文化之都——丹麦奥胡斯（Aarhus）

与丹麦中部地区的其他18个城市密切合作的奥胡斯市于2017年被赋予“欧洲文化之都”称号。他们的目标是利用文化作为经济增长和发展的催化剂。咨询公司Cowi受聘使用传统的经济影响分析方法（Cowi，2018）来评估项目的经济影响。该分析基于丹麦一家独立研究机构开发的针对丹麦地区的投入产出模型，是一项事后评估。评估中的投入是关于旅游业、过夜、游客旅行原因和目的地选择等的调查和统计数据。关于游客的数据由数个来源提供。有关该报告的链接，请参见Cowi（2018）。

报告中关于文化活动所造成的影响的一些主要发现可总结如下（基于2017年的区域水平来衡量）：

（1）报告称，此次文化活动吸引了731 385名游客和994 405名夜间住宿的游客[4]。约23.5万人在奥胡斯市住宿，其余人则在该地区的其他地方住宿。

（2）基于对游客数量及其消费情况的了解，私营部门的营业额为11.85亿丹麦克朗（1.58亿欧元）。

（3）使用区域投入产出模型，计算了全职工作岗位的数量、区域的税收增长以及总增加值（与GDP近似——译者注）。结果显示，此文化活动对区域的经济影响有如下几方面：

- 私营部门新增就业岗位1 403个[5]。
- 私营部门新增6.03亿丹麦克朗（8 000万欧元）的总附加值。

• 由于私营部门新增了 1 403 个工作岗位，该地区的税收增加了 4 600 万丹麦克朗（600 万欧元）。

(4) 由于新增了 1 403 个就业岗位，该地区将节省 1.32 亿丹麦克朗的失业救济金。此外，该文化活动的秘书处和文化项目所创造的 562 个工作岗位，将为该地区节省 1.07 亿克朗的失业救济金。

(5) 通过这种方式，由于“奥胡斯 2017”活动的举办，丹麦中部地区的市政收入“增加”了 2.85 亿丹麦克朗（3 800 万欧元），而为“奥胡斯 2017”进行的市政融资为 2 亿丹麦克朗（2 700 万欧元）。因此，在“奥胡斯 2017”活动中每花费 1 丹麦克朗，就会使市政收入增加 1.4 丹麦克朗。

总而言之，报告结果“显示”公共部门资助这项文化活动是一份“好生意”，因为最终赚到了额外收入。

该结果是基于“奥胡斯 2017”活动所导致的旅游支出增加的数据。该地区的新增就业岗位数量、私营部门的附加值增长以及税收的增加，都是在基于营业收入增长计算的投入与产出模型中计算出来的。市政收入增长是基于新增就业岗位所节省的失业救济金而计算的。

该报告指出，其所使用的方法能够确保只有可归因于“奥胡斯 2017”的影响才会被包含在结果中。尽管如此，但该结果仍然被夸大了，因为它们是基于一些有问题的、不切实际的假设而得出的，如下一节所述。

10.3.1 旅游数据的有效性

实际结果并不像数据所表现的那样好，而且该结果在很大程度上取决于调查数据的质量。来自客户的关于他们到访该地区的动机（文化活动是否是主要动机）的信息，以及关于他们在该地区消费的信息，对最终的结果至关重要。到访动机之数据的有效性尤其可能存在问题。就“奥胡斯 2017”活动而言，旅游者的数量存在严重问题（Bille，2018）。

寻找替代统计数据总是一个好主意。根据相关数据（Cowi，2018），2017 年奥胡斯市的夜间住宿人数增加了约 235 000 人。图 10-1 显示了 2013—2017 年奥胡斯市付费住宿的发展情况，呈现出稳定的增长。如果“奥胡斯 2017”活动带来了 23.5 万次夜间住宿的增长，这可能意味着奥胡斯市付费住宿总次数的稳定增长趋势在 2017 年已开始下降（反事实情况 1，见图 10-2 中的虚线），也可能意味着“奥胡斯 2017”活动所带来的夜间住宿增加将导致夜间住宿的总次数增加（反事实情况 2，见图 10-3 中的虚线）。

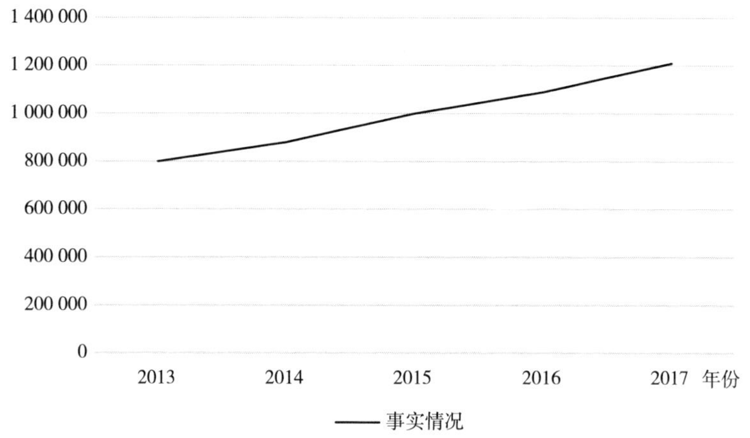

图 10-1　2013—2017 年奥胡斯市的付费住宿

资料来源：Asger Wingender in Bille（2018）。

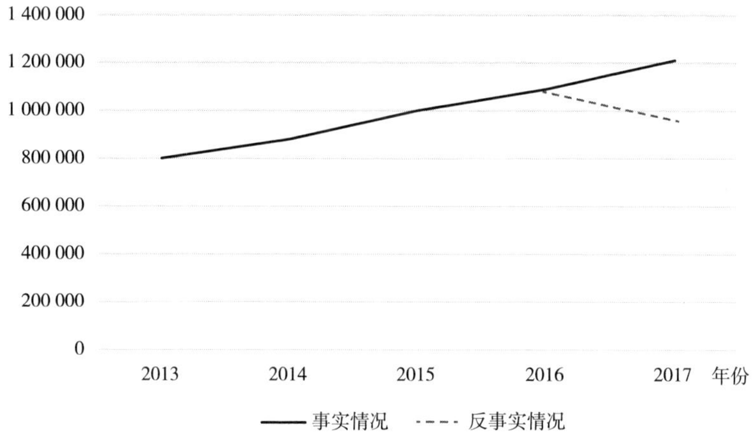

图 10-2　2013—2017 年奥胡斯市付费住宿，以及反事实情况 1

资料来源：Asger Wingender in Bille（2018）。

如果 2017 年奥胡斯市住宿人数的增加不是因为该文化活动，而是前几年奥胡斯市旅游业绩总体稳定增长的一部分，那么“奥胡斯 2017”活动的经济效益将趋近于零。

10.3.2　机会成本与挤出效应（crowding out effects）

必须始终对机会成本予以考虑。尽管一项关于经济影响的研究表明，x 数量的新工作岗位是由这一文化活动所创造的，但只有当存在失业的情况时，才会有

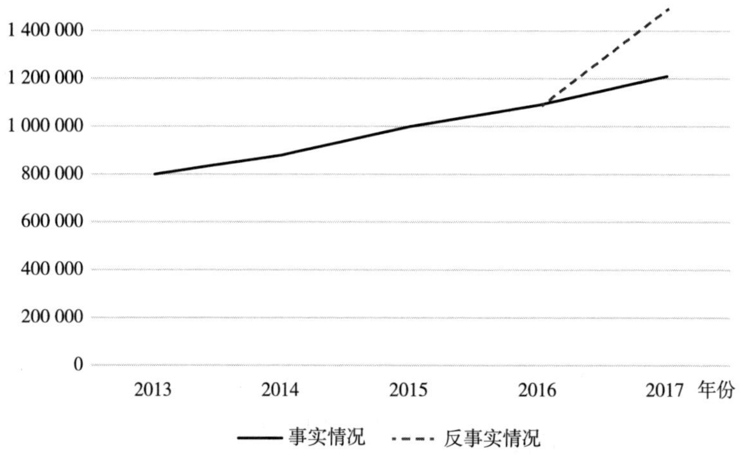

图 10-3　2013—2017 年奥胡斯市付费住宿，以及反事实情况 2

资料来源：Asger Wingender in Bille（2018）。

新的工作岗位被创造出来。如果该地区属于充分就业的情况（至少在短期内），“新工作岗位”将会挤占其他行业的工作，这种情况下并不会产生新的经济活动。就奥胡斯市而言，因为现状已接近于充分就业，所以新工作岗位（如果被创造出来的话）是否会被失业人员所填补是值得怀疑的。如此则失业救济金将不会得到任何节省（或只能得到少量的节省），而 Cowi（2018）的计算结果显示，在“奥胡斯 2017”活动中花费的每 1 丹麦克朗都会带来 1.4 丹麦克朗的市政收入，这是不可信的。

10.4　关于问题与讨论的建议

发起课堂讨论的一个好方法，可能是让学生阅读案例并以其为主题来做课堂报告。这可能是对“2017 年欧洲文化之都——奥胡斯”所产生的经济影响的评估，也可能是本书读者所在国家的其他类似案例[6]。

可进行讨论的问题有以下一些例子：

（1）此案例研究的目的何在？原因何在？

（2）使用哪种方法？是投入与产出模型吗？

（3）数据是如何收集的？

(4) 假设是什么？这些假设切合实际吗？
(5) 是否有其他可供比较的数据（如旅游发展数据）？
(6) 研究结果可以被用来做什么？
(7) 研究结果是否可被用于赞同对该活动的公共资助？原因何在？

10.5 评估要点与学习目标建议

一名出色的学生应当能够做到以下几点：
(1) 展现出对经济影响分析的认知与理解。
(2) 能够批判性地进行对经济影响的研究。
(3) 了解机会成本与挤出效应的概念。
(4) 反思经济影响之研究的政策意涵。

注释

[1]另一种可能性是当地人将钱花在该地区之外。在此情况下，考虑当地人的支出是很重要的。但由于很难确知当地人的选择是什么，因此通常（保守地）假设当地人会将他们的钱花在该地区之内的其他东西上。

[2]参见 Americans for the Arts (n. d.), "Customized economic impact study service", https://www.americansforthearts.org/by-program/reports-and-data/research-studies-publications/arts-economic-prosperity-iv/customized-economic-impact-study-service。

[3]参见 https://www.sciencedirect.com/science/article/abs/pii/S0261517720301333)

[4]相比之下，丹麦中部地区共有 1 012 285 名纳税人。

[5]此外，2013—2017 年，"奥胡斯 2017"活动创造了 562 个工作岗位（直接影响）。总新增工作岗位数为 1965 个。

[6]参见 Snowball(2007a,2007b)中的一些例子。

补充阅读材料

参阅 B. Seaman（2003），“Economic impact of the arts”，in R. Towse（ed.），*A Handbook of Cultural Economics*，1st edition，Cheltenham，UK and Northampton，MA，USA：Edward Elgar Publishing。关于实证数据，参阅 Bille（2018）。此外，另可参阅 Snowball（2007a，2007b）。

参考文献

BILLE T. Rethink Economic Impact－From Economic Impact to Economic Value [EB/OL]. [2019－10－17]. http://projects. au. dk/fileadmin/user_upload/Rethink_Economic_Impact_rapport. pdf.

COWI. Economic Impact Assessment of Aarhus 2017[EB/OL]. [2019－10－11]. http://www. aarhus2017. dk/media/12764/cowi－april－2018－economic－impact－assessment－of－aarhus－2017. pdf.

CWI D，LYALL K，1997. Economic Impact of Arts and Cultural Institutions：A Model of Assessment and a Case Study in Baltimore[R]. National Endowment for the Arts.

FREY B S，POMMEREHNE W W，1989. Muses and Markets：Explorations in the Economics of the Arts[M]. Oxford：Basil Blackwell.

SNOWBALL J D，2007a. Using economic impact studies to value the arts [M]//SNOWBALL J D. Measuring the Value of Culture：Methods and Examples in Cultural Economics. Springer Science & Business Media：33－46.

SNOWBALL J D，2007b. Calculating economic impact [M]//SNOWBALL J D. Measuring the Value of Culture：Methods and Examples in Cultural Economics. Springer Science & Business Media：47－76.

第二部分

文化生产的资助

11 文化行业的税收优惠

——西格丽德·黑莫斯

11.1 案例研究：税收优惠抑或直接补贴？

在美国，私人和企业捐款对文化行业非常重要。2016 年，在美国、加拿大和墨西哥 214 家艺术博物馆获得的总收入和资助中，只有 15%直接来自政府（联邦、州、县或市），而 32%来自私营部门（个人、慈善机构和公司）（AAMD，2017）。在欧洲，文化机构的资金通常主要来自直接补贴。当然，包括公司赞助在内的私人捐款也很重要。荷兰政府针对博物馆和表演艺术分别规定了至少 21.5%和 25.5%的自身营收占比要求（例如通过筹资、售票和商业活动等方式）。

欧洲博物馆和其他文化机构之所以加大筹款力度，有这样几个原因：大多数博物馆没有得到足够的补贴来购买重要的艺术品，或者在表演艺术方面，没有足够的补贴来支付超级明星演员的报酬，也没有足够的补贴来支付所有的运营成本。此外，许多欧洲政府鼓励博物馆寻找私人资源，为其部分活动提供资金，这不仅是因为政府预算紧张，还因为他们希望文化机构了解其观众。

然而，私人捐款往往意味着政府的间接资助，因此通常不是百分百的私人捐款，而是公共捐款。在许多国家，慈善机构的筹款工作得到了对慈善捐款的税收优惠的资助。税收优惠资助可以采取各种形式。例如，美国、德国、荷兰和日本的所得税扣减，加拿大和法国的税收抵免（应付税款扣减），或英国礼品援助计划（UK Gift Aid scheme）等退税。

荷兰财政部公务员和部分荷兰税务专家提议取消荷兰对捐赠的税收优惠，代之以直接补贴。在他们看来，税法只能用于提高政府预算，而不应用于文化政策目标等辅助目的。

11.2 为何选择此专题及此专题与文化经济学的关系

税收立法的主要功能是提高政府支出预算。然而，税收立法也可以用于其他政策目标，如文化政策目标。如果税收立法被用来为期望的行为提供财政奖励，这就叫作税收优惠。大多数国家都为慈善捐款提供某种税收优惠[1]，问题是政府为什么要采用这种政府资助。对于文化政策制定者来说，重要的是要了解税收优惠和其他政策工具之间的区别，例如立法（如出口重要艺术品需要许可证，或博物馆的免费开放）、宣传活动（如促进剧院参观）和直接补贴。同样重要的是，要理解为什么一些税务律师反对将税收优惠用于文化政策目标，并能够权衡这一政策工具的优缺点。

11.3 基本经济学理论/假说概述

对慈善捐赠之税收优惠的理念在于：与其他形式的消费相比，税收优惠降低了捐赠的相对成本，从而刺激了慈善捐赠。然而，只有当慈善捐赠具有价格弹性时，这种假设才有效。价格弹性是经济理论中的一个重要课题。需求的价格弹性是指一种商品的价格每变化1%所导致其需求量发生的百分比变化。如果在其他条件相同的情况下，一种商品的消费量随着其价格的下降而增加，则该商品具有价格弹性。对于价格弹性商品，政府降低这些商品价格的政策可以产生预期的效果。如果捐赠具有价格弹性，那么由于优惠而导致的价格下降将导致捐赠的增加。然而，如果一种商品没有价格弹性——例如，价格的变化不会导致对该商品的需求发生重大变化，政府降低商品价格的政策可能不会产生预期的效果。

此外，这个话题可以与政治经济学理论相联系：一是政府在做出经济决策时如何运作；二是如何考虑不同的偏好。

私人礼品对文化机构可以有以下多种作用：

（1）扩大财政基础：增加额外的收入来源，带来更多资金。

（2）加强财政基础：如果文化机构与捐赠者建立了联系，私人捐赠可能对政治和经济的变化不那么敏感。

（3）加强社会基础：私人礼品可以提供与公众建立并促进联系的机会。

11.4 对本专题及其影响的阐释

用于决定使用何种政策工具的有意义的问题包括以下几方面：

（1）为什么政府干预是必要的？

（2）政策目标是什么？

（3）实现这一政策目标的最有效手段是什么？

实际上，这些问题的答案并不总是决定性的。游说团体在请求税收优惠时可以产生强大的政治影响力。这种优惠措施的好处对于从中受益的一小部分人来说是相当可观的，而其成本则由大量的匿名纳税人所承担。

税收优惠可能被视为免费的午餐，但事实并非如此。税收优惠会减少政府的税收收入，因此政府必须要么增加其他纳税人的税负以及（或）增加其他税收，以维持相同的预算，要么减少政府支出。与直接补贴一样，税收优惠也是政府的成本。政府机构有时更喜欢税收优惠而非直接补贴，因为税收优惠不会减少预算，只会减少财政部门的收入。因此，对于文化部门来说，无效的税收优惠可能比能够更有效地降低预算的直接补贴更有吸引力。对政府来说，这当然是不可取的。在理想情况下，税收优惠与直接补贴的计算和管理方式相同，从而确保其效率及有效性。然而，目前的情况往往并非如此。尽管各个工业化国家，如 1959 年以来的德国、美国（1967 年）、西班牙（1978 年）、加拿大（1979 年）、英国（1979 年）、奥地利（1979 年）、葡萄牙（1980 年）及法国、爱尔兰和澳大利亚（1981 年）编制了所谓的“税收支出预算”（tax expenditure budgets），其中包括税收支出，但这些预算与直接支出预算并不相同。

许多税务专家不赞成税收优惠。他们的一些观点也适用于直接补贴，但另一些则更具体地适用于税收优惠。经济合作与发展组织（OECD，2010）对税收支出做出了以下理论与实践上的说明：

（1）公平性。包括游说团体的相关议题，此外，高收入群体从所得税扣减中受益最多。这种“颠倒效应”（upside-down effect）可以通过不同的政策设计来避免，例如税收抵免、单一税率的税收减免或对慈善机构的退款。

（2）效率与有效性。难以评估现有税收支出，预算中税收支出报告存在缺陷。

（3）复杂性。税收支出会增加税收制度的复杂性。

（4）收入充分原则。难以估计税收支出的成本。

（5）税收支出的增长。税收支出往往会绕过系统性与批判性的审查。因此，它们可以随着时间的推移而增长，并避免被改革、缩减或废除。

然而，经济与合作发展组织还指出了税收支出最有可能成功的条件，甚至还对实现其目标的最佳政策工具予以说明：

（1）行政上的规模经济与范围经济：税收优惠可能会使行政成本比直接补贴来得更低。例如，税收优惠是一种考虑公民偏好的简单方法，无须设立新机构，如配套补助金。

（2）滥用或欺诈的可能性有限：在不需要详细核实的情况下，尤其当可根据第三方提供的信息确知纳税人所要求的税收减免时，税收优惠可能具有成本效益。例如，挪威和丹麦的慈善机构有义务向税务局报告其收到的捐赠。

（3）纳税人的选择范围广泛：在个人偏好范围广泛的情况下，那些有资格获得政府资助的不同活动之间的区别可能并不重要。在这种情况下，通过税务体系进行更简单的审核流程可能比直接补贴更为行之有效。

此外，如果政策目标是在文化机构与捐赠者之间建立联系，以加强其财政基础和社会基础，那么需要文化机构与公众之间直接联系的税收优惠，可以是一种比直接补贴更好的方式。

11.5 教学方式

教学方式可以采取互动讨论的模式。

首先，你可以讨论税收优惠作为政策工具的利弊。荷兰税务专家提议取消税收优惠的原因是什么？不这么做的理由是什么？学生可能会提出关于游说的观点。如果没有，你可以用一些你自己国家的游说团体的案例。这里的一个很好的例子是针对电影的税收优惠，许多国家都有强大的游说团体，只需上网搜索关键词“游说、税收优惠、电影”（lobby，tax incentive，film）即可。

其次，另一个要讨论的话题是所得税扣减中的公平性问题，以及这种缺陷是否可以通过不同的优惠方案来解决。你也可以讨论一下你们国家的情况。你们国家的慈善捐赠有税收优惠吗？它是如何运作的？

图 11-1 和图 11-2 可以有效地说明直接补贴资助与税收优惠资助之间的差异。图中的数字 100 和 50 代表一定数量的货币——例如欧元或您所在国家或地区使用的任何货币。图中的数字（1）、（2）、（2a）和（2b）表示发生的顺序：（2）发生在（1）之后，（2b）发生在（2a）之后。箭头描述了金钱的流动，箭头的一端是资金的接收者，另一端是资金的付出者。在图 11-1 中，政府主动向文化机构提供补贴（例如 100 欧元）。该补贴的资金来源是向所有纳税人（包括艺术爱好者）征收 100 欧元的税款。在图 11-2 中，艺术爱好者决定自发地向文化机构捐赠 100 欧元。由于这笔捐赠，政府给他们减税（例如 50 欧元）。政府从所有其他纳税人缴纳的税款中扣除这笔款项。

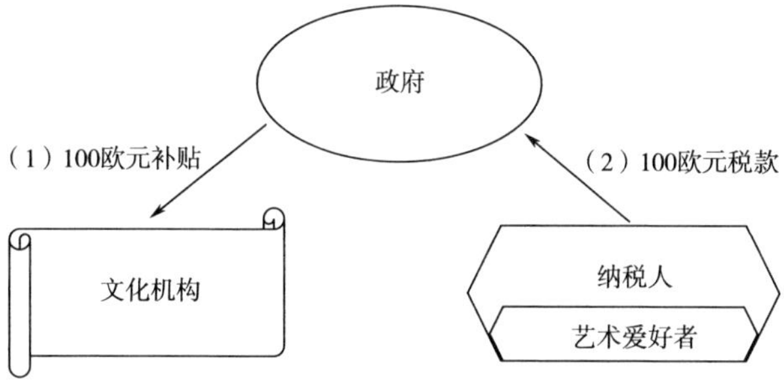

图 11-1　直接补贴

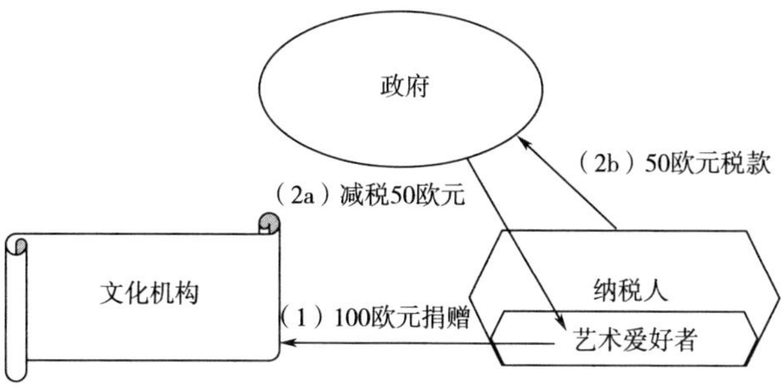

图 11-2　税收优惠资助

学生可以讨论这两种制度之间的区别，它们的财政影响是什么，以及它是否能让文化机构与公众建立联系并同时考虑到公众的不同偏好。此外，他们可以讨论通过使用不同的直接补贴方案（例如匹配拨款）是否也无法实现这一点。在配捐方案中，独立的第三方（例如政府）将以一定的比率对慈善事业进行匹配性的捐款，例如公众向某特定博物馆捐赠的每1欧元，当地的市议会都会向博物馆提供1欧元的补贴。也可以表述为：政府根据私人资金的多少来给予补贴。这样做有什么优点与缺点？

学生们还可以研究捐赠是否具有价格弹性。

11.6 课堂评估

根据关于这一主题的授课方式（讲座或讨论会），课堂评估可通过多种方式进行。可以要求学生们写一篇短文，或就上文“教学方式”部分所提出的问题做一个陈述。也可以要求学生就他们所在国家的文化行业的税收优惠，写一篇简短的政策建议：假如你是一名公务员，你必须向部长写一则建议——税收优惠是实现其政策目标的最有效的方式吗？或者，引入其他国家已有的特定税收优惠措施是否有助于实现国家的特定文化政策目标？抑或，匹配拨款其实才是更为可取的方式？

11.7 评估要点

学生是否能够意识到：税收优惠的方案很重要；游说团体可以发挥重要作用；税收优惠有利亦有弊；税收优惠与直接补贴类似，都会对政府预算造成负担。

学生是否能够将政策目标与实现该目标的最有效方式相互联系起来？

注释

[1]数据显示，在177个国家中，77%的国家为企业捐赠者提供某种形式的税

收优惠,其中高收入国家占比 89%,低收入国家占比 65%。而 66%的国家为个人捐赠者提供某种形式的税收优惠,其中高收入国家占比 86%,低收入国家占比 44%(Quick,Kruse,and Pickering,2014)。

补充阅读材料

1. Bekkers,R. (2015),"When and why matches are more effective subsidies than rebates",in C. A. Deck,E. Fatas and T. Rosenblat(eds),*Replication in Experimental Economics*(*Research in Experimental Economics*,*Vol.* 18),Bingley,UK:Emerald Group Publishing Limited,pp. 183–211.

2. Feld, A. L., M. O' Hare and M. J. D. Schuster (1983), *Patrons Despite Themselves:Taxpayers and Arts Policy*,New York:New York University Press.

3. Hemels, S. and K. Goto (2017), *Tax Incentives for the Creative Industries*, Singapore:Springer.

4. O'Hagan,J. (2011),"Tax concessions",in R. Towse(ed.),*A Handbook of Cultural Economics*,2nd edition,Cheltenham,UK and Northampton,MA,USA:Edward Elgar Publishing,pp. 408–412.

参考文献

ASSOCIATION OF ART MUSEUM DIRECTORS(AAMD). Art museums by the numbers 2016[EB/OL]. [2018-04-04]. https://aamd. org/our-members/from-the-field/art-museums-by-the-numbers-2016.

OECD, 2010. Tax Expenditures in OECD Countries [M/OL]. Paris: OECD Publishing [2018-04-04]. http://www. oecd. org/gov/budgeting/taxexpendituresinoecdcountries-oecdpublication. htm.

QUICK E, KRUSE T A, PICKERING A, 2014. Rules to Give By: A Global Philanthropy Legal Environment Index[M/OL]. Washington, DC: Nexus/McDermott Will & Emery/Charities Aid Foundation [2018-04-04]. http://idis. org. br/wp-content/uploads/2014/12/RULES-TO-GIVE-BY-FINAL-with-Country-Reports. pdf.

12 对文化行业的国际捐赠的税收优惠

——雷纳特·布杰斯

12.1 关于此专题的简要说明

你所在国家的政府希望减少对文化行业的补贴，但不希望文化行业萎缩。因此，政府决定改革税制，并为文化行业的慈善捐赠予以税收优惠。这项措施旨在鼓励对文化组织的个人捐赠与企业捐赠。根据政府所想要达到的目标，对税收优惠进行谨慎的考虑是必要的。那么，应该实施哪种形式的税收优惠？它应该是税收抵免、税收减免、税收指定方案（tax designation scheme）还是这些计划的变体？哪些组织有资格接受带有税收优惠的捐赠？活跃在国外的甚至建立在国外的组织是否有资格获得税收优惠？

12.2 选择这一专题的理由

本案例研究探讨了对符合公益组织（PBO）条件之文化组织的捐赠的税收优惠。税收优惠是政府对文化行业的一种间接资助，可以替代补贴等直接资助。政府对文化部门的间接资助是文化经济学的一个重要课题，因为它是政府资助该行业的措施之一。税收优惠的形式对文化行业与政府的关系、文化行业与观众的关系有着重要的影响。本案例研究深入了解了可获得间接补贴的要求与条件将如何影响文化行业的资产分配，从而有助于实现文化政策之目标。

12.3 此专题与文化经济学的相关性

文化经济学研究的课题之一便是如何对艺术予以资助。在文化经济学中，对政府应该在资助艺术方面发挥作用的原因进行了广泛的分析（Heilbrun and Gray，2001；Pommerehne and Frey，1990）。如果政府要在资助艺术方面发挥作用，那么问题是：它们应该以何种方式进行资助？

政府可以通过几种方式对艺术予以资助。其中一个常用措施是通过政府直接支付的补贴进行资助。这些资金来自税收和其他政府收入。税收优惠可以作为艺术资助的另一项措施。税收优惠不是征税，而是通过在征税前“支出”税收来刺激个人主动性。因此，它们也被称为间接资助（indirect support）。文化行业是经常实行税收优惠的行业之一。87%的高收入国家对公益组织的慈善捐赠给予税收激励（Quick，Kruse，and Pickering，2014），其中包括文化组织。

税收优惠背后的理念是，与其他方式相比，它们降低了捐赠的相对成本，从而促进了慈善事业。然而，这一假设仅适用于慈善事业具有价格弹性的情况。也就是说，如果一种商品的价格下降，则该商品的消费量会增加（在其他条件相同的情况下）。有研究表明，至少在高收入人群中，捐赠具有价格弹性（List，2011：172）。因此，当慈善捐赠获得税收优惠时，慈善事业将会得到推动。

在文化经济学中，一些研究人员将政府直接补贴与税收优惠作为艺术资助的措施进行了比较。支持间接资助的一个观点是：艺术的间接捐赠主体是个人捐赠者。当给予直接补贴时，因为捐赠者认为他们的税款已经花在了这些事业上，所以他们并不觉得有必要为艺术捐款。而通过税收优惠来提供的间接资助则与之不同。此外，在一定程度上，税收优惠将拨款的决定权交给了私营部门，并促进了艺术组织与观众之间的进一步互动。反对税收优惠的一个观点是：它们违背了纳税人应按其能力支付的原则。此外，一些人认为税收优惠并非对艺术予以资助的最有效方式，而且它们使税收立法趋于复杂化。反对税收优惠的另一个依据是，控制税收支出的规模比控制直接补贴的规模更加困难（Buijze，2017：44-50）。

12.4　学习目标

此案例研究旨在使学生学会：

(1) 定义什么是间接政府资助。

(2) 区分不同类型的税收优惠：税收抵免、税收减免和税收指定方案。

(3) 解释这些税收优惠如何促进捐赠。

(4) 厘清税收优惠措施如何促使文化组织关注其受众，并同时实现政府的政策目标。

(5) 分析针对慈善捐赠的不同要求和条件，以及这些要求与条件如何有助于实现特定的文化政策目标。

12.5　教学方式

12.5.1　问题

慈善捐赠的税收优惠能否替代政府直接补贴？在将慈善捐赠的税收优惠作为促进文化行业发展的措施时，必须考虑哪些因素？

12.5.2　课程主题

以此为切入点，探讨学生所熟悉的区域内对文化行业的税收优惠政策。之后，概述这些优惠形式的替代方案。

在由 2~4 名学生组成的小组中，他们可能会讨论以下问题：

(1) 政府为什么要促进文化行业发展？

(2) 政府必须通过哪些方式来制定税收优惠措施以达成其目标？

(3) 哪些因素决定了税收优惠是否有效？

(4) 为什么政府会对有利于其他国家的文化行业的捐赠给予税收优惠？不这样做的原因是什么？

在课堂上，对各组学生给出的答案进行比较。

12.6　评估要点

考试题目可能包括：

（1）与直接资助相比，税收优惠有哪些优点和缺点？

（2）各国是否应该对向国外艺术组织的捐赠提供税收优惠？如果应该的话，优惠程度如何？

另一项任务是让学生设计一套税收优惠方案，以促进对文化组织的慈善捐赠。学生们应该考虑到：

（1）税收优惠的具体目标。

（2）是否涉及个人所得税（针对个人捐赠）或企业所得税（针对企业捐赠和/或赞助）的税收优惠。

（3）税收制度是单一（flat）的（即边际税率是恒定的，无论收入多少）还是累进的（即税率随着应纳税收入的增加而增加）。

（4）文化组织具有资格获得具有税收优惠的捐赠所必须满足的要求。

（5）使用何种类型的税收激励措施。

（6）符合税收优惠条件的金额是否有最低和/或最高限额。

税收优惠的方案设计可以通过细致严谨的海报形式展现。

补充阅读材料

1. 可特别参阅 Buijze(2017)(见参考文献部分)。

2. Buijze, R. (2016), "Approaches towards the application of tax incentives for cross-border philanthropy", Intertax, 44(1), 14-28.

3. Hemels, S. J. C. (2017), "Tax incentives as a creative industries policy instrument", in S. Hemels and K. Goto(eds), Tax Incentives for the Creative Industries, Singapore: Springer, pp. 33-64.

4. Hemels, S. J. C. (2017), "Tax incentives for museums and cultural heritage", in S. Hemels and K. Goto (eds), Tax Incentives for the Creative Industries, Singapore:

Springer, pp. 107–135.

5. O'Hagan, J. (2003), "Tax concessions", in R. Towse (ed.), A Handbook of Cultural Economics, 1st edition, Cheltenham, UK and Northampton, MA, USA: Edward Elgar Publishing, pp. 451–457.

6. Schuster, M. D. J. (1987), "Issues in supporting the arts through tax incentives", The Journal of Arts Management and Law, 16(4), 31–50.

7. Schuster, M. D. J. (1999), "The other side of the subsidized muse: Indirect aid revisited", Journal of Cultural Economics, 23(1–2), 51–70.

参考文献

BUIJZE R, 2017. Philanthropy for the arts in the era of globalisation: International tax barriers for charitable giving[D]. PhD thesis, Erasmus University Rotterdam.

HEILBRUN J, GRAY C M, 2001. The Economics of Art and Culture[M]. 2nd edition. Cambridge, UK: Cambridge University Press.

LIST J A, 2011. The market for charitable giving[J]. The Journal of Economic Perspectives, 25(2): 157–180.

POMMEREHNE W W, FREY B S, 1990. Public promotion of the arts: A survey of means[J]. Journal of Cultural Economics, 14(2): 73–95.

QUICK E, KRUSE T A, PICKERING A, 2014. Rules to Give By: A Global Philanthropy Legal Environment Index[M]. Washington, DC: Nexus/McDermott Will & Emery LLP/Charities Aid Foundation.

13 慈善事业

——路易吉·迪·加埃塔诺、伊西多罗·马扎

13.1 关于此专题的简要说明

2015 年，美国超过 86 000 个基金会为社会贡献了约 628 亿美元（Foundation Center，2019），而欧洲的 147 000 个基金会贡献了近 600 亿欧元（DAFNE，2016）。放眼艺术领域，我们经常看到公共机构接受价值数百万欧元的艺术品捐赠，或是同样数额可观的艺术品销售额——其收益将用于资助通常由建筑师设计的非营利机构或新建博物馆。这种现象不是某个国家特有的，而是世界性的。

艺术历来受到赞助者的资助。在欧洲，几个世纪以来，教会、统治者、贵族家庭和有权势的银行家坚定地对艺术予以资助。最引人注目的便是横扫了整个欧洲的意大利文艺复兴，还有来自国际贸易的财富推动了荷兰的艺术黄金时代。美国在 19 世纪积累了巨额财富，使得累积的收藏品最终被捐赠，以用于创建杰出的博物馆。现金或实物捐赠仍然是美国博物馆生存的基础，艺术博物馆馆长协会（the Association of Art Museum Directors，AAMD）2018 年的报告称，2017 年的博物馆有约 80%的艺术品收购来自捐赠和遗赠。

如今，慈善家似乎越来越被建造自己的博物馆的想法所吸引，这与达米恩·赫斯特（Damien Hirst）的格言相符："购买艺术品，建造博物馆，在上面写上你的名字，让人们免费参观。这是使你能够最接近于不朽的方式。"（Aspden，2007）2016 年，Bouchara、Larry's List 和雅昌艺术市场检测中心（AMMA）发布了一份关于私人博物馆的报告，其中涉及 317 家私人博物馆。报告显示，超过 70%的博物

馆是在2000年后成立的。由于一些亚洲经济体最近的稳定增长，因此这种现象似乎是全球性的。现在，韩国和中国入围拥有最多私人博物馆的国家之列，与美国和德国并列。

13.2 为何选择此专题

经济理论已经广泛研究了利他主义，特别是经过行为经济学和实验经济学的扩展之后。慈善行为可能有多种决定因素（Andreoni，2006；Vesterlund，2006）。对于经济学家来说，慈善行为可能会令人费解，因为它显然与自利的普遍原则相矛盾。最简单的解释是，捐赠与自私的目的是一致的：捐赠代表了一种公共产品的自愿提供，这也将使捐赠者受益。通过这种方式，捐赠可以被解释为主要取决于收入和价格的消费品。文献对这一假设进行了广泛的研究，特别是因为它在设计和评估旨在鼓励私人捐赠的税收支出政策（如税收减免）方面具有重要意义（Revelli，2013）。这些税收优惠降低了捐赠的成本。在某些情况下，艺术品捐赠已成为减轻捐赠者整体税收负担[1]或转移艺术品投资风险的方式[2]。

这一分析对于评估人们对市场激励的反应非常重要，而且对于处理搭便车带来的低效率问题也非常重要，搭便车现象在公共产品领域非常普遍。人们不会有足够的动机来为一种创造集体利益的文化产品或服务（且其在消费上不具有排他性）的有效供应提供资助。这一问题为旨在恢复效率的政府干预提供了经典的解释。然而，政府拨款可能会减少（“挤出”）自愿捐款，因为捐赠者认为这些捐款对保证社会最优供应的必要性较低，即捐款的边际效用降低。此外，如果捐赠者出于与金钱奖励无关的内在动机捐款，那么在捐款时引入金钱激励可能会削弱他们的捐款动机。这些动机非常重要，因为我们观察到，即使在财富相当的情况下，人们的捐赠方式也可能存在显著差异。事实上，我们可以期待人们会有同情心，会因为帮助他人而感觉良好，并享受他们的感激之情。个人可以从他们对艺术的贡献中获得“温暖的光芒”（Andreoni，2006）。

在实验研究中，这些纯粹的个人动机的存在得到了证实，当人们以不匿名的方式进行捐赠时，社会的反应可进一步增强这些动机。赞助者可能会寻求社会认可来实现他们的自我价值，他们也可以利用社会认可来发展自己的事业（例如在政治领域），或推广自己的公司（赞助）。一些实证研究证实，捐赠者喜欢得到他们认为自己应该得到的关注[3]。因此，社会和体制环境会影响捐赠（Mazza，1994）。人们可能会模仿他人的行为，或彼此竞争以成为主要的赞助者。在这些情况下，个人捐赠对其他人的捐赠具有互补作用。然而，搭便车行为也会出现，因此来自外部的资助可能会使人们觉得自己的捐献是没有必要或无意义的。

值得补充的是，“温暖的光芒”之假说并不意味着捐赠者的道德标准高于平均水平。这很容易通过阅读几位现在和过去的杰出慈善家的传记来佐证。这与自私的目标可能是给予的主要驱动力的猜想是一致的。此外，作为艺术赞助人所受到的社会认可，有助于掩盖一个人的不良声誉或扫除一个人的内疚感。在这种情况下，尽管看起来很矛盾，但捐赠实际上会助长不道德行为，因为它们降低了不道德行为的成本[4]。

13.3 为何选择此专题作为文化经济学的案例

私人对艺术的资助是艺术生存的根本。最近的经济危机迫使几个国家减少了对艺术的资助，对许多国际组织的预算造成了压力。公共机构比以往任何时候都更加依赖私人资助。虽然捐款能够使机构的预算压力有所缓解，但人们也担心捐款可能对这些机构的问责制和独立性产生影响。公共机构的活动通常需要寻求资助。例如，对博物馆的知名度很重要的著名展览，只有在由富有的赞助商甚至是代表参展艺术家的画廊提供资金的情况下，才能看到成功的希望（Di Caro and Mazza：Chapter 33）。鉴于此，公共文化政策的制定可能会不再偏向于赞助人（富裕阶层的精英）的品味及其经济利益，否则那些没有得到足够资助的艺术家将很难走入公共视野之中。与此同时，有助于丰富公共艺术供给的私人博物馆的出现，不可避免地耗尽了重要的捐赠，而这些捐赠对许多公共博物馆来说是改善其收藏的主要或唯一机会。我们有这么多新的私人博物馆，剥夺了博物馆的重要遗产，其原因是多种多样的，无法在这短短的一章中进行讨论。迪·加埃塔诺和马扎（2017）认为，私人博物馆可以成为收藏家的最佳保障，他们的藏品将被展出且永远不会出售。一些博物馆协会反对并最终惩罚了那些被法律所承认的藏品销售行为[5]，这一现象似乎印证了这一假说。

13.4 文化经济学如何看待这一话题

既往的文献研究了三种主要的慈善行为：个人的捐赠和遗赠、艺术家的赞助以及私人基金会和博物馆的捐赠。大量的理论文献集中于最常见的第一种形式。从小额捐赠到重要遗赠的个人捐赠，构成了许多博物馆的主要资源，尤其是在那些公共资助相对较少的国家。在艺术史上，赞助人在资助艺术家的作品方面所发挥的作用经常被研究，但其作用在如今却是微乎其微，尽管收藏家对艺术家的职业生涯仍然至关重要。私人基金会和博物馆越来越分散的原因在很大程度上是未知的。尽管 Bouchara 等人（2016）在最近的报告中，对创始人的采访，提供了一些想法，但其仍然缺乏严谨的理论和实证分析。事实上，由于捐助者的异质性，从个人到私人基金会的动机可能各不相同。

13.5 对潜在经济问题的详细解释

通过本章，学生将了解慈善事业在文化领域的作用及其主要决定因素。关于利他主义的主要观点涉及捐赠的动机，以及它们与理性的个人动因的兼容性：捐赠似乎不仅仅是由“纯粹的利他主义”推动的。安德雷奥尼（Andreoni，1989）指出，纯粹的利他主义无法解释许多有关慈善事业的事实，尤其是远远高于零的平均捐款和来自不同群体（而不仅仅是最富有的人）的捐款。事实上，人们从那些用捐款所购买的公共产品上获得效用，而慈善事业代表着自愿提供公共产品，这也将使捐赠者受益[6]。因此，动机通常分为外在动机和内在动机。外在动机与当前或未来的外部利益相关，而内在动机与捐献行为本身的快乐相关。了解这些动机，对于实施公共和博物馆政策以促进捐赠和避免（或减少）搭便车问题至关重要。公共政策可能会利用捐助者在经济上的“私人利益”来促使捐赠的增长。

13.6 学习目标

本章的基本问题如下：

（1）慈善事业的主要动机是什么？

（2）政府拨款会使自愿捐赠增加还是减少？

（3）政府如何促进捐赠？

（4）私人艺术博物馆数量日益增长的原因可能是什么？

13.7 教学方式

老师们可以先展示一些关于博物馆捐款的数字。例如，美术馆馆长协会（AAMD）每年都会发布一份报告（按数字划分的美术馆）。2018 年的报告显示，家庭和企业捐款分别占博物馆收入的 10%和 4%，70%以上的藏品采购来自捐款。

教师可以问学生如下所述的一系列问题：

（1）他们过去是否曾向博物馆捐款，将来是否会向博物馆捐款？

（2）他们知道门票只包含博物馆成本的一部分吗？

（3）他们是否有动力直接通过博物馆的募款箱给博物馆捐款？

（4）他们会更积极地在慈善活动（晚餐、音乐会等）上捐款吗？

（5）总体而言，是什么促使他们选择给博物馆或基金会捐款？

学生可以对家人和朋友进行简短的调查，并在课堂上展示调查结果。可以提醒学生们，有大量关于这一主题的实证和实验性经济文献可以帮助设计调查。例如，贝克尔斯和维普金（Bekkers and Wiepking，2011）通过浏览超过 500 篇文章的文献，提供了有关慈善捐赠决定因素的有用信息。

教师可以要求学生将调查结果中的动机分为两类：与“外部利益”相关的动机（例如，捐赠的税收抵免、使艺术品更安全），和与自身利益相关的动机（“给予的乐趣”）。然而，对于某些动机进行分组可能会比较复杂，例如社会认可或“声望”可能会给捐赠者带来心理方面的好处，但也可能产生经济外部利益。

13.8 供学生在课堂讨论或书面作业中考虑的问题

（1）如果你曾为非营利组织或非政府组织（NGO）捐款，你的动机是什么？

（2）你认为自愿捐赠于文化行业与捐赠于艺术行业何者更重要？抑或同样重要？

（3）如果你是一名募捐者，你会认为电子邮件与电话是请求捐款的最佳方式吗？

（4）假设你能为博物馆捐款，你的捐款是：①10 美元以下；②10～30 美元；③30～60 美元；④超过 60 美元。

（5）假设捐款超过 60 美元的捐赠者可以参加盛大晚宴，或者在博物馆网站上被称为“重要捐赠者”，你会捐款多少？

（6）如果你能从税收抵免中受益，你会增加对博物馆的捐款吗？

（7）在意识到门票不足以抵消博物馆的运营成本后，你会增加对博物馆的捐款吗？

（8）假设你是一名艺术收藏家，你愿意把你的艺术收藏品捐给一个非常著名的博物馆吗？如果你知道著名的博物馆不会展示你的作品，不会提及你的捐赠，或者将来会出售你的藏品，这些因素会影响你的选择吗？

13.9 评估要点

（1）学生们是否理解本章所提出的问题背后的基本理论？

（2）学生们是否认为本章主题与慈善事业分析相关？

（3）学生们是否发现对本章主题的讨论与文化经济学中的其他主题相关？

注释

[1]例如，Harley Mintz 捐赠了大量 Annie Leibovitz 的相片，加拿大税务局

(Canada Revenue Agency)将其认定为一种可以让捐赠者获利的、潜在的避税手段。参见 CBC news,12 July 2017:"Cultural gem or 'tax grab'",accessed 18 October 2019 at https://www.cbc.ca/news/canada/nova-scotia/cultural-gem-or-tax-grab-20m-in-annie-leibovitz-photos-caught-in-canadian-quandary-1.4181765。

[2]事实上,如果一件艺术品的捐赠可以按照其原收购价格进行应缴税款的全额抵扣,收藏家可能愿意花相当多的钱购买新兴艺术家的作品,因为他们知道,如果这些艺术品的行情走低,政府仍可以全额或部分地退还他们购买艺术品的支出。

[3]Alston 等(2018 年)研究表明,财力丰厚的捐赠者很少回复非私人邮件(即使是来自他们认识的组织)的筹资请求。因此,他们认为个人沟通是筹款的关键因素。

[4]Gneezy、Imas 和 Madarász(2014)检验了"conscience accounting"(违反社会规范会使人产生一种暂时的负罪感,这种负罪感会随着时间的推移而降低。由于负罪感的内生波动,人们在社会偏好上所表现出的动态不一致被称为"conscience accounting"的行为。——译者注)的假说。他们发现,事实上,个人更有可能在做出不道德的行为后进行捐赠,同时,在知道有机会进行捐赠的情况下,他们做出不道德行为的概率也会增加。

[5]Deaccession 或 deaccessioning 是指艺术品或其他物品从博物馆藏品中被永久移除的过程(通常是以出售的方式)。文中引用的文献讨论了这一受到学者、博物馆馆长和媒体关注的话题。

[6]通常,所谓的"搭便车"问题出现在由私人提供公共产品(如艺术)的情况下:捐赠数额小于社会层面的最佳数额。这是因为人们只考虑他们从公共产品供给中获得的私人利益(和成本)。

补充阅读材料

1. 在参考文献中,特别推荐阅读 Andreoni(2006);Bekkers 和 Wiepking(2011)以及 Vesterlund(2006)。另可参阅:

2. Andreoni, J. (1989), "Giving with impure altruism: Applications to charity and Ricardian equivalence", *Journal of Political Economy*, 97(6), 1447-1458.

3. Szczepanski, J. (2017), "Understanding donor motivations", *Museum*

Management and Curatorship,32(3),272–280.

参考文献

ALSTON M,ECKEL C,MEER J,et al,2018. High–capacity donors' preferences for charitablegiving[R]. National Bureau of Economic Research Working Paper No. 25290.

ANDREONI J, 2006. Philanthropy [M]//Kolm S, Ythier J. Handbook of the Economics of Giving,Altruism and Reciprocity,Vol. 2. Amsterdam:Elsevier:1201–1269.

ASPDEN P. What else can you spend your money on[N/OL]. Financial Times, 2007–05–25[2019–10–18]. https://www.ft.com/content/c2c13e56–0aa9–11dc–8412–000b5df10621.

ASSOCIATION OF ART MUSEUM DIRECTORS(AAMD). Art Museums by the Numbers[EB/OL]. [2019–10–18]. https://aamd.org/our–members/from–the–field/art–museums–by–the–numbers–2018.

BEKKERS R, WIEPKING P, 2011. A literature review of empirical studies of philanthropy:eight mechanisms that drive charitable giving[J]. Nonprofit and Voluntary Sector Quarterly,40(5):924–993.

BOUCHARA C, LARRY'S LIST AND ART MARKET MONITOR OF ARTRON (AMMA),2016. Private Art Museum Report[M]. Vienna:Modern Arts Publishing.

14 众筹经济学

——范娜沃丝·本哈慕

众筹可以定义为："通过互联网公开呼吁以捐赠的形式提供财务资源，或以某种形式的奖励和（或）投票权换取资金，以支持特定目的的倡议。"（Lambert and Schwienbacher，2010）2017 年，法国众筹网站 Dartagnans[1] 发起了"领养城堡"活动，目标是收集 50 万欧元，以拯救城堡免遭破坏。最后，从18 544 名贡献者那里集资了 1 615 294 欧元。

14.1 为何选择此专题作为文化经济学研究案例

在文化领域，众筹是慈善事业的新面孔。它似乎在公众中非常成功，2000—2018 年，为音乐、视频和电影、书籍、表演艺术等文化产品和艺术活动的生产筹集资金，而提供服务的专业或综合平台的数量和种类显著增加。

当公共资助减少时，众筹通常被视为一种补充甚至替代的融资来源。然而，众筹也应作为一种评估文化项目成功机会的方法接受分析，方法是测试潜在受众对它的兴趣。

为了更好地理解众筹的范围及其在经济中的角色，下一节将描述该专题的概要并提供数据。第三节侧重于平台经济学，第四节建议将众筹解释为预测潜在市场和创建资助项目之社交网络的工具。第五节总结论述并提出教学建议。

14.2 关于本章专题与数据的概述

文化领域的众筹是这样一种做法：希望为自己的创作提供资金的艺术家、希望购买艺术品以丰富博物馆藏品的馆长、希望组织额外活动的演出负责人等，直接向公众、消费者和游客呼吁资助。他们使用众筹平台提交项目细节，包括财务目标和活动持续时间的陈述，最终会增加奖励计划。大多数平台采用以下规则：如果在截止日期之前没有达到财务目标（即使收集的金额非常接近目标），则资金不会流向筹款人，捐款人保留他们的资金。如果在截止日期前达到金额，一些平台提供了其他资助者加入的可能性，并将其捐款添加到之前募集的资金中。

在许多国家，众筹是始于2000年的一种小众现象，但迅速成为一种不断扩大的创新工具，可用于寻找融资来源。众筹中心[2]提供来自世界各地的这一现象的最新数据。在众筹活动中，贷款和投资的份额很少，捐赠占主导地位。在法国，自2014年引入法律以规范平台活动，并让捐赠者对所选项目的可靠性、质量和可行性充满信心以来，众筹发展迅速（见表14-1）。在2017年的法国，在官方认证的180个众筹平台中，文化类项目占13.4%（34%来自新闻和图书部门，31%来自视听和音乐活动，26%来自美术和表演艺术，9%来自遗产保护领域）[3]。

表14-1　2015—2017年法国的众筹项目数量及募集金额

	2015年	2016年	2017年
众筹项目数量（个）	17 775	21 375	24 126
欧元（百万）	167	234	336

资料来源：Financement participatif France（2017）。

众筹平台通常将自己定位于特定的财务模式：一些网站更喜欢贷款，而其他网站如Ulule、KissKissBankBank和Kickstarter则选择了可能有回报的捐赠模式。一部分平台专注于文化领域，例如2007年在法国创建的MyMajorCompany。Ulule成立于2010年10月，到2018年11月为止，已成功资助平台上总共39 058个项目中的25 190个，并从全球2 279 602名捐赠者那里筹集了124 060 922欧元。

尽管众筹令人着迷，但某些平台并未幸存下来，而其他平台则加入了成熟公司的行列，尤其是当它们提供贷款服务并因此与传统银行竞争时。2017 年，KissKissBankBank 被 La Banque Postale 收购。

14.3 平台经济学

平台的总体框架是一个双边市场（Rochet and Tirole，2006），平台提供匹配服务并保留一定比例的金额。服务费用的确定取决于平台，例如，Ulule 仅根据成功项目收取的金额收取佣金。如果一个项目没有达到其众筹目标，平台将不收取任何佣金。收取的佣金在 1.67%（对于 50 万欧元以上的项目）和 6.67%之间变化。增值税税率视项目筹款人的情况而定。平台可以提供额外的服务，例如关于如何构建众筹项目并将其展示给公众的建议。

一方面，众筹平台在资助者和筹款者之间表现出正向的交叉外部性：当资助者的数量增加时，两者之间正向匹配的概率就会增加；另一方面，具有选择功能的菜单导致不同的众筹项目彼此之间相互竞争。我们鼓励筹款者使用专业平台，在这些平台上，资助者分享他们对于各类活动的兴趣，但筹款者也会在之后面临更多的竞争。

14.4 从慈善到众筹

在 2018 年于法国进行的一项调查中，人们被问及为什么他们会从事于一个基于众筹的项目。29%的受访者归因于众筹是一个具有创造力和创新性的概念（但却被传统银行所忽视），91%的人归因于众筹项目所具有的重要价值，22%的人希望参与众筹项目，87%的受访者强调了人文因素的重要意义（Financement Participative France，2018）。

就艺术和文化行业而言，捐赠模式占主导地位。回馈几乎不存在或非常具有象征意义，例如演出门票、书籍或电子游戏等。

资助者的动机各不相同，通常出于非金钱方面的考虑，出于支持一个项目或计划的想法。因此，众筹成为衡量消费者对未来项目支付意愿的方式。贝尔弗莱姆、奥拉尼和佩茨（Bellfelamme，Omrani，and Peitz，2015）强调了众筹在有回报或无回报捐赠情况下的双重功能："众筹可以被视为对融资来源的公开呼吁，它使资助者成为产品的宣传大使。例如，在脸书（Facebook）上发帖与朋友分享的宣传大使，可能会获得额外的回报与奖励。"通过众筹，资助者表达了对文化项目的选择性需求[4]。他们的捐赠依赖于同理心，并标志着某一项目具有潜在的市场。

理查德·凯夫斯（2006）强调，不确定性是具有大量创造性投入的产品的重要特性之一。不确定性有很多方面，其中之一是买方对任何创意产品的保留价格。他表示，这种情况"会一直持续下去，直到所有成本都已发生，成品摆在他们面前"。这种不确定性，如电影制片人高德曼（Goldman）在1984年提出的"无人知晓"论，取决于两个条件：沉没成本（已经发生且无法收回的成本）的存在和数额，以及产品市场价值的不确定性。众筹带来的财源覆盖了项目的一部分成本。它通过创建一个可以推广最终产品的人员网络来减少不确定性。众筹的营销力量也削弱了不确定性：众筹可以被视为评估项目未来受众的手段。对于文化产品而言，这一点尤其重要：众筹可能为小众产品提供资金支持，从而促进文化多样性（Rallet and Rochelandet，2016）。

14.5 总结

资助者希望对已经取得阶段性成功并拥有一定资金规模的项目予以支持，因此筹款者必须让早期的资助者认可他们项目的品质。众筹依赖于信任：资助者根据筹款者提供的信息资助一个项目。对于资助者来说，项目能否实现和成功是一个挑战。伯纳德和加泽尔（Bernard and Gazel，2017）指出，资助者面临两种类型的风险：协调风险（项目是否会成功获得资助）和未交付风险（资助者是否会对众筹活动结束后的产品及其交付完全满意）。他们得出的结论是，那些较早资助的人在私下里对未交付风险有更多的了解，并相信他们的资助将对其他资助者产生影响。自相矛盾的是，早期规避风险的资助者可能会为了确保众筹活动的成功而愿意过度资助。贝尔弗莱姆等人（2015）强调了关于隐藏信息与逆向选择的风险。监管机构可以通过采取特别补救措施（认证、虚假信息罚款等）来解决此问题。

14.6 学习目标

学生应将本章与文化产品和服务的特殊性问题联系起来，尽管存在高度不确定性，但每个项目或计划都具有原创性且都需要资金。

14.7 可供课堂讨论的话题

（1）小额回报或奖励对于资助者而言有意义吗？

（2）在众筹（即资助者要求他们的朋友参与筹款活动）的情况下，什么样的网络效应是重要的？

（3）众筹可能会鼓励很多人开始小型创业吗？

14.8 阅读建议和参考资料

（1）要求学生阅读贝尔弗莱姆等人（2015）的作品，并阐释不对称信息在众筹决策中的作用。

（2）要求学生访问 Kickstarter 网站[5]并搜索文化类项目做参考资料。

14.9 可用于测试的题目

（1）阐释信息不对称在个人众筹项目决策中的作用。

（2）阐释众筹活动持续时间的重要性。

（3）试想：在什么条件下众筹可以成为评估项目重要性的可靠方式？

注释

[1]参见 https://dartagnans. fr/, accessed 12 July 2018。

[2]参见 http://www. thecrowdfundingcenter. com/data/, accessed 10 November 2018。

[3]资料来源:Financement participatif France(2018)。

[4]"文化项目的选择性需求"可以定义为个人为未来选择消费的商品或服务而准备支付的金额。

[5]参见 https://www. kickstarter. com/, accessed 10 November 2018。

参考文献

BELLEFLAMME P, OMRANI N, PEITZ M, 2015. The economics of crowdfunding platforms [J/OL]. CORE Discussion Paper (15) [2019-10-24]. https://www. researchgate. net/publication/273850822_The_Economics_of_Crowdfunding_Platforms.

BERNARD A, GAZEL M, 2017. Soutenir un projet de financement participatif: Une contributionrisquée? [J]. Revue économique, 68(5): 875-894.

CAVES R E, 2006. Organization of arts and entertainment industries [M]// GINSBURGH V, THROSBY D. Handbook of the Economics of Art and Culture, Volume 1. Amsterdam: Elsevier Science/North-Holland: 533: 566.

FINANCEMENT PARTICIPATIF FRANCE. Baromètre du crowdfunding 2017[EB/OL]. [2018-11-10]. http://financeparticipative. org/barometres-crowdfunding/barometre-du-crowdfunding-2017/.

FINANCEMENT PARTICIPATIF FRANCE. Enquête sur la notoriété du crowdfunding et le profil des financeurs[EB/OL]. [2018-11-10]. http://financeparticipative. org/observatoire-des-crowdfunders/.

GOLDMAN W, 1984. Adventures in the Screen Trade: A Personal View of Hollywood and Screenwriting[M]. New York: Warner Books.

LAMBERT T, SCHWIENBACHER A, 2010. An empirical analysis of crowdfunding [D]. mimeo, Louvain School of Management, Belgium.

RALLET A, ROCHELANDET F, 2016. Crowdfunding et valorisation des biens culturels: Vers plus dediversité culturelle [M]//KITSOPANIDOU K, CRETON L. Crowdfunding, Industries Culturelles et Démarche Participative (des Nouveaux Financements pour la Création). Brussels:Peter Lang:57-82.

ROCHET J,TIROLE J,2006. Two-sided markets:a progress report[J]. The RAND Journal of Economics,37(3):645-667.

第三部分

艺术家劳动力市场

15 艺术家的收入与劳动力市场[1]

——翠妮·比利

多年来，食不果腹的艺术家形象一直主导着公众对艺术家生活和职业的了解。我们都可以想象，当外面下着倾盆大雨的时候，可怜的艺术家在烛光下独自在他的小而旧的公寓里工作。尽管这样的艺术家形象可能被夸大了，但大多数文献都表明，许多艺术家在收入极低的条件下工作，他们如果从事非艺术类工作，可能会赚更多钱并过上更舒适的生活。

长期以来，文化经济学一直在研究艺术家的收入和劳动力市场行为。这项研究主要集中在艺术家的收入状况、艺术家在劳动力市场上的行为以及这一特定劳动力市场的结构状况。最重要的问题是：艺术家劳动力市场与其他劳动力市场有所不同吗？有何不同？为何不同？此外，该研究还与政策措施密切相关，因为另一个重要问题是，可以通过制定政策来做哪些事情以改善艺术家劳动力市场的条件（如果这是一个政治目标的话）？

在艺术家劳动力市场的大主题下，有许多不同的话题和问题，从经济学角度讲，它们都很有趣。本章主要关注艺术家收入的重要方面[2]，即：

- 艺术家的定义。
- 艺术家较低的平均收入水平以及艺术家劳动力市场之供给函数。
- 艺术家和超级明星的收入分配之扭曲。
- 艺术家的收入函数与教育的重要性。

接下来，我们将结合基本的经济学理论，从一些方面来对艺术家劳动力市场进行讨论。本章第二部分提出了关于教学以及课堂讨论问题的建议。最后，列出了一些评估要点。

15.1　基本经济学理论

15.1.1　艺术家的定义

艺术家的定义并不简单，因为它并不像律师、医生和教师一样具有单一的标准。许多艺术家从事多项工作（或多或少与艺术相关），而艺术品的质量（难以概念化，更不用说衡量）可能会（也可能不会）对艺术家的定义产生影响。一个花费大量时间绘画的人能否被视为艺术家（即使她无法以此为生，并且在同龄人中不被认可为艺术家）？弗雷和波默雷恩（1989）提出了以下几个定义艺术家的标准：

（1）花在艺术作品上的时间。

（2）来自艺术活动的收入。

（3）作为艺术家在公众中的声誉。

（4）来自其他艺术家的认可。

（5）所完成的艺术作品的质量。

（6）是否为专业艺术家团体或协会的成员。

（7）艺术专业资格（教育）。

（8）作为艺术家的主观自我评价。

虽然其中一些标准是客观的且易于应用，而其他标准则非常主观且难以应用，但这并不意味着客观标准就是有效的。

另一项讨论涉及艺术家群体中应包括哪些艺术形式。其通常包括：演员和导演、播音员、建筑师、作家、舞者、设计师、音乐家和作曲家、画家和雕塑家、工艺美术艺术家和摄影师（Alper and Wassall，2006）。一个可以讨论的话题可能是：艺术家是否应该包括播音员和建筑师。现实中的证据将表明：劳动力市场条件差异很大（例如视觉艺术家与播音员的收入比较）。虽然其中一些群体在公司（电视台或建筑师事务所）受雇并赚取薪水，但许多人（如视觉艺术家）都是个体经营者，并没有任何稳定的工作或收入。

15.1.2　艺术家的收入水平和艺术家劳动力市场的供给函数

艺术家的收入与所得已被广泛地研究。各国的共同结论之一是：艺术家的平均收入非常低，并且低于受过同等教育的群体，正如许多实证研究所证明的那样（Alper and Wassall，2006）。几个重要的问题是：为什么会这样？这种“收入惩罚”是由艺术家劳动力市场所固有的特性造成的吗？有几种理论（或解释）可以帮助我们理解这一现象。

15.1.3　工作偏好模型

大卫·索斯比于1994年提出的工作偏好模型的基本假设是，艺术家本质上是有创作动力的，他们会最大限度地利用作为艺术家的工作时间，以赚取足够的收入来维持生存。艺术家从艺术作品中获得的效用与收入，和休闲一起包含在艺术家的劳动供给函数中。因此，我们可以谈论艺术家从他的艺术职业中获得的“精神收入”。

该模型（在不同版本中）已经过了实证检验。通常的做法是，将艺术家的收入分成来自艺术类工作的收入和来自非艺术类工作（有时也包括与艺术相关的工作）的收入，然后分析两者在决定艺术家劳动力供给方面的相对作用。大多数研究发现，来自艺术类工作的“工资”和来自非艺术类工作的“工资水平”（wage rates）[3]之间存在以下交叉弹性：①当非艺术类工作的工资水平上升时，艺术家转向艺术类工作，因为一旦他们的基本收入条件得到满足，他们就“负担得起”这样做；②当艺术类工作的工资上涨时，他们也会从事更多的艺术类工作，因为他们能够获得所需的基本收入，并从事自己选择的艺术类工作。因此，如果艺术类工作的工资水平低于对艺术家开放的非艺术类工作的工资水平，而艺术家仍然选择从事艺术类工作，那么这一工资水平的差异代表了从事艺术类工作的机会成本——或是艺术家的“精神收入”（有关实证检验，见 Casacuberta and Gandelman，2012；Bille，Løyland，and Holm，2017）。

15.1.4　艺术家的冒险

另一种理论解释是，如果艺术家成功成为超级明星，他们可以从中获得（有时是极高的）高回报。换句话说，在决定花多少时间在艺术领域工作时，艺术家们不仅要考虑预期（平均）工资，还要考虑如果他们成功地晋升到自己行业的顶端，他们能获得多少收入。即使成功的机会似乎非常小，但有希望获得非常高收入的机会，再加上冒险行为，有助于我们理解为什么有些艺术家会冒险，即使这意味着他们需在一段时间内接受非常低的收入。

15.1.5 供过于求的艺术家们

虽然之前讨论的索斯比的工作偏好模型应用于微观层面（艺术家个人的作品供给决策），但供给过剩假说是应用于行业层面的理论。正如艾宾（Abbing，2002）所解释的：艺术类工作对一些人来说非常有吸引力，以至于他们可能愿意以较低的收入为代价在艺术领域工作（与索斯比 1994 年提出的工作偏好模型中使用的观点相同）。因此，越来越多的人愿意在低工资水平的条件下工作更长的时间，生产出多于市场需求量的艺术品数量。换句话说，艺术与艺术家的供给是过剩的。

这两种模型都有助于解释艺术家平均收入低的原因，艾宾进一步解释说，艺术家平均收入低和艺术家供给过剩，是艺术家劳动力市场的固有特征和特殊特征。这是一个稳定的状态，因为不可能通过政策举措提高艺术家的平均收入。如果有更多的资金（公共或私人）可供艺术家使用，将吸引更多的人从事这一职业，平均收入将仍旧保持较低水平。

15.1.6 艺术家收入分配的不均衡与巨星模式（superstar model）

艺术家劳动力市场的另一个重要与特殊的特征，是高度不均衡的收入分配。通过对收入的中位数与平均收入进行比较，可以很容易地分析收入分配的偏斜。与平均收入相比，中位数非常低。收入分配也可以用洛伦兹曲线（Lorenz curve）表示，对于大多数艺术家群体来说，其收入分配通常极度不均——高收入者很少，而大多数人处于低收入水平。

有人提出了几种解释。罗森（Rosen，1981）引入的超级明星模型和关于“赢家通吃市场”的文献表明，天赋上的微小差异可以在巨大的收入差异中被放大。市场的规模决定了相对较小的天赋差异会被成倍地放大，从而导致收入分配的高度不均衡。在需求方面可以找到另一种解释：大多数艺术产品的消费，集中在一个相对较小的超级明星艺术家群体。信息成本会导致消费者选择其他人已经选择的内容。类似地，诸如“随波逐流效应”（人们对某种商品的偏好随着购买人数的增加而增加）和炫耀性消费（用消费来显示社会地位）等机制，可以解释为什么消费者在很大程度上更喜欢与其他消费者消费相同的产品。这些消费特征可以解释人们偏爱超级明星之作品的动机，通过这种方式增加市场需求并使他们的受欢迎程度如“滚雪球”般提升，从而为超级明星带来非常高的收入和巨大的市场份额。

15.1.7　教育的作用

使用收入函数分析艺术家和参考群体在教育、培训和其他劳动力市场属性的回报方面可能存在的差异，结果表明艺术家的平均收入低于参考群体。有关实证检验的一些例子请参见阿伯尔和瓦塞尔（Alper and Wassall，2006）。

这些研究借鉴了教育经济学理论，这一领域通常关注于解释教育和培训在决定劳动者收入方面的作用。在文化经济学中，这些理论被用来分析培训和专业高等教育在艺术家收入状况中的作用。总的来说，实证结果表明，教育与艺术类收入没有关联（甚至为负相关），而与非艺术类收入呈正相关。天赋与艺术创造力似乎比教育和正规培训对成功（更高的收入）的贡献更大。这与许多其他行业的研究结果相矛盾。

从教育经济学中发展出的两个主要理论与讨论艺术为何如此重要有关（Towse，2006）。人力资本理论告诉我们，人们可以通过教育、培训和经验对自己进行投资，积累知识和技能，从而提高生产力，进而获得更高的收入。但是，有些人可能具有“先天”的能力（天赋）。对艺术家收入的实证研究表明，这些与生俱来的能力主导着艺术家劳动力市场的赚钱能力。相比之下，排序模型指的是劳动力市场在匹配“工作和劳动力供给”与“雇主和工作”方面的作用。教育和培训提供有关劳动力的证书与文凭，从而使劳动力市场更加顺利地运作。然而，在艺术家的劳动力市场中，拥有证书和文凭并不如其他劳动力市场那么重要，因为经验和声誉已被证明其对艺术家而言更为重要。

15.2　关于教学、问题与讨论的建议

基于上述基础经济理论、研究和实证检验，课堂上有许多需要讨论的问题和议题。国家级别的统计数据是能够找到的——例如来自美国劳工统计局的数据[4]。然而，国家级的统计数据通常过于汇总，无助于了解艺术家的收入和劳动力市场。

关于本专题的最佳教学方式可能是以一项实证研究为起点，如索斯比与彼得

茨卡亚（Petetskaya，2017）的《创作艺术作品：澳大利亚职业艺术家的经济研究》（*Making Art Work：a Economic study of Professional Artisters in Australia*）[5]。这份报告提供了许多关于澳大利亚艺术家收入和生活条件的详细信息。澳大利亚艺术家的总收入见表 15-1 和表 15-2。

表 15-1　2014—2015 年澳大利亚艺术家的平均收入与中位数收入

单位：澳元

	平均数	中位数
创意收入	18 800	6 000
艺术类工作之收入	13 900	
创意收入+艺术类工作之收入	32 700	15 500
非艺术类工作收入	15 700	
总收入	48 400	42 000

注：100 澳元=630 欧元（基于 2019 年 3 月的汇率）。

表 15-2　2014—2015 年澳大利亚艺术家收入与其他职业的收入之比较

单位：澳元

	平均数	中位数
艺术家	48 000	42 000
管理人员	91 700	69 500
专业技术人员	82 400	73 400
全部职业	61 600	50 100

注：100 澳元=630 欧元（基于 2019 年 3 月之汇率）。

15.2.1　艺术家的定义

开展课堂讨论（或教学）的一个好方法，可能是要求学生根据前文所引用的“弗雷和波默雷恩标准”以及索斯比和彼得茨卡亚（2017）著作的第 1 章和第 2 章来反思艺术家的定义：

（1）哪些人可以被定义为艺术家？索斯比和彼得茨卡亚报告中的标准是什么？

（2）为什么单一的标准不足以定义艺术家（例如，作为艺术家的主观自我评价）？

(3) 为什么我们可以将一个人定义为艺术家，即使此人不符合弗雷和波默雷恩定义的所有标准?

将讨论的重点放在：艺术家的定义为何重要?以及，艺术家的定义在何时(在研究时，还是在实证检验时，抑或在政策制定时) 是重要的?

15.2.2 艺术家的收入水平

艺术家的平均收入水平这个话题，可以根据索斯比和彼得茨卡亚 (2017) 著作的第 8 章来讨论。表 15-1 和表 15-2 显示了所选艺术家群体之平均收入与其他群体之平均收入的比较。以下为对可供讨论的问题的建议：

(1) 讨论低平均收入和“收入惩罚”的原因。

(2) 要求学生将讨论结果与潜在的经济学理论和模型联系起来，例如工作偏好模型和艺术家的风险承担。

(3) 让学生解释和讨论艺术家供给过剩的模型，并将此讨论与提高艺术家平均收入水平的政治可能性联系起来。

(4) 通过政治手段提高艺术家的平均收入水平是可取的还是可能的?原因何在?可以使用哪些政策手段 (如果有的话)?

- 将此讨论与艺术家或艺术家群体在定义层面上的困难相联系。
- 将此讨论与版权的作用相联系。

15.2.3 收入的不均衡分配

讨论艺术家收入分配的不均，可以从表 15-1 和表 15-2 开始。

(1) 让学生解释中位数和平均值之间的差异，以及为什么中位数低于平均值。

(2) 继续讨论为什么我们通常会发现艺术家的收入分配比其他职业的收入分配更不均衡。根据超级明星理论与需求方的影响 (如“随波逐流效应”和炫耀性消费理论)，让学生了解问题的各个方面。

(3) 让学生们找出其他的收入水平极不均衡的职业的例子。这些职业有什么共同点?

15.2.4 教育的作用

最后，可以继续讨论是什么造就了一个成功的艺术家。收入函数是测试教育对职业收入和职业生涯影响的常用方法。教育的作用可以根据索斯比和彼得茨卡亚（2017）著作的第4章进行讨论。

（1）如何解释艺术教育在大多数情况下对艺术家的收入水平没有显著影响的实证结果？

（2）我们能否使用教育经济学中发展的一些理论，如人力资本理论和（或）排序模型？如果不能的话，原因何在？

（3）在教育的经济效应方面，艺术家劳动力市场与其他劳动力市场有何不同？

（4）实证结果是否有任何政策后果？可能的后果是什么？对此进行解释和讨论。

15.3 评估要点与建议学习目标

一个优秀的学生应当能够：

（1）展现出对基本理论的认知和理解。

（2）理解并解释定义艺术家群体的困难以及对所获得的研究结果的影响。

（3）分析艺术家的收入，并根据本章所提出的理论解释结果。

（4）了解教育对艺术家的作用，并根据本章所提出的理论解释实证结果。

（5）理解并反思本章主题的政策意涵。

注释

[1]本章参考了 Bille, T. (forthcoming), "Artists' labour markets", in R. Towse and T. Navarrete(eds), *A Handbook of Cultural Economics*, 3rd edition, Cheltenham, UK and Northampton, MA, USA: Edward Elgar Publishing.

[2]关于艺术家劳动力市场的其他重要方面，有完整的文献，如多重就业、兼职、短期和临时合同、文化创业等(见 Mathieu, 2012)。

[3]"工资水平"(wage rates)一词通常用于表示每小时的工资。对于艺术家来说，这被称为"估算工资水平"，因为许多人的薪水不是按小时来支付的，有些人甚至没有工资。

[4]US Bureau of Labor Statistics(2018),"Occupational employment and wages, May 2017:27-1019 Artists and related workers,all other",accessed 4 March 2019 at https://www.bls.gov/oes/2017/may/oes271019.htm.

[5]可以通过 https://www.australiacouncil.gov.au/workspace/uploads/files/making-art-work-throsby-report-5a05106d0bb69.pdf 访问。

补充阅读材料

1. Bille, T. (forthcoming), "Artists' labour markets", in R. Towse and T. Navarrete(eds), *A Handbook of Cultural Economics*, 3rd edition, Cheltenham, UK and Northampton, MA, USA: Edward Elgar Publishing.

2. Towse, R. (2019), *A Textbook of Cultural Economics*, 2nd edition, Cambridge, UK: Cambridge University Press. Chapter 12 gives a good overview of the topic.

除此之外,还有一些其他可以用作补充材料的书籍章节与期刊文章,具体如何使用取决于班级的水平以及教师想要关注的特定问题。下面的参考资料中给出了关于其他补充材料的建议。

参考文献

ABBING H, 2002. Why Are Artists Poor? The Exceptional Economy of the Arts [M]. Amsterdam: Amsterdam University Press.

ALPER N, WASSALL G H, 2006. 'Artists' careers and their labor markets[M]// V A Ginsburgh, D Throsby. Handbook of the Economics of the Arts and Culture, Volume 1. Amsterdam: Elsevier Science/North-Holland: 813-864.

BILLE T, LØYLAND K, HOLM A, 2017. Work for passion? Labor supply of artists [J]. Kyklos, 70(3): 347-380.

CASACUBERTA C, GANDELMAN N, 2012. Multiple job holding: The artist's labor supply approach[J]. Applied Economics(44): 323-337.

FREY B S, POMMEREHNE W W, 1989. Muses and Markets: Explorations in the Economics of the Arts[M]. Oxford: Basil Blackwell.

MATHIEU C, 2012. Careers in Creative Industries[M]. New York: Routledge.

ROSEN S,1981. The economics of superstars[J]. American Economic Review,71(5):845-858.

THROSBY D, 1994. A work - preference model of artist behaviour [M]// PEACOCK A, RIZZO I. Cultural Economics and Cultural Policies. Dordrecht: Kluwer Academic Publishers:69-80.

THROSBY D, PETETSKAYA K, 2017. Making Art Work: An Economic Study of Professional Artists in Australia[R]. Surry Hills, NSW: Australia Council for the Arts.

TOWSE R,2006. Human capital and artists' labour markets[M]// GINSBURGH V, THROSBY D. Handbook of the Economics of the Arts and Culture, Volume 1. Amsterdam: Elsevier Science/North-Holland:865-894.

16 创意产业中的创作者与表演者的合同

——露丝 · 陶斯

契约是日常生活的一部分，大多数人出于各种各样的目的签订合同。每个人在一生中的某个时刻都至少有一份合同：作为编辑，我们为这本书签署了一份合同；作为教师，你与你的大学或学院签署了一份合同，同意提供一项服务（事实上，除了教学之外，还有一系列服务，包括对学生进行评估、使学生处于一个健康的状态等）。这些合同都是正式合同，详细内容都写了下来。但也有许多合同没有正式化，可能涉及也可能不涉及金钱或条件。一个例子是默示合同：作者被期望去推广他们的书籍，教师被期望去参与更广泛的活动（例如宣传学院的工作和形象）。在许多不同的情况下，有不同类型的合同；然而，它们都具有一般的经济特征。合同是存在经济维度的，而不仅仅涉及金钱：合同记录了人们之间交换有价值的东西的协议，合同提供了激励和奖励，合同可以在法庭上正式执行，也可以在庭外和解，或者在社会压力之下被非正式地执行。

本章涉及文化行业的创作者（美术作品、游戏、音乐、书籍、电影剧本、舞蹈动作等的创作者）和表演者（音乐家、演员、舞者、哑剧艺术家等）合同的各个方面，以及合同在创意产业经济组织中的作用。工作可以是全职的，也可以是兼职的，可以获取一定的薪水或利润分成，甚至可以是无薪的，只为获得培训或经验等其他收益。不同创意产业的工作各不相同，这影响了不同工作所采用的合同类型。理查德 · 凯夫斯于 2000 年出版的《创意产业：艺术与商业之间的契约》（*Creative Industries*: *Contracts of Art and Commerce*）一书，对于文化经济学学生和教师来说，是一部经典之作。它既解释了一个行业内关于合同的基本经济学原理，也解释了与创作者和表演者达成的交易，提供了许多不同行业合同的例子。强烈建议将此书用于文化经济学课程，这有利于对其他行业经济组织进行更广泛的研究。

16.1 为什么要在文化经济学课程中学习合同

文化经济学研究艺术和其他文化产品及服务的生产和消费，其中一个重要方面是对艺术家劳动力市场的研究。这项研究的根本目的，是了解艺术家（创作者和表演者）提供作品的动机：创意产业的所有产品都需要创造性的工作，而表演者的才能、技能和时间是实现音乐、戏剧、舞蹈和其他艺术和娱乐作品的必要条件。这些作品的市场化产品主要由企业家或投资者完成，他们可能是公共资助的艺术组织或私营企业。他们用以激励艺术家或表演者的方式是报酬，或许还有机会可以提高他们的声誉或丰富他们的经验，即金钱和非金钱报酬。“艺术与商业”之间的交易是通过合同实现的，合同规定了交付作品的细节和应付款项。对于需要艺术家或表演者在场的作品，合同为有偿雇佣合同；对于其他类型的作品，报酬是一种价格、费用或版税（参见本书第 18 章“创作者与表演者的版权收入”）。无论哪一种情况，一般规则都是艺术家（创作者或表演者）与资助其投放市场的企业之间订立合同。如下文所述，此类合同可以采取各种形式，但所有合同都提供激励和报酬。艺术家劳动力市场中的合同关注的是如何能为最终产品内容的完成提供足够的诱因。

另一个重点在于创意产业本身的组织方式。合同可以告诉我们很多关于创意产品和服务的生产过程，以及创作者和表演者的工作状况。合同通常构成一个行业的生产阶段的基础。试想一下，制作一款电子游戏所涉及的大量投入。从“上游”的构想到“下游”的交付，商品或服务生产过程的每个阶段都会有各种合同。因此，合同与契约可以解释企业（公司）的结构，进而解释行业（竞争程度）的结构。这些因素反过来决定了针对消费者的价格，从而影响了文化产品的需求，因为一个行业的竞争或垄断程度，既影响了支付给原材料供应商的价格，也影响了最终产品面向消费者的价格。契约理论被经济学家广泛用于分析各经济行业中的产业组织。

16.2 合同与契约的理论

凯夫斯运用合同理论和经济组织逻辑，来回答“一些交易为什么并且如何在公司内部进行，而其他交易则发生在独立的经济代理人或公司之间”的问题（凯夫斯，2000年，第7页），并阐释创意产业公司关于“制造或购买”的决策——该工厂试图以签订合同的方式，通过市场购买所需的所有原材料，抑或试图凭一己之力完成所有生产工序？在这种情况下，艺术家与其他创作者和表演者被视为公司，而工厂是一个负责收集投入以产生产出的组织。因此，流行乐队或弦乐乐团可以被视为工厂。艺术和创意产业的重要性在于：视觉艺术家与展览场地或经销商签订合同（通常以握手的形式），以展出和（或）销售其作品；乐队与唱片公司签订合同（通常以由多页组成的书面文件的形式）；电影制作人与演员、特技演员、作曲家、编剧、导演、设计师、拍摄地等签订了许多各种类型的合同，所有这些合同都必须具体说明他们将以什么样的价格兑现什么样的承诺。

合同规定了各方的承诺。艺术家与画廊签订了一份合同，根据该合同，他将自己的作品交给画廊展出并出售，画廊将从中扣除展示和营销作品以及安排销售的佣金（通常为50%~60%）。另一种交易可能是，画廊直接从艺术家那里购买作品，然后将其出售。从历史上看，大多数书籍和歌曲都归出版商所有，出版商从作家和词曲作者那里购买手稿，然后将其印刷并销售。凯夫斯描述了这些合同类型的形式，并根据艺术家和商业企业之间签订的合同，解释了该行业的经济组织形式（无论是由许多购买服务的小企业组成，还是由所有提供这些服务的人组成的大公司）。

然而，合同理论表明，合同永远不会是“完整”的，因为不可能预知所有未来的事件和状况，而且艺术也不是一种可以预先能完全确定好的商品。因此，“不完整”的合同是不可避免的，基于双方所达成的最佳协议的合同，试图预测可能出现的问题：一名舞者可能受伤，并找到其替代者；恶劣天气导致拍摄时间可能不得不延长。然而，就合同进行谈判和签订合同会产生交易成本，并会随着合同所包含的细节数量增加而增加，而且会限制谈判过程与合同中的“完整性”。合同的谈判与签订，还必须能够监督其是否符合凯夫斯所说的“契约忠诚”——即遵守合同，且合同必须能够处理并解决冲突，并最终可以在法庭上强制执行合同。

16.3　创意产业的不确定性

任何合同都不可能是完整的，但创意产业中合同的问题更严重。在创意产业中，艺术项目的结果存在固有的不确定性，即艺术家和表演者可能无法按照要求来工作。凯夫斯认为“没有人知道”——没有人能够预测创意产业的产品将如何在市场上被接受，因此合同中总会有一些漏洞，可能会被一方或另一方利用。未能在交付日期之前完成工作是一个经常被报道的问题：电影布景的延迟以及戏剧制作需要比预期更多的彩排，这可能会造成非常高昂的成本。合同理论中的一个典型问题是信息不对称，即合同的一方比另一方拥有更多关于其能力的信息。一个年轻的乐队可能会相信他们会成为下一个大人物，但唱片公司更清楚——成功的概率远低于乐队自己认为的可能性。凯夫斯将这一想法应用于创意产业，以解决他所谓的“对称无知”这一普遍问题，原因在于“无人知晓”——创意是一个存在不确定性的行业。一个舞蹈演员可能会认为她有足够的精力担任一个要求很高的角色，但在她接受这个角色之前，她和管理层都不知道她自己是能够胜任的。

凯夫斯使用了一些吸引人的短语来描述创意产业的特征，这些特征使它们特别容易出现信息问题。创作者和表演者不从事常规工作，他们关心自己的作品（“为艺术而艺术”），并可能将其优先置于商业（“单调”）问题之上，从而削弱了其在金钱层面的动力；此外，许多创意项目需要许多不同艺术家的协调工作，尤其在表演艺术领域（“混合型团队”），艺术家之间无法或至少不容易相互替代（“A 名单/B 名单”性质)，因为他们的天赋是不等的。创意产业提供“无限多样”的产品，其中一些产品可能会持续很长时间（“长存于世”），这意味着它们可能需要很多年才能获得收入，并偿还对它们的投资。

16.4 合同的类型

创意产业的特点之一是，由于创意过程中的不确定性，对它们的投资可能无法产生适销对路的产品。对生产过程之早期阶段的投资是“沉没”的固定成本，如果生产未完成，则此投资便无价值。因此，举例来说，一家电影公司可能会投资一个在商业上可能行不通的剧本，但它仍然必须付给编剧以报酬。投资者（出版商或电影制作公司）试图通过与艺术家签订的合同类型，来保障自己的支出。

凯夫斯确定了几种不同类型的合同：隐性合同、激励合同和决策权合同。它们各有特点并适用于不同的经济环境，且这些类型的合同都被应用于各种创意产业。隐性合同是双方之间的约定而非正式文件，其通常基于习惯并依赖于信任和声誉来执行（艺术家的握手协议）。激励合同旨在鼓励双方尽力而为，收益分成取决于双方的贡献程度（例如作者和出版商之间的合同）。出版商同意根据图书的零售价向作者支付版税，以换取图书的出版权和销售权。然而，两者都分担其成功或失败的风险，因为版税收入是不可预测的，因为"没人知道"这本书会有多成功。决策权合同将生产阶段中的决策权赋予合同中的一方。许多文化产品是各种工作的复杂混合体，一个阶段的决策会对生产过程中下一阶段的投资产生影响。

根据凯夫斯的说法，决策权合同是创意产业中最常用的合同。例如，音乐行业中特别典型的合同即为决策权合同。在乐队发展阶段开始投资的唱片公司，希望有权决定如何处理最初的录音，并有权在第一次录音成功的情况下与乐队一起制作另一次录音（如果唱片公司认为成功的可能性不高，那么它可能不会再对乐队的后期作品进行投资）。这些有关决策权的内容（可能会很多）会被写在合同中。

16.5　产权的转让

无论采用哪种类型的合同，都涉及权利的转让。凯夫斯认为，权利的转让通常发生在沉没成本的投资之后：投资者需要对决策进行控制，并获得产权，以便从一个生产阶段进入到下一个阶段。这些特征决定了行业的经济组织形式、行业是否垂直整合以及行业的竞争程度。好莱坞的制片厂制度（Hollywood Studio System）是控制电影制作的各个方面的一个著名例子：制片厂控制电影制作和发行的每个阶段。

综上所述，合同与合同的这些特征，阐释了创意产业的经济组织形式，以及与创作者和表演者签订的合同在其中所发挥的作用。

16.6　教学方式

凯夫斯书中的第一部分和第二部分很容易阅读，并且巧妙地将其内容与经济学分析相结合。可以要求全班了解一些具体的活动，例如此章节的文学作者、视觉艺术家和乐队的工作，并以小组的形式展示不同类型的合同以供讨论。也可以将学生们分为“艺术家”和“制作人”两个组，通过角色扮演来模拟双方达成协议的过程。也许班上的某个同学的家人或朋友（或他们自己）在创意产业领域工作，并可以拿出一份可以在班上进行分享的合同。创作者和表演者的标准合同，可以在艺术家组织的网站上找到，例如代表视觉艺术家、作家和音乐家的专业协会和工会。

更多详细信息可在哈罗德·沃格尔（Harold Vogel）的著作《娱乐产业经济学》第9版（2015年）中获得。

16.7　可用于论文或考试的问题

（1）为何会存在几种类型的合同？对比任何一个创意产业中对创作者或表演者的不同激励。

（2）表演者的工作报酬有多种方式：雇佣合同（长期或短期）、完成演出的一次性费用以及长期的版税。将这些支付（奖励）模式给予表演者的不同激励与其中一个创意产业的例子进行比较。

（3）查阅好莱坞制片厂制度的资料。你如何用凯夫斯的契约理论来解释这一制度？

（4）解释风险与不确定结果之间的区别。在网上了解有关电影特技保险的资料。

（5）你如何理解不对称信息？举一个例子，并说明订立一份合同可以如何解决此问题。

16.8　评估

了解对创作者、表演者和创意产业的激励，是本专题的主旨所在。不同类型的合同，为创作者和表演者提供了不同的经济与动机上的（内在与外在报酬）

激励措施，从而使他们完成自己的工作。虽然了解创意产业工作的制度是很重要的，但关于激励契约与合同的基本经济意义是本专题的关注点所在。

补充阅读材料

Towse, R. (2019), *A Textbook of Cultural Economics*, 2nd edition, Cambridge, UK: Cambridge University Press.

参考文献

CAVES R, 2000. Creative Industries: Contracts Between Art and Commerce[M]. Cambridge, MA: Harvard University Press.

VOGEL H, 2015. Entertainment Economics: A Guide for Financial Analysis[M]. 9th ed. New York: Cambridge University Press.

17 作为收入来源的街头表演

——塞缪尔·卡梅伦

“街头表演”这个词由来已久，它所描述的活动也是如此。它可以被描述为“街头娱乐”。在大多数情况下，这是关乎于音乐的表演，但也可能是由一个或几个人表演的戏剧，比如吞火、玩杂耍、演戏，甚至只是作为“人体雕像”（其身体或脸通常带有彩绘）静止不动。表演者希望得到报酬，他们的表演是自愿的。也就是说，其他人没有与他们签订合同，否则就不会是街头表演了。支付的金额由消费者决定，他们可能是路人，也可能会选择驻足观看或聆听一段时间。支付的价格由消费者决定，从零（不掏钱）到消费者心目中的最高价格。付款方式为现金，并通常被扔进一些物品中（比如一顶帽子）。除了提供直接劳动力外，街头艺人由于其独特的外表，还可以像旅游景点一样经营。消费者可能希望与他们合影，或拍摄一段视频。一些街头艺人还出售包含他们作品的 CD 等商品。街头艺人可以用很少的设备工作（尽管有些人会携带笨重的仪器和扩音器）。街头音乐人将表演其他人的著名作品以获取收入。街头艺人还参加以街头表演为主题的国际性活动。他们现在被邀请参加一些主流活动，但这其中有一些值得注意的例外情况（将在下文讨论）。街头表演本身并不属于主流文化。该表演通常在公共场所（主要是购物区或除电影院、剧院等常规娱乐场所以外）进行，其中一个有趣的位置是在公共交通的入口或出口区域。街头表演不在私人住宅外进行，否则将被视为不请自来的乞讨行为。

街头表演除了作为一种文化供给的经济形式之外，在某种程度上也是一种风格或流派。这反映了此术语的另一个含义，即“街头表演”是指在没有充分准备或不一定试图完全准确地再现原作的情况下，来进行即兴表演。因此，有一些为街头音乐人准备的乐谱，它们比普通的乐谱更为简练和粗略。通常情况下，这样的街头艺人会简单地通过耳朵粗略地学习歌曲，以掌握非常广泛的曲目（假设他们完全了解这些曲目，因为完全不称职的街头表演同样存在）。鉴于街头艺人必须在这样的环境中工作，专门唱歌的街头艺人通常需要比演唱会或俱乐部的歌手更注重抑扬顿挫，其音量也更大。

17.1　为何选择此专题

街头表演强调了经济学中的一些关键问题，例如劳动力市场中的人才、价格的决定因素、外部性的监管和利他行为的问题。人们可能根本不是因为街头艺人的表演才给他们钱，而是可能将其视为一种慈善捐赠，故而允许这样一种在许多地方都被禁止的乞讨行为的存在。此行为产生的外部性，会影响到不情愿的消费者和附近的人（例如商店里的工作人员）。在地铁车站，受欢迎的街头艺人不受监管的表演，可能会对通勤者造成负面影响，因为他们在繁忙时间的通行因此而受到阻碍。街头表演的劳动力市场的问题在于：这一市场似乎是可以自由进入的，因为一个人很可能在没有技能或进场资本的情况下，在某一地方进行表演。对于表演者来说，它看起来像是一个补充市场（supplementary market）。也就是说，它提供收入来弥补主要市场的就业不足。或者，它可能会为一个苦苦挣扎的学生提供补贴，他们必须为自己的文化教育和技能学习提供资金。这也是“自由职业”的一个例子，因为街头艺人可以立即搬到另一个地方并开始工作，而无须预先考虑就业合同问题。

对于供给活动，街头表演是一种垂直整合的实例。街头艺人不需要场地、经纪人、营销人员、经理等。这种垂直整合在“一人乐队”的例子中达到了极致，我们将在下文中进行介绍。街头表演也可以代表一种近乎完美的订制，即供给者对其产品进行订制以交付给个人（或群体）消费者。例如，他们可以评估迎面而来的过路人可能的品味与喜好，并迅速更改自己的曲目。这不是完美的订制，因为供给者没有为消费者提供专门订制的作品。

17.2　为何选择此专题作为文化经济学的案例

文化劳动力市场的特点，通常显示为低收入者的长尾或失业劳动者与收入极高的“超级明星”之间的对比，因此，这是一个风险很高的市场。在某些情况下，演员或音乐家必须依靠朋友、亲戚、国家福利或通过从事其他非文化类工作谋生。从事其他工作总是一个问题，因为它可能会阻碍他们在文化领域取得进步的机会。例如，一名以公交车司机为工作的演员，不太可能被允许在保留其司机工作的同时，允许他们从事为期六周的表演工作。在“市场失灵”或政府无力纠正任何此类市场失灵的情况下，街头表演可能会为这些劳动者提供机会。街头表演还伴随有将标准供求关系简单地应用于文化市场的复杂性。街头艺人不以固定价格供给预先确定的产品，因此在这里很难应用标准的供给曲线概念。

17.3 对基本经济问题的详细解释

街头表演是街头艺人的收入来源。这是一种为从表演中获得效用的路过观众提供的服务。如果人们掏钱是因为他们在街头艺人的面前感到尴尬或内疚，且他们没有从表演中得到效用，那么情况就不同了。如果是这种情况，街头艺人可以被视为乞讨甚至敲诈勒索（例如，如果一个彩绘的“活雕像”街头艺人，通过以儿童为目标的突然动作和言语，以使孩子们感到惊讶，并诱使他们的父母给予施舍）。

“单人乐队”是街头表演的一种标志性形式。一个有趣的案例是英国单人乐队表演者唐·帕特里奇（Don Partridge）。20 世纪 60 年代末，他被认为是第二次世界大战以来第一个著名的街头单人乐队。他发现，个人的极限发挥会给他带来更多的成功。因此，他同时演奏吉他、卡祖（kazoo）或口琴（安装在支架上）、低音鼓（在他的背上）、钹和手鼓。因此，他不再需要伴奏者。1968 年，他开始录制街头表演风格的唱片。然后他放弃了街头表演，开启了传统意义上的音乐生涯。然而，在他传统职业生涯的早期，他通过与其他街头艺人举办巡回演出，以及将收入分配给其他街头艺人的著名音乐会，向街头艺人群体展示出其利他主义。当他再次成为街头艺人时（这一次是在旅行中表演），他的职业生涯实际上走了一个完整的循环，这证明街头表演可以是一个自由自在的职业。他第一次开始街头表演是因为他几乎没有传统意义上的就业机会，而且作为一名传统的民间俱乐部表演者，他并没能取得成功。

唐·帕特里奇不必通过面试就能获得街头表演权。最著名的街头表演面试案例发生在伦敦的地铁站。这一改革始于 2003 年，当时正在进行为期 16 周的街头表演合法化试验，以使伦敦与巴黎、纽约等城市保持一致。面试的主意是在通过调查后，发现乘客对街头表演有比较积极的看法时萌生的，这些乘客的意见继续成为该街头表演面试计划的一部分。最初，由 256 名艺术家组成的团队通过了数百名申请者的面试，以授予他们街头表演许可证。在接受伦敦地铁调查的乘客中，有 80%赞成在车站进行表演。许可证授予街头艺人一个摊位，就像街市上的商人一样。他们被禁止在伦敦地铁站中属于其他街头艺人的摊位进行表演。因此，在第一轮竞争结束后，该面试计划就会授予这些街头艺人以垄断特权。

可通过本章结尾“在线资源”中 TFL（伦敦交通）网站的链接，访问该计划的目前情况。作为当时伦敦市长鲍里斯·约翰逊（Boris Johnson）发起的“伦敦节奏”系列活动的一部分，在一场“地铁街头表演”比赛开始后，流行选秀节目“X 音素”的理念被带入街头表演的舞台上。

17.4　从文化经济学视角看待这一专题

除了布鲁克斯和库什纳（Brooks and Kushner，2000）发表的一篇文章之外，文化经济学家几乎没有写过关于街头表演的文章。他们纯粹从事理论分析，不提供任何数据。迄今为止，经济学界还没有任何关于街头表演现象的实证研究。他们关注的是在这种环境下的表演与在标准的音乐会或俱乐部环境下的表演之间的差异。他们认为一个重要的现象是：街头表演的价格不是固定的，没有已知的票价，而是内生决定的。他们将其利他性质视为一种“结合产物”，因此声称街头艺人通过使捐赠者产生美好的感觉，来为捐赠者提供服务。因为他们是关乎于慈善的，与顾客从表演中所获得的收益无关。文化经济学家们的主要主张是：街头表演场景对传统公共财政模型的结论构成了挑战。有些人可能会认为，由于难以防止观众的搭便车行为，街头表演会存在效率低下的问题。就供给不足而言，个人的搭便车行为通常会导致社会效率的低下。文化经济学家通过正规的分析得出结论：即使存在搭便车行为，街头表演在效率方面也毫不逊色于在音乐厅进行的演出。因此，街头表演可能是一种理想的主要或补充市场形式。

文化经济学中有大量关于艺术家劳动力市场（包括从事街头表演的艺人）的文献。这些文献可从卡梅伦（Cameron，2015）和陶斯（Towse，2010）的文章中获得。

17.5　学习目标

一个优秀的学生应该能够：

（1）了解对外部性的监管（通过对入场许可与地点的控制）。

（2）了解在供需不适用的情况下，收益或定价的决定因素有哪些。

17.6　教学方式

17.6.1　全班讨论

向全班提出以下一些初步问题以供讨论：

（1）他们见过街头艺人吗？

（2）他们在哪里见过街头艺人？

（3）他们是否曾经给过街头艺人钱？如果是的话，他们如何决定该给多少钱？

（4）他们是否观察过那些快速经过的人与那些长时间驻足观看街头表演的人分别给了多少钱？

（5）他们自己是否曾进行过街头表演？

（6）他们的朋友或亲戚曾进行过街头表演吗？

（7）他们认为这些表演者赚的钱多吗？

（8）他们是否认为街头表演应该被允许？

（9）如果答案是否定的话，应该在哪里允许进行街头表演，为什么？

（10）短期/兼职街头艺人与作为主要收入来源的终身街头艺人之间是否存在重要区别？

（11）在后一种情况下，是否应该允许那些申领救济津贴的人不受惩罚地进行街头表演？

（12）关于后者，街头艺人是否应就其收入缴纳传统意义上的所得税？

17.6.2 小组讨论

对下列问题进行小组讨论，并向全班做简短的报告：

（1）一个国家应该针对街头艺人的待遇制定一项国家政策，还是应该将这一工作交给地方议会或交通部门等单独机构？

（2）根据表演的“质量”，将“表演位置”授予个别街头艺人（“伦敦地铁”模式）是否为最佳方案？让街头艺人在竞标过程中去购买摊位会是更好的方法吗？

（3）对于市中心的购物中心而言，零售商为街头艺人提供某种形式的资助是否会改善福利？

（4）从把创造性的成果以更好的方式传播出去这一角度来看，街头艺人（比如翻唱乐队）可能是一种“不好的事物”吗？

（5）一些著名和成功的音乐家花时间去做街头艺人，并对街头表演这一展现“天赋”的手段表现出支持与鼓励。这种展现“天赋”的方式会比目前流行的“X 音素”节目更好吗？

17.7 供学生在课堂讨论或书面作业中考虑的问题

（1）街头表演与其他形式的文化表演有何不同？这些实际差异在表演的收益与价格等方面是否重要？

（2）是否应该进行“乞讨检验”，以排除所有没有希望在相关文化市场上获得一定位置的街头艺人？

（3）从文化经济学的角度来看，街头表演节是个好主意吗？它们会在多大程度上取得成功？

（4）一个没有其他表演收入的表演者通过 YouTube 频道提供表演，这种表演形式与传统街头娱乐形式的街头表演有何不同？

（5）鉴于唐·帕特里奇曾经的成功，为什么在他之后，主流街头艺人未能取得成功？（注：与第 4 个问题类似的 2006 年的 Sandi Thom 之案例可在此处进行讨论）

17.8 评估标准

(1) 学生是否能够运用与本专题相关的理论或研究?他们是否理解本专题如何与文化经济学中的其他主题(例如劳动力市场问题)相联系?

(2) 学生们是否能够将对街头表演的非专业(或日常)观察(例如他们“懒惰、讨人厌”或“有些人真的很好”)与基本的经济分析相区分?

(3) 这个话题是否有助于学生们更好地认识到,在市场上提供文化消费品与提供汉堡等标准消费品之间的区别?

(4) 学生们是否能够为未来的将街头表演作为一种文化经济现象的实证研究制定方法?

补充阅读材料

可特别参阅参考文献中的 Brooks 与 Kushner(2000)。

参考文献

BROOKS A C, KUSHNER R J, 2000. The one - man band by the quick lunch stand: Modelling audience response to street performance [J]. Journal of Cultural Economics, 24(1): 65-77.

CAMERON S, 2015. Music in the Marketplace: A Social Economics Approach[M]. Abingdon: Routledge.

TOWSE R, 2010. A Textbook of Cultural Economics[M]. 1st ed, Cambridge, UK: Cambridge University Press.

在线资源

1. BBC News(2003), “Tube buskers go legal”, 19 May, accessed 30 October 2018

at http://news. bbc. co. uk/1/hi/entertainment/3039181. stm.

2. BBC News(2009),"Buskers compete for tube pitches",21 August,accessed 30 October 2018 at http://news. bbc. co. uk/1/hi/england/london/8213424. stm.

3. Robb,S. (2010),"Sound of the underground",*BBC News*,28 May,accessed 30 October 2018 at https://www. bbc. co. uk/news/10175745.

4. Transport for London(TFL)(2018),"Busking",accessed 30 October 2018 at https://tfl. gov. uk/corporate/about-tfl/culture-and-heritage/busking.

18 创作者与表演者的版权收入

——露丝·陶斯

版权提供了将经济学分析方法（特别是文化经济学分析）应用于旨在激发创造力和获取文化产出的政策措施的机会。作为更广泛的文化政策的一部分，版权法规定了创作者（艺术家、作者和表演者）的权利，其目标是在整个经济中激发创造力与创新力。它适用于各种作家和表演者的作品，也适用于出版商和其他企业家（从商业广告公司、广播公司到芭蕾舞公司、弦乐乐团等营利和非营利企业）。因此，与其他政策措施一样，版权应该接受审查：它是否实现了预期目标？它会产生意想不到的后果吗？有哪些替代政策可以实现这些目标？这些措施的好处和代价分别是什么？

版权是在文化产品市场以我们今天所知的形式发展时建立起来的：艺术作品、书籍、音乐和音乐表演是在相对竞争的市场中被供给与被需求的，一方面摆脱了行业协会的垄断控制，另一方面摆脱了王室、法庭的资助。英国颁布的《安妮女王法令》（*The Statute of Anne*，1710）被视为第一部版权法，当时有许多商品市场开始发展，新兴中产阶级希望将其不断增长的收入用于艺术和娱乐。尽管今天的版权法所涵盖的范围已经远远超出了当时的设想，但它仍然保持了其最开始的初衷。在我们这个时代，版权法被视为一种支持文化生产的方式，鼓励创作者提供视觉图像、文学、音乐和戏剧作品及表演等，他们通过商品市场与服务市场获得经济上的回报。

从最基本的角度来看，文化经济学家提出的问题是：版权是否能提供足够的经济回报来支持创作者？艺术家和表演者不是“为了钱”而工作，他们还受益于成就感和其他内在的回报。但正如我们从调查中了解到的那样，他们还需要最低收入的保障才能从事创造性工作。所以，这里的问题是：版权能带来什么？作者和表演者从版权中获得的收入有哪些依据？它是否实现了支持文化生产的目标？因此，在文化经济学的背景下，可以从版权的角度来分析艺术家的劳动力市场及其收入。

长期以来，文化经济学一直在研究艺术家的收入和劳动力市场行为，版权这一主题扩大了文化经济学的研究范围。这些研究的基本原理在于了解文化产品的创意供给，以及政策措施可能通过激励手段对这一供给产生影响的程度。

对于生产者和消费者而言，版权已成为与创意产业相关的主要议题。学生将了解盗版以及关于盗版对表演者和创作者之生计所造成的影响的讨论（见 McKenzie 第 23 章）。本章着眼于从受版权保护的作品中获得收益的实证依据，这些依据检验了版权法作为一项对创作者和表演者提供经济支持的政策措施的主张。文化经济学的研究表明，所有来自版权的收入都低于（通常远低于）全国平均水平，而且分配也远不够均衡。这并没有否定版权存在的合理性，版权本身还会带来其他好处。但版权能够给艺术家以支持这一观点需要更加谨慎地得出。

本章使学生明白实证检验在评估政策时的重要性，还介绍了可以更广泛地应用于收入分配、财富分配和其他资产分配等其他方面的经济学方法。

18.1 版权的运作方式

版权是作者保护其作品的合法权利。作者是指创作美术、文学、音乐、舞蹈、电影等作品的人。版权法提供的保护是：作者可以控制其作品的使用，以便他们可以从中赚钱（经济权利）；版权法使作品的作者得以被认证，从而保护其作品的完整性（道德权利）。表演者、录音制作者和广播公司拥有与版权相关的权利（通常被称为邻接权），从而保护他们免受他人未经许可复制其作品的影响。

根据监管版权的国际协议《伯尔尼公约》（*Berne Convention*），版权在作者去世后至少持续 50 年；在大多数发达国家，这个期限是 70 年以上。在欧盟，表演者的权利自“录制”之日起（例如，当他们的表演被录音时）持续 70 年。邻接权受《罗马公约》管辖，该公约规定了 20 年的最低保护期限，但在许多国家，这一期限为 50 年或以上，且因地区而异。

18.1.1 版权是一系列权利

虽然通常将版权视为一个单独的实体，但它由几个不同的方面和一系列权利组成，所有这些都与创作者作品的使用方式有关，更重要的是，与复制方式有关。权利通常分为经济权利和道德权利（人身权利）。在欧洲、南美洲、中国和日本等许多国家与地区，道德权利是作者权利的重要组成部分；它们还构成美国和英国版权法的一部分，以及其他以英国传统为基础的国家的版权法的一部分。创作者和表演者认为，道德权利非常重要，他们希望自己作品的归属与完整性得到认可，因此，道德权利也具有经济价值，可以作为对供给的一种激励。然而，经济权利是使所有者能够以其权利换取经济回报的主要权利，本章关注的正是这些权利。

版权赋予创作者（作者）各种形式控制（“授权”）其作品被复制（如印刷出版物或录音、公开表演、录像，通过各种方式进行广播、翻译及改编）的权利[1]。“向公众提供权”（“making available” right）是为了通过互联网复制和传播而引入的。到目前为止，自印刷机发明以来的大多数技术变革都以某种方式被包含在这些权利中，这些权利涵盖了范围广泛的作品和活动。这些权利的根本目的（就整个版权而言）在于：作者或表演者受到版权保护的作品的每一次被使用，都应使原创者获得报酬，作为创作该作品的奖励，并激励他们创作更多作品。然而，由于这些权利的多样性以及多种收入来源，事实上，很难全面了解每一种版权收入。

研究版权收入的方法有两种：一种是基于文化经济学对艺术家和表演者的所有收入来源进行调查；另一种是通过版权管理组织（CMO，经常被称为集体管理组织——collecting societies）的调查和数据进行研究。这两种方法都将在本章中提到。

18.1.2 版权作品市场

由于版权由许多权利（复制权、发行权、公开表演权等）组成，因此从这些权利中获得的收入来源很多：一本书被拍成电影后，作者获得的放映权收入可能远远超过其从销售版税中获得的收入。此外，同样的作品可以通过多种方式被使用——根据这本书改编的电影可能会变成 DVD 在电视上播放，这本书可能会在广播中被收听。每一次使用都应向作者或版权持有人支付费用，每一次使用都发生在不同的市场并具有不同的价值。

我们可以区分一部作品的一级市场和二级市场，以及创作者从中获得收入的不同方式：在一级市场，作者与出版商签订合同，其中包括了某些权利；当这本书在二级市场被使用时，作者可能不能再控制它的使用权，因为版权属于出版商。例如，如果作者保留了放映权，他可以自由地与电影公司签订合同，将这本书改编成电影或电视节目的剧本，但如果放映权已包含在与出版商签订的合同中，出版商将签订放映权合同，作者将获得协商付款的版税份额。录音制品的市场是相似的：作曲人或表演者在一级市场与出版商和唱片公司签订合同，但在二级市场中，他们的音乐经由广播或网络进行播放时也应支付给原创者一定的报酬。在二级市场中，原创者对其作品的使用没有控制权，但有权获得这些使用的报酬。

18.1.3 版权集体管理组织的作用

版权集体管理组织是代表其成员管理具体权利的会员组织，这些成员通常同时是某一领域的作者、表演者或出版商——例如，曲作者、词作者和音乐出版商属于表演权方面的版权管理组织成员（注意：唱作人同时拥有作者和表演者的权利）。集体管理组织大多是由政府或法院监管的私营非营利组织，它们通常代表一个国家的某一类版权（例如公开表演的录音权或翻印权）的所有者的权益。由于版权贸易是国际性的，不同国家的集体管理组织之间有一个国际合作网络：国家集体管理组织与其他国家的协会达成协议，在国际作者和作曲者协会联合会（International Confederation of Societies of Authors and Composers，CISAC）的旗帜下，为其成员履行相同的职能。因此，如果没有集体管理组织，在某些市场上就不可能实现对某一作品的合法使用，版权所有者也不会因其作品在各个国家被使用而获得报酬。

集体管理组织根据使用者的数量和各使用者协商使用费。他们收集国内市场的所有使用权收入以及国外市场中的使用权收入，然后再根据作品被使用的方式将这些收入分配给会员。根据作品类型的不同，可以采用不同的方式完成这项工作。例如，对于录音，可以从被许可方（如广播电台）获得音乐播放列表，作曲家可以报告其作品的音乐会表演。因此，作品最受欢迎的作者和艺术家，将因为他们的作品被更多地使用而获得更高的收入，尽管使用权的价格对所有人来说都是一样的。

18.2 版权收益研究

创作者从一级市场出版商的销售版税和许可费中获得版权收入，并通过集体管理组织从二级市场的收入来源中获得版权收入。一些集体管理组织公布了它们的收入分配情况，这些数据被用作版权收入的证据。一项关于表演者权利的早期研究（Towse，1999）表明，1994年，在表演者权利已经确立了20多年的瑞典，75%的瑞典艺术家和音乐家同行组织（Swedish Artists' and Musicians' Interest Organisation，SAMI）的集体管理组织成员中的表演者[2]，从版权中获得的收益低于45美元（以2017年的货币价值为标准）。这项研究并没有告诉我们表演者的总收入，因为他们的大部分收入是通过在艺术类组织和非艺术类工作（例如，作为服务员：Throsby and Petetskaya，2017[3]）中的就业（通常是短期）获得的。表18-1列出了1994年瑞典给予个人表演者的公开表演录音的版税收入。

表18-1　1994年瑞典给予个人表演者的公开表演录音的版税收入

单位：瑞典克朗

版税收入（范围）	%
0~249	75
250~999	16
1 000~4 999	8
5 000~9 999	1
10 000~49 999	1
50 000~99 999	<1
1 000 000+	<1

注：在1994年，7.7瑞典克朗=1美元；11.8瑞典克朗=1英镑。

资料来源：SAMI。

上述工作促进了对版权收入其他领域的研究，尤其是克雷施默和哈德威克（Kretschmer and Hardwick，2007）对德国和英国作家的研究，是详细讨论这类版权收入研究的一个案例。

克雷施默和哈德威克（2007）调查了VG Wort（一家为德国作家处理复印和图书馆补偿报酬的德国集体管理组织）的成员以及英国的同等机构——英国作者授权及收费协会（Authors' Licensing & Collecting Society，ALCS）的成员。他们报告了所有来源的总收入、写作收入（报酬和版税），以及来自集体管理组织的收入。表18-2中的德国作家收入的数据表明，按照中位数衡量，来自集体管理组织的“典型”（typical）收入相对较小。平均统计数据和中位数统计数据之间的区别，在文化行业中是非常重要的，因为顶级超级明星（例如畅销书作者）的收入非常高，这导致收入的分布特征高度不均衡或有偏斜；平均值是用总收入除以成员人数，而中位数是收入数据分布的中点。中位数是代表典型数字（typical figure）的适当统计量。平均收入与中位数之间的差异表明，有少数成员收入较高，而大多数成员的收入相对较低。

表 18-2 2005 年德国作家的收入

	总计	男性	女性
总写作收入			
平均数（欧元）	19 368	20 072	18 092
中位数（欧元）	12 000（825 英镑）	12 000	10 000
来自集体管理组织的收入			
平均数（欧元）	1 544	1 673	1 325
中位数（欧元）	563（385 英镑）	1 000	488

资料来源：Kretschmer 和 Hardwick（2007），改编自其中表 8-3 和表 8-4。

18.2.1 数据分析

在开始对数据进行正式分析之前，需要解决以下几个问题：①使用的货币；②年份；③男女收入的差异。表 18-2 中使用的货币是欧元，年份为 2005 年，已经将中间值转换为英镑；2005 年欧元对英镑的汇率为 0.68[4]。女性作家的收入明显低于男性；此外，研究中的女性人数较少，这使得数据的平均值反映出男性的收入较高。

表示收入分配不均的最简单方法是洛伦兹曲线（图 18-1）。洛伦兹曲线是衡量收入或财富分配的一种方法：横轴代表相关人口的累计比例（每个收入类别中作者的百分比），纵轴代表收入的累计份额。图 18-1 中的 45 度线代表了完全相等（即横轴与纵轴中的百分比是相等的）。例如，每 20%的人口赚取 20%的收入。洛伦兹曲线表现了收入的实际分配，它与 45 度线之间的距离表示分配的不平等。克雷施默和哈德威克（2007）以洛伦兹曲线的形式展示了关于德国作家的数据。

从洛伦兹曲线很容易得出一个方便的统计量：所谓的基尼系数是通过完全相等线和洛伦兹曲线之间的面积，与完全相等线和完全不相等线之间的面积之比来得出的。在图 18-1 中，这是通过比率 $A/(A+B)$ 来测量的。$A+B$ 是等分线下的面积，A 是根据洛伦兹曲线得出的实际分配的面积。基尼系数越高，分配越不平等。因此，正如克雷施默和哈德威克的研究报告所述，德国从业人员的基尼系数为0.31，而自由职业者的基尼系数为0.83，这表明写作收入的分配存在更大的不平等性——鉴于收入相对较低的作者比例较高，而“超级明星”作者比例相对较小，这与我们的预期一致。这些简单的统计量可以被广泛应用于其他类型的职业。

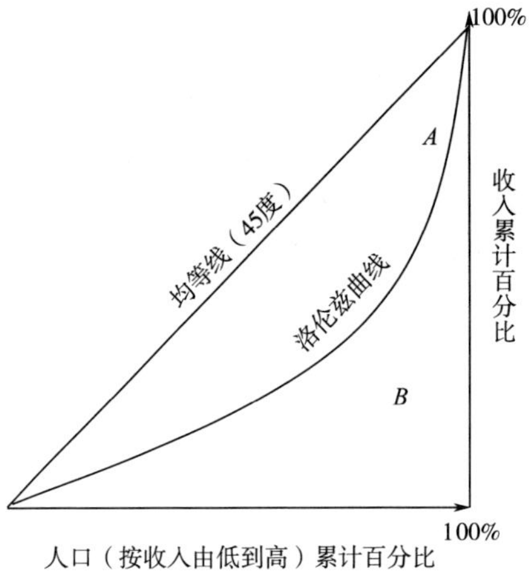

图 18-1　洛伦兹曲线

18.2.2　数据解读

在解释数据并从中得出结论时，重要的是要清楚研究的优势和局限性。到目前为止，可以分阶段总结所取得的成就。

（1）版权管理组织发布了一项调查，其中列出了其成员的列表，结果得到了一定比例的受调查人群的回复（回复率）。

（2）各种来源的收入数据已被划分成各种类别，并进行了统计分析。

（3）根据调查结果以及与类似职业平均收入的比较得出结论。

克雷施默和哈德威克（2007）的调查具有可接受的反馈率，这说明该调查能够反映被调查者（曾为版权管理组织成员的作者）的情况。这就提出了一个问题：版权管理组织成员是否合理地反映了作者们的情况？这很可能是因为会员具有资金上的优势（请注意，克雷施默和哈德威克分析了“专业”作者——即那些花费超过50%的时间来写作的人，他们的基尼系数低于VG Wort成员）。首先，版权管理组织通常会收取会员费，这可能会阻止某些参与者。其次，使用标准统计方法对数据进行了详细分析；作者解释了这个过程的每个阶段，以便任何人都可以仔细检查。最后，这些结论是基于德国劳动力市场的大背景下得出的。

因此，我们知道，这些在2006年的调查中具有合理代表性的受访者，从版权中获得的收入相对较少。由此得出的结论是，版权并不能为德国作家带来理想的经济利益。那么，我们能否根据这一点而认为版权总体上无法实现其目的？我不这么认为：我们希望在其他时间段对其他职业进行研究（其中一些研究并未得出类似的结果）。不断积累的实证经验为决策提供了更坚实的基础。

18.3　课堂练习与测试

本章有两个要点：一是版权对文化创作的激励作用；二是使用数据和统计分析，对政策措施进行更广泛的实证检验，以确定其是否达到目标。克雷施默和哈德威克的研究（可在线获得）在本章中被用作这两个重点的示例，应要求学生阅读此研究，从而帮助他们了解如何进行研究以及从研究中得出哪些结论。

在数据来源方面，学生可以查阅其他研究（见补充阅读材料），并鼓励自己寻找版权收入的数据来源，例如来自其他版权管理组织的数据。

学生可能会被要求绘制表18-1中的数据以作为构建洛伦兹曲线的练习。还可以要求学生计算收入的平均值和中位数，并将其转换为当前价值的本国货币。

18.4　书面作业或考试题目

（1）简要说明与你所选择的创意产业（例如文学、音乐、电影、游戏）相关的作者和表演者版权的发展情况。

（2）针对你所选择的创意产业，举出一些关于作者版权与表演者版权的例子，并阐释如何对这些版权进行管理。这些版权在多大程度上为作者和表演者的收入做出了贡献？

（3）你认为将版权作为创作者的收入来源是合理的吗？

（4）版权可以被证明是一种创作动机吗？其成本和收益是什么？

注释

[1]这里值得注意的一个例外是在美国和其他地区都存在的、所谓的“雇佣工作”:对于在雇佣过程中完成的工作(即由雇主资助),其版权属于雇主。它存在于各行各业之中,尤其是电影行业。这些行业的生产过程建立在许多受版权保护的作品(见第 16 章)的基础之上,在这些行业中签订的合同通常会对版权予以买断。

[2]“表演者”包括演员、音乐家、歌手以及马戏团艺术家等。

[3]这是索斯比对澳大利亚各类艺术家进行的一系列调查中的最新一项,这些调查在数据来源与研究方法上有重要的参考价值。

[4]有几个网站提供当前汇率和历史汇率,学生应该学会使用它们。将 2005 年的货币数据换算成本国货币后,他们就可以查阅 2005 年货币数据的现值。

补充阅读材料

1. 大多数国家的版权局、司法部或其他类似机构都有一个解释版权法的网站。例如,在 www.gov.uk/copyright 可以找到英国的相关信息,在 www.copyright.gov/title17/可以找到美国的相关信息。

2. 在《文化经济学教程》(第 2 版,Towse,2019)中,我所撰写的章节包含了对本章专题的综合概述。此外,推荐几个 *Handbook of the Digital Creative Economy* (Towse and Handke,2013)中的简短章节:“Copyright law”(DiCola)、“Empirical evidence on copyright”(Handke)以及“Artists,authors' rights and copyright”(Atladottír 等)。Handke 于2011 年的报告 *Economic Effects of Copyright:The Empirical Evidence So Far for the National Academies* 可在以下网站查阅:https://sites.nationalacademies.org/cs/groups/pgasite/documents/webpage/pga_063399.pdf。

3. 最后,Varian 于2005 年在 *Journal of Economic Perspectives* 期刊上发表的文章“Copying and copyright”同样值得推荐。这本期刊面向比较基础的经济学学生与教师,其中的大多数文章都适合受过经济学训练的人阅读。这篇文章是由经济学界的一位“版权怀疑论者”所撰写的。

参考文献

KRETSCHMER M, HARDWICK P. Authors' Earnings from Copyright and Non-

Copyright Sources: A Survey of 25, 000 British and German Writers [R/OL]. Bournemouth Business School Department of Law [2019-03-24]. https://microsites. bourne mouth. ac. uk/cippm/files/2007/07/ACLS-Full-report. pdf and www. copyrigh tevidence. org/evidence-wiki/index. php/Kretschmer_and_Hardwick_(2007).

THROSBY D, PETETSKAYA K. Making Art Work: An Economic Study of Professional Artists in Australia [EB/OL]. [2019-03-24]. www. australiacouncil. gov. au/research/making-art-work/.

TOWSE R, 1999. Copyright, incentives and performers' earnings [J]. KYKLOS, 52 (3): 369-390.

19 超级明星

——卢克·尚巴诺

超级明星在定义文化经济学范畴的一系列主题中占有一席之地。最初，经济学家只是想了解为什么一些艺术家赚了那么多钱。关于这一主题最著名的贡献者当属舍温·罗森（Rosen，1981）。他创造了一个令人信服的模型，在这个模型中，艺术天赋的微小差异会产生巨大的收入差异。根据罗森（1981）的说法，真正让这个市场与众不同的特点是：即使可以在数量上做出一定的补偿，但以劣质产品取代高质量产品仍是不可接受的。

文化经济学家通过比较收入分配、生产分配和天赋分配等三种分配方式，来探讨超级明星的地位。他们指出，收入与天赋、生产与天赋之间的关系是极不对称的。除了少数例外，最近的文章已经不再试图获取衡量天赋的可靠数据。然而，他们仍坚持探索超级明星在实证中的界定方法。德·瓦尼和沃尔斯（De Vany and Walls，2004）的研究就是一个很好的例子，他们展示了以超级明星为主角的电影所获得的利润远远超出一般水平。雇用超级明星要么会带来巨大的损失，要么会带来巨大的收益。总的来说，对超级明星的电影进行投资的风险堪比投资于股市。

这种收入模式和超级明星非凡的票房吸引力，挑战了劳动力市场的传统概念，即劳动者的技能和生产工作所花的时间是投入。所有运动员、艺术家和其他专业人才的劳动力市场的一个重要特征是：他们与从事相同工作的其他人相比，收入高得不成比例，他们都有能力通过媒体几乎不花钱地复制自己的作品。

这一现象从许多角度来看都很有趣。就其本身而言，值得注意的是，巨额资金似乎只花在了人类的技艺之上。当然，超级明星们反映了（并受益于）数字化和全球市场上的媒体曝光这些巨大的现代技术力量。

超级明星一个非常普遍的特征是：产品在市场的两端似乎都没有同等规模的

生产者和消费者群体。就像垄断企业一样，单一供应商向市场提供其产品（有时只提供其中的一小部分）。然而，与一般垄断公司的情况相反，这些产品似乎是不可替代的，尽管还有其他非常相似的产品与它们竞争。超级明星这一非常不寻常的特征，在经济学理论的教科书中并未有所涉及。问题是，如何通过少数罕见的人才所提供的一些少数单一产品来满足集体需求。独占力并不能充分解释这类正在发生的现象。事实上，通常很难将一个似乎引起集体欲望的对象，与另一个非常相似但却不那么令人垂涎的竞争对象区分开来。通常，甚至只有专家才能做出这种区分。然而，一旦做出区分，对那个非常相似的竞争产品的需求就会急剧下降，这显然只是因为它们不是由那些处于聚光灯之下的人所生产的。

因此，在市场的需求端，产品表现得像公共产品，因此，无法正确界定其产权。然而与此同时，在市场的供给端，产权属于具有明确身份的人。另外，这种排他性的需求取向并不稳定，可能会突然从一个供给者切换到另一个，具有一定程度的不可预测性，以至于经济学理论难以处理这些问题。此外，一些人可能会认为，超级明星利用了单一产品和总需求之间这种不寻常的相遇，这是不公平的。

超级明星会立刻让人联想到经济学，因为明星可以赚到大量的钱。但同时，超级明星也是文化领域中一个典型的例子。我们熟悉的大明星主要是艺术家——当你想到超级明星时，首先想到的是艺术作品。在劳动力市场的其他领域，我们发现超级明星（运动员、律师、首席执行官）经常使用来自艺术界的比喻。金钱流向真正稀有物品的一般规律，在一定程度上仍不令人满意：一些无形的机制似乎吸引了对单一物品的需求，这使得统计数据无能为力。因此，文化经济学家有机会引入新的价值来源，例如“精神收入”。

19.1 基本经济学理论（假说）概述

理解超级明星出现背后的经济机制，自然会导致垂直差异化商品模型的建立。这些模型认为，由于质量的差异，属于同一市场的产品不是完美的替代品。如果所有供应商的价格都相等，需求将流向一部分生产商（超级明星）。当这一趋势足够强大时，超级巨星们对于赚很多钱的要求将会得到满足。如果消费者是异质性的，就会出现专业化：一些消费者群体（无论贫富与鉴赏力水平的高低）

会选择超级明星，而其他消费者则更愿意支付更少的费用，选择质量较低的超级明星的竞争对手。

关于这一点，经济学文献中有罗森与阿德勒（Adler）所提出的两种不同观点。不同的观点在不同的情况下更受欢迎，这取决于不平等问题的严重程度，以及超级明星攫取收入所导致的效率低下问题。

罗森（1981）认为，超级明星的出现，是对不可观察的内在品质（天赋、才能）的市场估值。虽然这似乎不公平（因为人类的基本禀赋本就不公平），但这并不妨碍此市场的有效运作。收入的巨大差异归因于现代社会媒体曝光的乘数效应。如果没有任何阻碍，在最极端的情况下，我们会走向弗兰克和库克（Frank and Cook，1995）所谴责的“赢家通吃”的社会。在20世纪70年代，也就是超级明星模式出现的10年前，罗森是提出产品差异化的先驱（Rosen，1974），他首先从技术上解决了最有才华的艺术家的垄断权力，与一大批缺乏才华的竞争者对这一首要地位的挑战之间的明显矛盾。这些互为竞争者的产品在价格上的巨大差异，只是将市场对天赋与才能的估值转化为金钱的数额。

阿德勒（1985）对超级明星持更为怀疑的态度，他对“我们中的其他人”比对“少数赢家”更感兴趣。他的方法从根本上批评了使用传统经济学方法来评估艺术家的劳动力市场。例如，消费者喜好的稳定性及其对多样性的偏好是基本假设。这能够保证市场“表现良好”，并保证价格传递的价值反映社会效率。然而，阿德勒认为，巨星是其他力量绕过市场力量的表现。事实上，至少从亚当·斯密著名的“看不见的手”开始，市场就被普遍地描述为自私的个人利益相互冲突的地方。这对于分析涉及大量人员的各种产品的交易非常有用。然而，当人们不按照自私和独立的动机行事，而是接受某些符合集体偏好的相同产品时，这种分析方法几乎是无用的，消费者对这些产品的喜好不能再参照传统的市场理论来进行比较。在阿德勒所描绘的超级明星的世界中，消费者的边际效用增加，这阻碍了市场的正常运行，因为价格不再等于边际价值。超级明星通过让自己成为隐性需求的焦点而受益。最终，超级巨星是从天赋水平近似的艺术家中随机挑选出来的，更引人注意的是，正如博尔甘斯和格鲁特（Borghans and Groot，1998）所说，他们可以“赚得比他们对福利的边际贡献还要更多”。

19.2　对本章所涉及的议题及其影响的阐述

总的来说，上文所述的两种观点都不是完全令人满意的。由于价格和天赋之间的复杂关系（后者在很大程度上是不可观察的），市场机制本身在一定程度上仍然是模糊的。此外，超级明星之间的竞争，可以定位在介于纯粹垄断和纯粹竞争模式之间的任一点上，这具体取决于环境，且无助于阐明其机制。关于对明星地位的公共干预，本质上与市场支付给明星的报酬（或许是超额报酬）有关。但是，如果我们承认市场能够使消费者接触到最好的艺术家的表演，那么就很难批评超级明星制度。大量的非鉴赏家欣赏到了非凡的天赋与才能，而一些天赋较低的艺术家是品质较低的替代品。因此，作为一种再分配体系，市场使消费者可以从社会上可获得的最高质量的产品中受益。

除了公平和效率的问题，超级明星的出现可能是崭露头角的年轻艺术家所面临的一个主要问题，公共干预的合法化能够更多地帮助这些年轻艺术家。麦克唐纳（MacDonald，1988）揭示了人口状况和技术条件对年轻艺术家相对收入差距的动态影响。

19.3　学习目标

若纯粹基于经验而没有可靠的衡量天赋的标准，则很难得出有效的评估与解释。媒体的作用可能是体育界和文化界超级明星的一个基本特征。超级明星存在的问题与市场如何评估天赋有关。

19.4　教学方式

我建议在课堂上，首先使用视觉艺术家的作品来展开关于超级明星的专题讲解，因为这些作品的拍卖成交价已经明确定义了其价值。这将解决呈现抽象概念

(例如艺术家的天赋或价值) 时所面临的困难。

为了帮助理解是什么让一些艺术品比其他艺术品更有价值，我们可以比较梅耶 (Mayer, 1992) 的拍卖纪录中同一位艺术家的不同版画的拍卖价值 (例如，其中一幅的价值可能与其他类似作品有很大差异)。

还可以将概念艺术家的作品与普通物体进行比较。例如，自 1961 年以来生产了 5 000 万份的法国玩具“苏菲长颈鹿” (Sophie la Girafe)，在互联网上的售价为 21.99 欧元。这可以与艺术家保罗 · 麦卡锡 (Paul McCarthy) (1994) 的番茄头 (Tomato Head) (绿色) 相提并论 (虽然看起来像玩具，但不是玩具)，麦卡锡制作了 3 件相同的作品，其中由诺顿 (Norton) 收藏的一件的估价为 100 万美元，并于 2011 年 11 月 8 日和 9 日，在佳士得以 45.62 万美元的价格售出。

你也可以比较艺术家们年轻时和年老时的作品 (Dubuffet, Buren, Miró, Picasso)。他们的作品水准似乎没有明显变化，但这些作品的价格会在艺术家们的生涯行将结束时上涨。这一比较说明了新兴超级明星所需要走过的时间跨度。

另一个有趣的比较是根据戏剧或电影演员是否喜欢在媒体上曝光，来比较他们的薪水，这说明了媒体报道的乘数效应。例如，让-昆汀 · 夏特兰 (Jean-Quentin Châtelain) 和杰拉尔 · 德帕迪约 (Gérard Depardieu) 年龄相仿，可以被认为具有相同的表演“水准”，但他们的薪酬水平却不一样。一些研究者 (Adler, 2006; Champarnaud, 2014) 指出：根据需求对价格的反应，罗森模型中的超级明星可能会变得不那么富裕。

另一个教学建议是，受 1999 年芝加哥大学法学院圆桌会议“明星的工资：法律和赢家通吃的社会：一场辩论” (Frank et al, 1999) 的启发，可以将出席会议的 4 位学者 (Frank, Murphy, Rosen and Sunstein) 的角色分配给 4 名学生，并让他们秉持所扮演角色的左翼或右翼观点，在课堂上重新进行圆桌讨论。教师可以安排并组织以下任务：①让学生阅读该文章；②将学生分成各小组，对该会议进行角色扮演；③每个学生在其他学生和老师的监督下，以书面形式准备一系列论点；④最有趣的部分，在舞台上表演会议场景或将其录像，并向全班展示，由学生投票选出最好的一组。

19.5 供学生在课堂讨论或书面作业中考虑的问题

(1) 巨星的作品是同质的可替代品还是独特的商品？

（2）在收入偏向于超级明星的情况下，媒体扮演了什么角色？

（3）为什么阿德勒的理论导致人们认为超级明星效率低下？

（4）你更喜欢哪一种理论？

（5）1999 年芝加哥大学圆桌会议上提出的政治立场和理论依据之间有什么联系？

19.6　评估要点

确保学生理解以下几点：

（1）核心问题：超级明星的收入与他们对福利的边际贡献成比例吗？如果答案是否定的，原因何在？如果答案是肯定的，这样是否公平？

（2）超级明星赋予个人以垄断权力。不可否认，超级明星拥有垄断的力量，这种垄断力量随着低成本复制和广泛发行作品的技术能力的增加而增加。

（3）文化产品的劳动密集性。这些都是劳动密集型垄断的极端非典型案例，众所周知，这些垄断构成了涉及大量人口的庞大的资本密集型生产单位。超级明星通常是唯一的制作人（电影行业除外）。以上这些因素反过来又有利于超级明星的出现。

（4）创作者是中心人物。在艺术和文化的领域中，当超级巨星崭露头角时，创造者的核心作用就会被凸显出来，这说明现代社会愿意为个人的天赋与才能付出高昂的价格。强调创造者的优势和脆弱性是文化经济学的一项关键任务。

（5）专家起着至关重要的作用。专家通常在作品的作者归属和质量评估方面发挥着关键作用。由于明星效应，专家对价格产生了相当大的影响。文化经济学广泛研究专家的作用及其缺点（尤其是在高雅文化方面）。

（6）超级明星：是靠运气还是靠能力？赢者通吃的观点将超级明星在社会中的地位归因于随机的而不是真正的天赋（这是影响他们收入的根本因素），从而解释了他们赚取巨额收入的原因。赌博通常被视为非法收入来源，并被认为会产生“有益的上瘾”（beneficial addiction）。然而，文化经济学家的观点恰恰相反，他们认为：真正的文化和天赋是“有益的上瘾”的根源。

补充阅读材料

在下文的参考资料中,可特别参阅 De Vany 和 Walls(2004),这是一篇技术性相当强的论文,但你可以跳过计算过程,直接阅读关于超级明星的比较利润分配是否存在的内容。另可参阅 Frank 等(1999),这是这场辩论中双方之间一次非常有趣的会面记录,他们各自代表了美国右翼与左翼的截然不同的政治观点。

1. Gergaud, O., V. Ginsburgh and F. Livat(2012), "Success of celebrities: Talent, intelligence or beauty", *Economics Bulletin*, 32(4), 3120-3127.

2. Gergaud, O. and V. Vincenzo(2006), "Untalented but successful", *Working Paper UMR* 8174, Centre d'Economie de la Sorbonne. 通过巧妙地使用 Pokémon 集换式卡牌游戏中的数据,作者回答了 Adler(2006)的问题:"明星是对优秀人才的奖励,还是因为消费者需要分享共同的文化而成为明星?"

3. Ginsburgh, V. (2015), "Art and culture, economics of", in N. J. Smelser and P. B. Baltes(eds), *International Encyclopedia of the Social & Behavioral Sciences*, 2nd edition, Oxford: Elsevier Science, pp. 758-764.

参考文献

ADLER M, 1985. Stardom and talent[J]. The American Economic Review, 75(1): 208-212.

ADLER M, 2006. Stardom and talent[M]// V A Ginsburgh, D Throsby. Handbook of the Economics of Art and Culture: Volume 1. Amsterdam: Elsevier Science/North-Holland: 895-906.

BORGHANS L, GROOT L, 1998. Superstardom and monopolistic power: Why media stars earn more than their marginal contribution to welfare[J]. Journal of Institutional and Theoretical Economics (JITE)/Zeitschrift für die gesamte Staatswissenschaft, 154(3): 546-571.

CHAMPARNAUD L, 2014. Prices for superstars can flatten out[J]. Journal of Cultural Economics, 38(4): 369-384.

DE VANY A S, WALLS D W, 2004. Motion picture profit, the stable Paretian hypothesis, and the curse of the superstar[J]. Journal of Economic Dynamics and Control, 28(6): 1035-1057.

FRANK R H, COOK P J, 1995. The Winner-Take-All-Society[M]. The Free Press, a division of Simon & Schuster Inc.

FRANK R H, MURPHY K M, ROSEN S, SUNSTEIN C R, 1999. The wages of stardom: Law and the winner-take-all society: a debate[J]. Roundtable, 6(1)[2019-10-21]. https://chicagounbound.uchicago.edu/cgi/viewcontent.cgi? article=1413&cont ext=roundtable.

MACDONALD G M, 1988. The economics of rising stars[J]. The American Economic Review, 78(1): 155-166.

MAYER E, 1992. Mayer International Auction Records 1992: January 1 Through December 31, 1991[M]. Archerfield: Archer Fields Inc.

ROSEN S, 1974. Hedonic prices and implicit markets: product differentiation in pure competition[J]. Journal of Political Economy, 82(1): 34-55.

ROSEN S, 1981. The economics of superstars[J]. American Economic Review, 71(5): 845-858.

第四部分

文化产业中的消费者行为

20 文化产品需求：关键概念和假设案例研究

——布鲁斯·A. 希曼

一个关于经济学的常见笑话是“一切都是供求问题”。事实上，任何一个经济学的学生都不应该无法区分不同价格下的需求和需求量，即需求曲线的整体移动与沿需求曲线的移动，并认识到哪些因素可能会使需求增加、减少或保持不变。与此相关的是需求弹性的重要概念：不仅包括需求的自身价格、交叉价格和收入弹性，而且还包括与所有其他需求的决定变量相关的弹性。必须强调的是，任何弹性都是百分比变化除以百分比变化，因此，需求本身的价格弹性不会完全反映在需求曲线的斜率上，而是（在大多数情况下）沿着需求曲线的不同价格（或数量）点进行按部就班的变化。对需求价格弹性的理解，也可以用于阐明一些关于文化服务定价的有趣原则。

但是，除非这些概念被证明能够改进决策并更好地理解所观察到的市场行为，否则学生们通常会觉得这些概念十分枯燥乏味。即使是之前接触过一些经济学知识的学生，即使他们模糊地记得他们“应该”区分需求和需求量，即使他们记得“需求曲线斜率与需求价格弹性不一致”，他们通常也很难应用这些概念。因此，请放心，无论学生们是第一次看到这些概念，还是被再次地提醒它们的存在，他们都将受益于本章的教学主题对他们的要求（积极参与并应用）。刚开始接触经济学的学生，更有可能关注于对这些概念的学习，而那些认为自己已经理解这些概念的人，很快就会意识到自己没能融会贯通，并意识到“记住不等于掌握”。基于以上原因，下面给出了一个假设的案例研究，该研究被认为对于这些概念的教学是行之有效的。

20.1 重要的背景概念

在介绍假设案例研究之前，明确和讨论决定需求的变量是非常重要的。文化需求函数中的这些变量，与其他商品和服务需求的决定因素并无根本不同。然而，文化行业的一些特点为理解其消费模式带来了一些独特的挑战。因此，虽然自身价格、替代品和互补品的价格以及消费者收入显然很重要，但文化产品和服务对以下重要因素很敏感。从研究文化需求的大量学术文献中得出的经验证据，也普遍证实了这些因素。

（1）门票费用只是参加文化表演或参观画廊以及博物馆的“全价”的一部分，因为：①文化服务通常与外出就餐、加油和停车、公共交通，以及可能购买的纪念品等辅助产品一起消费；②参加现场文化表演或参观博物馆和其他设施通常需要大量时间，因此，在包括入场价格和文化消费所需的其他互补性费用在内的显性成本中，还增加了由时间构成的重要的隐性机会成本。需求价格弹性的决定因素之一是产品在消费者预算中的份额，当票价低于“全价”时，门票需求的价格弹性降低。此外，尽管人们通常认为较高的消费者收入是使需求增加的一个重要变量，但这种增加的幅度（以及需求的相关收入弹性），因与较高收入水平相关的部分有制衡效应而减弱。由此产生的更高的时间机会成本，促使更高收入的消费者尝试用时间密集度较低的产品，来替代更耗时的文化活动，这往往导致需求收入弹性低于预期。

（2）将产品转化为令人满意的消费者体验是具有挑战性的。无论艺术形式是古典的、当代的、前卫的还是流行的，当人们更加了解相关历史、社会背景、语言、技术水平时，他们能够更好地享受戏剧、音乐、舞蹈表演、雕像或电影。与其他类型的产品相比，各种各样的艺术产品形式对消费者的欣赏水平提出了更高的要求。而享用一块巧克力几乎不需要什么天赋，尽管了解不同种类的巧克力、它们的地理来源以及它们的品种对健康的好处，可能会对一些消费者来说很有吸引力。因此，高等教育、艺术与文化类的教育和培训，以及艺术与文化的消费习惯（尤其当一个人在童年时期就具有这种消费习惯），已被证明是重要的决定需求的变量。

（3）文化产品和服务的真实质量和感知质量之间存在很大差异。此外，“超级明星”效应可能会导致许多消费者在评估某些复杂产品的质量时遇到困难。质量感知通常是一个强有力的决定需求的变量。

(4) 消费也有明显的社会因素，这使得文化服务需求对同辈压力、家庭影响、人口差异（与种族、年龄、性别、宗教等有关），以及“为了娱乐而消费”和“为了彰显社会地位而消费”之间的区别是非常敏感的。事实上，一些证据表明，一些人对文化服务的需求与其说是与其服务本身有关，不如说这些人更加关注许多文化表演和展览中的社交活动。

(5) 文化组织有着复杂的目标，这些目标可能会影响需求的准入价格弹性。因为对于这些文化产品的供给者来说，它们从服务中获得的销售收入，与那些非营利性的、带给公众的精神收入在重要性上存在竞争关系。文化组织更加根本性的目标是发展更广泛的文化受众（见比约森关于受众拓展的第 24 章）。这些目标通常会促使文化组织收取低于合理价格的门票，并向学生或老年人等特定消费群体提供各种折扣。对于任何给定的需求曲线，我们知道，一般来说，需求的价格弹性沿曲线变化，较低的价格和较高的需求量与较低的需求价格弹性相关。这一点解释了为什么文化需求的实证研究经常发现其具有低价格弹性。

20.2 课堂提问

(1) 你多久观看一次艺术表演、参观一次美术馆或博物馆，或是去电影院看电影？

(2) 哪些原因会降低你参与文化与艺术活动的频率？哪些因素会决定你是否参加此类活动？

(3) 如果已知博物馆的门票在周一是免费的，如果你以前没有参观过，这是否足以成为你前往参观的动机？

(4) 在博物馆里或音乐会上可以买到价格合理的食品、饮料和纪念品有多重要？当你不得不开车去参加活动，而停车费又很贵时，这会对你构成多大程度的阻碍作用？

(5) 在决定某个乐队或艺术家是否才华横溢、是否值得去现场听演唱会时，你朋友的意见有多重要？你看影评吗？影评是否会影响你看电影的决定？朋友们对你还没看过的电影的评价有多重要？

（6）如果你去年去了两次音乐会，当时的平均价格是 65 美元，但今年你以同样的平均价格去了 4 次，你的需求增加了吗？或者，你的需求量沿着稳定的需求曲线增加了吗？在过去的一年里，你的生活中发生了哪些可以用来解释这种行为改变的事情？

20.3 音乐会定价问题：如何教授需求曲线和价格弹性

问题的提出：

你是一位音乐会推广人，最初为一场 A 乐队的音乐会收取 60 美元的平均价格，在当地的场馆售出了 17 000 张门票。几周后，B 乐队计划在同一个场馆举办另一场类似的音乐会，你尝试了不同的定价计划，平均定价 80 美元，卖出了 12 000 张票。音乐会的筹办人正试图在定价方面变得更为老练，并请你——一位新任的艺术和娱乐顾问——帮忙确定，哪些原则可能有助于更有效地为此类音乐会定价。筹办人特别想知道你是否认为提高第二场音乐会的票价是错误的，以及你认为这类音乐会的最佳平均票价应该是多少。

（1）首先要解决的问题是，对于这种音乐会，数据点（60，17 000 美元）和数据点（80，12 000 美元）是否可能都在相同的需求曲线上。画一张图表，横轴上有售出的门票数量，纵轴上有每张门票的平均价格。确定第一个数据点（60，17 000）为 A 点，第二个数据点（80，12 000）为 B 点。可向学生提问：

• 假设对这种音乐会的需求在这几周内没有变化。如何画出包含点 A 和点 B 的需求曲线？请注意，为了简化，答案是一条通过两点的、通常画为直线的需求曲线。

• 假设你被告知音乐会 B 的需求大于音乐会 A，你如何画出需求曲线来反映对音乐会 B 的需求增加的假设情形？请注意，答案是两条斜率相对平坦的需求曲线，靠左的曲线经过点 A，靠右的曲线经过点 B。

• 假设你被告知，与音乐会 A 相比，音乐会 B 的需求减少了。你如何画出需求曲线来反映对音乐会 B 的需求减少的假设情形？请注意，答案是两条斜率相对较陡的需求曲线，靠右的曲线穿过 A 点，靠左的曲线穿过 B 点。

• 你是否注意到：我们可能会根据 A 点和 B 点画出三种图形？请注意，我们经常使用直线需求曲线的假设来对其予以简化。

（2）通过观察并总结我们面临的问题——一是几周的时间跨度、A 乐队与 B 乐队的差异或任何其他因素，均未导致显著的需求变化；二是最初售出的 17 000 张门票实际上是平均价格为 60 美元的需求量而非场馆的总容量——我们可得出结论：一个特定的需求函数可能来自两个数据点，一是平均价格为 60 美元，售出 17 000 张门票；二是平均价格为 80 美元，售出 12 000 张门票。

讨论以上两个问题。为什么需求和给定价格下的需求量之间的差异，意味着这两个问题必须得到回答？鼓励学生思考，必须检查哪些类型的因素，以确定这两个数据点是否反映了对两场音乐会的稳定需求（这意味着在为音乐会 A 定价时，主办方基本上面临着与为音乐会 B 定价时相同的需求曲线），或者实际上主办方是否面临着两条不同的需求曲线。请注意，如果需求基本保持不变，则可以进一步遵循以下步骤。

（3）假设这两个问题的答案并没有表明需求发生了变化，或者变量发生了非常小的变化，未造成任何影响。例如，当安排音乐会 B 时，它的一个竞争（替代）对手的价格较高，将使对音乐会 B 的需求曲线适度向右移动；同时，B 乐队的感知质量略低于乐队 A，这将使 B 乐队的需求曲线适度向左移动，从而与之前的右移互相抵消。如果这一情况属实，那么这种音乐会的价格和数量组合，实际上可能处于同一条直线需求曲线上。在此情况下，需要关注以下问题：

• 第一场音乐会和第二场音乐会的总门票收入的变化是多少？答案是：A 乐队音乐会的收入从 1 020 000 美元减少到 B 乐队音乐会的 960 000 美元，减少了 60 000美元。

• 这是否意味着这两种票价（60 美元和 80 美元）之间的需求价格弹性是有弹性的、无弹性的还是单一弹性的？答案是：这两点之间的需求平均价格一定是有弹性的，因为当总收入随着价格上涨而下降时，需求的总体价格弹性的绝对值必须大于 1（或者说，是有弹性的）。

• 在这个价格范围内，需求的“弧”（或平均）自身价格弹性是多少？这与票价从 60 美元涨到 80 美元时总收入的情况一致吗？此问题的答案可以提醒学生：在计算一定范围内的平均价格弹性时，中点惯例是合理的，具体公式为（需求量变化÷价格变化）×（平均价格÷平均需求量）。20 美元的价格上涨导致5 000 张门票的需求量减少，使得（需求量的变化÷价格的变化）= 250（绝对值）。平均价格为 70 美元，平均需求量为 14 500 美元，它们之间的比率（平均价格÷平均需求量）为 0. 004 83，将此比率乘以 250 = 1. 207（或约 1. 2）。确保学生可以完成这一证明需求在这个价格范围内确实具有弹性的简单计算。

• 需求曲线上特定点（60，17 000）的需求价格弹性，是否可能比从 60 美元到 80 美元的整个范围内的平均价格弹性更大或更小？为什么？利用这个问题展示弧价格弹性和点价格弹性之间的重要区别，并确认由于需求的价格弹性通常在高价格低需求量点处通过高弹性区间，随着价格下降和需求量的增加，价格弹性会降低，假设线性需求曲线上，特定点（60，17 000）的价格弹性必须低于 60~80 美元范围内的平均价格弹性。

• 试着计算价格为 60 美元时的“点”价格弹性。这个值是弹性的、非弹性的还是单一弹性的？需求量变化÷价格变化将继续为 250（绝对值），但现在的价格÷数量=60÷17 000=0. 003 53，250×0. 003 53=0. 882 5（或 0. 88），其绝对值表示需求曲线上该点的价格弹性值为非弹性的。

• 鉴于以上的答案，筹办人将第二场音乐会的平均价格提高到 60 美元以上是否正确？为什么？筹办人将平均价格提高到 80 美元是正确的吗？为什么？既然你有充分的理由相信 60 美元价格下的需求价格弹性是非弹性的（0. 88），那么，对第二场音乐会进行一些涨价是合理的。因为当不具有弹性时，价格上涨将导致更高的总收入。但是，从 60 美元到 80 美元之间的高达 20 美元的涨价太过激进，这说明，在更大范围内的平均价格弹性是具有弹性的，这与观察到的总收入减少的现象是相符的。

（4）实际上，将价格提高到尽可能接近价格弹性为单一的程度是合理的。你认为在音乐会举办场地增加座位数量的大部分成本，主要是固定成本还是变动成本？对于这场音乐会的筹办人来说，最重要的成本是什么？你认为增加一个座位的边际成本大概是多少？基于你关于边际成本的答案，你认为最大化利润（总收入减去总成本）在这种情况下几乎等同于总门票收入最大化吗？为什么？最后，由于我们知道总收入在线性需求曲线上价格弹性为单一的点上是最大的，你是否理解我们的目标应该是尽可能地趋近于该特定价格？

你可以通过更详细的分析从而发现当价格为 64 美元时，能够实现收入最大化。你需要在数学上令边际收入等于边际成本，以得出这一答案。

20. 4　一些提供给学生的问题

（1）如果你想成为艺术活动筹办者和其他文化组织的顾问，对你来说，为什么了解需求和需求量之间的区别是很重要的？

（2）如果你想成为一名真正成功的文化行业顾问，为什么了解斜率不等于价格弹性，以及需求的平均价格弹性与点价格弹性之间存在重要差异，对你来说是非常有用的？

补充阅读材料

有关表演艺术领域需求的实证文献的总体回顾，以及对这些概念的进一步讨论，请参见：

Seaman, Bruce A. (2006), "Empirical studies of demand for the performing arts", Chapter 14 in V. A. Ginsburgh and D. Throsby (eds), *Handbook of the Economics of Art and Culture*, Amsterdam: Elsevier Science/North-Holland.

21 文化产品的消费者理论、市场细分和受众研究

——维多利亚·阿泰卡–阿梅斯泰

在分析个人与文化产品和服务的关系时，学生应了解文化产品和服务的特殊经济特征，同时也愿意结合经济学、社会学、市场研究以及定量和定性分析的方法，去认识这种特征。从这个意义上讲，微观经济学入门课程中所教授的个人决策模型，应该辅以更复杂的模型，以使个人选择合理化。因此，个人和社会群体之间的喜好不会存在太大差异。

俗话说，“要想了解一个人，就要去爱那个人”。如果文化管理者和政策制定者不了解自己的偏好和选择，他们就无法与他们的文化受众建立联系。这种了解使研究者和管理者能够设计有效的策略来接触他们的受众，并扩大或加深这种关系。这一点很重要，因为文化机构面临着越来越大的压力，需要应对社会挑战，创造公共价值，并有效率地运作。在非营利组织中，这是为了实现组织的目标；在其他情况下，利润最大化就是目标。无论哪种方式，收入最大化和（或）出勤率（允许尽可能多的人参与）似乎都应该是管理者的职责目标所在（Baldin et al，2018）。当公共资金给予文化组织资助时，应当考虑该文化组织受众之中的不同社会群体。

本章的目的是帮助教师为学生提供方法和手段，以更好地理解文化参与中存在的差异。这门课程对于社会科学类专业的许多学生而言都是很有意义的。文化受众研究是一个让学生学习如何将消费者理论及其预测与实用的管理方法（如市场细分）联系起来的领域。

21.1 此专题为何令人感兴趣

政策制定者需要证明他们在公民参与文化活动方面的规划是有效的。脱离接触和准入障碍是重要的议题。学生应学会反思公民不参与文化活动的原因及其影响。此外，管理者可能想知道如何根据价格弹性对受众进行细分，以便实施一些定价政策以实现利润最大化。随着用户生成数据（例如，以电子交易的形式）提供了关于需求模式的宝贵信息——人们使用文化资源的时间、频率和对象，文化管理人员越来越有机会进行战略定价。

21.2 经济学家的研究方法

管理者或政策制定者应了解个人决策的基本原理（即文化产品需求的微观基础）、如何获取合适的数据源、可用的定量方法，以及如何解读分析结果。

21.2.1 文化产品的特征

由于文化产品是象征性的，它们必须转化为有意义的文化体验。学会识别文化产品中的特定特征对于学生而言是很重要的。为了将文化产品描述为经济产品，教师可以指导学生阅读陶斯（2013）的几个章节，尤其是那些关于需求（Lévy Garboua and Montmarquette：Chapter 26）、经验商品（Hutter：Chapter 29）和参与（Gray：Chapter 45）的部分。学生有必要熟悉习惯形成与消费外部性等概念。文化参与应在休闲活动的背景下对其进行分析，在休闲活动中，文化产品与服务、时间和个人文化资本一起被视为旨在创造并享受愉快的文化体验的中间投入，一种关乎于文化欣赏的“商品”由此诞生。在微观经济学中，在其他条件相同的情况下，人们的选择是根据个人品味和约束条件来解释的（比如价格和收入），人们的行为差异可能是根据不同的喜好来解释的。

由于外部利益的存在，个人对艺术的需求通常低于社会对艺术进行支持的意愿，因此应该对传统的需求模型进行其他扩展。如果人们想了解对文化供给者的补贴在降低消费者价格和增加参与度方面是否成功，这一点很重要（Towse，2019：Chapter 6）。通过阅读拉什顿（2014）的第2章和第3章，可以对市场需求与市场概念（例如保留价格、支付意愿以及消费者剩余和生产者剩余）有一个初步了解。

文化产品与服务的市场结构也是本专题的一个相关话题。大多数市场都不是在完全竞争的必要条件下运作的。由于文化产品和服务的独特性，地方一级的垄断竞争甚至垄断现象时有发生。对市场失灵和市场力量的概念（以及如何去衡量）有一定的了解，对于理解定价策略是很重要的。平狄克和鲁宾费尔德（Pindyck and Rubinfeld，2018）提供了一种基于一定的数学形式的基本方法。价格弹性、交叉弹性和收入弹性的基本概念，可以通过微观经济学的入门教材来学习。艺术领域的定价策略可以参阅拉什顿（2014），或者在更进阶的层次上，可以参阅科蒂和帕列罗（Courty and Pagliero，2014）所介绍的音乐会定价的例子。桑纳本（Sonnabend，2019）提供了与本专题相关的最新概述。

21.2.2 个人需求

开始讨论个人艺术需求或参与艺术的决定因素的一个好方法，是引入贝克尔（Becker，1965）、斯蒂格勒和贝克尔（Stigler and Becker，1977）提出的个人决策理论，其中介绍了商品和时间分配决策的框架，以及关于音乐欣赏需求的开创性模型（关于需求与参与之差异的讨论，见卡梅伦，2019）。"文化欣赏"商品是时间、市场商品和文化消费资本三者结合的产物，理解完全收入和文化欣赏的全部价格（或影子价格）的概念尤为重要。通过这种方式，学生将更好地理解为什么决定"文化欣赏"商品之价格差异的个人差异会反映在市场上的消费者行为的差异中。例如，个人决策的扩展模型可以讨论时间（作为市场文化产品之补充的个人资源）的作用及其机会成本。这也有助于理解在解释人们在欣赏文化产品的能力上的差异时，教育在其中所发挥的作用。

教师可以展示收入和替代效应如何随着个人收入的增加而发挥作用，以及关于非市场时间分配的性别规范的差异如何导致时间机会成本的差异。由于习惯的形成，人们以前是否接触过文化产品是分析文化参与的最佳预测因素之一。通过阅读斯蒂格勒和贝克尔（Stigler and Becker，1977），可以很容易地理解特定的艺术教育和普通教育在文化欣赏中所发挥的作用。

个体决策模型解释了市场选择的差异，并指出个人对休闲有稳定的偏好。此外，还认为现在和过去的资源在可用性上的差异，解释了不同的市场选择。对于文化产品和服务，我们假设每个人对有意义的体验（或经历）的喜好没有差异，并且这一点在他们一生之中都不会改变。然而，资源的差异转化为参与障碍的差异——例如，对一种语言的不了解（缺乏一定数量的文化资本），会阻止人们去阅读外国的文学作品（动机不同）；人们去剧院看戏，更多是因为受到其配偶喜好的推动（参与强度的差异）。一旦学生能够理解此模型的基本原理，以及关于文化参与的时间和金钱分配的预测，就可以得出一些假说，并能够用手头的数据对其进行合理的检验。

21.2.3 市场细分

消费者细分是一种根据某些特征，来识别同类人群体的市场研究方法。它可以帮助公司和组织了解哪些消费者需要哪些特定的产品或营销组合，从而帮助它们选择自己想要定位的细分市场。细分的一个具体应用是设计定价策略，从而实现比使用单一定价时更有效的分配。例如，不同程度的价格歧视、两段式收费和捆绑销售等。这可以通过根据其价格弹性来识别群体并推断其保留价格的差异来实现。为艺术组织使用定价策略的可能性正在引起人们的兴趣。例如，目前在数字经济中实施一级价格歧视（可以向每个消费者收取其保留价格）可能并不难，因为数字公司可以根据人们在网上的搜索和购物行为收集大量个人信息。

学生还应了解，完全收入弹性、交叉弹性和其他变量如何决定某些群体在参加文化服务时，愿意在附加服务上花费更多的倾向。例如，时间机会成本较高的个人，可能愿意为时间上的灵活性而支付更高的费用。临时顾客可能不太愿意为了得到优惠而向电影院支付更高的费用，当这些临时顾客为文化旅游者时，他们对历史古迹的需求价格弹性更低。

当向没有经济学或市场研究背景的学生教授这一专题时，教师可以采取更折中的方法，并结合社会学知识以丰富课堂内容。社会阶层和生活方式之间的联系，对于文化社会学家而言是很有意思的研究对象（López Sintas and García-Alvarez，2002）。对于文化管理和文化中介学科的学生来说，从文化机构（如美国国家艺术基金会或英国艺术委员会）委托编写的报告中，可以看到如何将分析方法和依据转化为有用的管理手段，例如，布鲁姆-科豪特和诺瓦克（Blume-Kohout and Novak，2015）的报告等（见参考资料）。

21.2.4 数据来源

数字化增加了获取文化受众数据的机会。一方面，它为文化组织提供了以非常低的成本收集当前受众数据的可能性。对于这些组织来说，了解哪些数据是重要的，如何衡量、分析和解释这些数据是至关重要的。另一方面，公共行政部门数据的进一步开放，以电子形式提供了基于全体人口样本的广泛数据。

本章末尾列出了一些可以访问微观数据的建议信息来源。处理微观数据和执行一些描述性分析（统计、聚类分析）、多变量分析及回归分析需要一些 SPPS、Stata 或 R 软件方面的经验。

可以在更具描述性的基础上（如聚类分析）或使用计量经济学方法，对各类群体进行区分。对于政策制定者和文化管理者来说，一个重要的问题是“缺席”——有一些群体系统性地不参与到文化中去。可以通过探讨脱离接触的既定动机（Gayo Cal，2017）或使用一些潜在模型估计方法（Montoro Pons and Cuadrado García，2016），来理解“文化不参与”。文化经济学家已经学会根据全体人口的特点，将群体划分为“从不参与的人”、“潜在观众”（或重新获得的观众）和“当前观众”，并能够向文化组织提出不同的策略，以鼓励人们进行文化参与。

21.3 课堂活动建议：如何教授此专题并对其进行探讨

对文化受众的理解，是一个非常适合学生去主动学习的主题。在下文中，我提出了一些学生在进行课堂活动时可能会了解并使用的概念，还提出了一些评估标准。

21.3.1 关于概念的讨论

可以通过将时间、文化产品和服务、个人文化资本和其他资源以不同比例相结合来创造“文化欣赏”。

（1）试想：音乐欣赏是通过两种投入而产生的，即歌唱的时间，以及让你知道曲调并对其进行复制的文化资本。文化欣赏的全部价格（影子价格）由哪些部分组成？

（2）试想：音乐欣赏现在是通过结合音乐会的门票、花在音乐会上的时间、走到音乐厅的时间，以及让你理解和欣赏施特劳斯的曲目的文化资本而产生的。文化欣赏的全部价格（影子价格）由哪些部分组成？

（3）试想：两个不同的人，他们的劳动地位、教育水平、数字化技能和所在城镇的文化服务的发达程度不同。从这两个人的视角出发，你对问题 1 和问题 2 的回答会有怎样的变化？

21.3.2 使用挑战性的学习方法

跨学科的学生群体，可以探索一些社会挑战，例如公民与文化实体之间的脱节。如果情况允许，可以请一位文化领域的管理者做讲座，请他讲述文化组织在吸引某些人群方面所面临的一些问题。之后，要求学生们详细地复述讲座的内容，并用他们自己的语言描述这些社会挑战。可以向学生们提供一些关于该文化组织的信息和数据，或是从一些一般性调查中得出的一些关于文化参与的数据，让学生们分析数据并将其形象化，并请学生们为文化组织提出建议。

也许评估这个活动最好的方法是进行一个综合的共同评估。如今，变革理论的方法在管理学院得到了广泛的应用。因此，文化管理学专业的教师可能更容易实施这项活动。

21.3.3 设计一个数据马拉松（Datathon）

数据马拉松可以被描述为一项“活动”。该活动会设计一些挑战，并要求学生分析一些数据中所表现出的信息。如何组织这样的活动可以参考里德（Reed，2018）所介绍的一个例子。此外，形成性评估和共同评估被认为是针对该活动的最佳评估方法。

21.3.4 讲一些故事

该领域的学生在学习期间应该掌握的最重要的技能之一，可能是分析能力以及根据事实分析传达故事的能力。无论该学生想成为一名独立研究员、分析师还是文化机构的管理者，这种能力对他而言都非常重要。有一些入门成本非常低的可视化工具可以使用，例如 DIVE（参见文章末的“研究工具”）。学生可以学习如何使用友好的界面来分析和呈现量化信息。此外，亦可参阅里德（2018）。

教师可以要求学生以概况介绍、信息图表和执行摘要的形式提交他们的成果。对作业要求的完成度以及创造力水平，可以作为对这些学生成果进行评分的标准。

补充阅读材料

斯蒂格勒和贝克尔（1977）提出的艺术欣赏个人决策模型，对本科生来说难度较大。当本科生修完消费者理论或劳动经济学等微观经济学课程后，教师可以使用 Lévy Garboua 和 Montmarquette（2013）或 Candela 和 Scorcu（2004）的文献，来进行教学以使学生能够更好地理解。教师可以鼓励感兴趣的学生阅读开创性的论文，以加深他们对理性成瘾模型和消费学习模型的理解。

如果学生对市场研究和定价策略感兴趣，Rushton（2014）和 Sonnabend（2019）非常值得参阅。

上述阅读材料详见下文“参考文献”。

参考文献

BALDIN A, BILLE T, ELLERO A, FAVARETTO D, 2018. Revenue and attendance simultaneous optimization in performing arts organizations [J]. Journal of Cultural Economics, 42(4): 677-700.

BECKER G S, 1965. A theory of the allocation of time[J]. The Economic Journal, 75(299): 493-517.

BLUME-KOHOUT M E, NOVAK J L, 2015. When Going Gets Tough: Barriers and Motivations Affecting Arts Attendance[M]. Washington, DC: National Endowment for the Arts.

CAMERON S, 2019. Individual choice behaviour[M]//CAMERON S. A Research Agenda for Cultural Economics. Cheltenham, UK and Northampton, MA, USA: Edward Elgar Publishing: 41-62.

CANDELA G, SCORCU A, 2004. Economia delle arti (Economics of Art) [M]. Bologna: Zanichelli.

COURTY P, PAGLIERO M, 2014. The pricing of art and the art of pricing: Pricing styles in the concert industry[M]//GINSBURGH V A, THROSBY D. Handbook of the Economics of Art and Culture, Volume 2. Amsterdam: Elsevier Science/North-Holland: 299-356.

GAYO-CAL M, 2017. Exploring cultural disengagement: the example of Chile[J]. Cultural Sociology, 11(4): 468-488.

GRAY C M, 2013. Participation [M]//TOWSE R. Handbook of Cultural Economics. 2nd ed. Cheltenham, UK and Northampton, MA, USA: Edward Elgar Publishing:326-331.

HUTTER M, 2013. Experience goods [M]//TOWSE R. Handbook of Cultural Economics. 2nd ed. Cheltenham, UK and Northampton, MA, USA: Edward Elgar Publishing:211-215.

LÉVY-GARBOUA L, MONTMARQUETTE C, 2013. Demand [M]//TOWSE R. Handbook of Cultural Economics. 2nd ed. Cheltenham, UK and Northampton, MA, USA: Edward Elgar Publishing:177-189.

LÓPEZ SINTAS J, GARCÍA ALVAREZ E G, 2002. Omnivores show up again: the segmentation of cultural consumers in Spanish social space [J]. European Sociological Review, 18(3):353-368.

MONTORO-PONS J D, CUADRADO-GARCÍA M, 2016. Unveiling latent demand in the cultural industries: an application to live music participation [J]. International Journal of Arts Management, 18(3):5-24.

PINDYCK R S, RUBINFELD D L, 2018. Microeconomics [M]. 9th ed. Harlow: Pearson, 2018.

REED S, 2018. Arts Access Datathon: Final Report, Los Angeles [M/OL]. CA: Los Angeles County Arts & Culture [2019-04-07]. https://artsdatathon.org/documentation/final-report/.

RUSHTON M, 2014. Strategic Pricing for the Arts [M]. London: Routledge.

SONNABEND H, 2019. Pricing [M]//CAMERON S. A Research Agenda for Cultural Economics. Cheltenham, UK and Northampton, MA, USA: Edward Elgar Publishing:87-115.

STIGLER G J, BECKER G S, 1977. De gustibus non est disputandum [J]. The American Economic Review, 67(2):76-90.

TOWSE R, 2013. Handbook of Cultural Economics [M]. 2nd ed. Cheltenham, UK and Northampton, MA, USA: Edward Elgar Publishing.

TOWSE R, 2019. A Textbook of Cultural Economics [M]. 2nd ed. New York: Cambridge University Press.

统计资料来源

1. USA：ICPSR，https://www.icpsr.umich.edu/icpsrweb/ICPSR/，accessed 13 March 2019.

2. Europe：Eurobarometer Data Service，https://www.gesis.org/eurobarometer-data-service/home/，accessed 13 March 2019.

3. Latin America：Latinobarómetro，http://www.latinobarometro.org/lat.jsp，accessed 13 March 2019.

研究工具

1. Audience Finder：https://audiencefinder.org，accessed 13 March 2019.

2. Audience Spectrum：https://www.theaudienceagency.org/audience-spectrum，accessed 13 March 2019.

3. DIVE：https://dive.media.mit.edu，accessed 13 March 2019.

22 表演艺术中的消费者行为

——安德里亚·鲍尔丁

22.1 专题介绍

本章涉及文化经济学课程的一个基本专题，即与传统文化行业之一——表演艺术有关的消费者行为。这个领域的异质性，使得它成为一个探索和比较不同消费模式的优秀领域，凸显了文化行业的消费者行为如何不符合新古典主义经济理论的标准假设。这一章包括对文化参与的分析，以及世界各地歌剧院对剧目的选择。本章的主题旨在作为学生讨论的起点，使他们可以了解利用文化经济学理论进行解释的消费模式。

22.2 专题概述

2013 年，欧盟委员会公布了一项民意调查的结果，其中来自欧盟 27 个成员国的 26 563 名受访者，回答了一份关于他们在文化行业中的行为的问卷。报告的最后一部分专门评估人们参与各种文化活动的程度和阻碍，包括与某些社会人口指标有关的情况。表 22-1 至表 22-4 以表演艺术（音乐会、剧院、芭蕾舞、歌剧）为重点，显示了该报告所提供的一些总体结果[1]。

政府统计部门及文化艺术推广机构亦会定期进行类似的关于文化参与的研

究。这些研究是探究个人如何作为艺术产品消费者的一种最主要的方式，并为政策制定者提供信息，帮助他们制定策略以实现某些文化政策目标（例如增加文化参与度）。与需要更复杂的估计方法的需求分析不同，文化参与研究不考虑可能影响消费文化产品或服务的决定的经济因素，如产品本身的价格、其互补品和替代品的价格等。然而，关于文化参与的研究，提供了一个可以结合文化经济学的理论来解释并分析消费者行为的框架。

表 22-1　各类人群在过去的一年里所参与的表演艺术活动

		至少去听过一次音乐会（%）	至少去观看过一次戏剧（%）	至少看过一次舞蹈表演或歌剧（%）
欧盟 27 国		3	28	18
年龄	15~24	51	32	—
	25~39	40	27	—
	40~54	35	30	—
	55+	24	25	—
不再接受教育的年龄	15	14	13	7
	16~19	31	23	14
	20+	49	4	29
	仍在上学	57	40	26
对自身社会地位的判定	社会地位低	24	—	12
	社会地位中等	35	—	18
	社会地位高	48	—	27

资料来源：*Special Eurobarometer 399：Cultural Access and Participation*（2013）。

表 22-2　各类人群在过去的一年里没有（或没有更多地）去听音乐会的原因

	缺乏兴趣（%）	缺乏时间（%）	价格过于昂贵（%）	所生活的地区的表演艺术活动不多或品质不高（%）	其他原因（%）
欧盟 27 国	29	22	2	12	12

资料来源：*Special Eurobarometer 399：Cultural Access and Participation*（2013）。

表 22-3 各类人群在过去的一年里没有（或没有更多地）去观看戏剧的原因

		缺乏兴趣（%）	缺乏时间（%）	价格过于昂贵（%）	所生活的地区的表演艺术活动不多或品质不高（%）	其他原因（%）
欧盟 27 国		36	22	20	12	10
年龄	15~24	46	19	1	8	9
	25~39	34	29	21	10	6
	40~54	32	27	21	12	8
	55+	36	15	20	14	15
不再接受教育的年龄	15	46	11	22	12	9
	16~19	37	21	21	12	9
	20+	26	32	18	13	11
	仍在上学	42	20	21	8	9
职业	自由职业者	32	32	15	13	8
	管理人员	23	40	14	11	12
	其他白领	29	31	23	10	7
	体力劳动者	42	24	18	10	6
	家务工作者	36	20	26	10	8
	无业人员	39	13	31	11	6
	退休人员	37	10	20	15	18
	学生	24	20	21	8	27
是否有经济困难	经常有	34	13	36	10	7
	偶尔有	38	20	25	10	7
	从未有	35	25	15	13	12

资料来源：*Special Eurobarometer* 399：*Cultural Access and Participation*（2013）。

表 22-4　各类人群在过去的一年里没有（或没有更多地）去看舞蹈表演或歌剧的原因

		缺乏兴趣（%）	缺乏时间（%）	价格过于昂贵（%）	所生活的地区的表演艺术活动不多或品质不高（%）	其他原因（%）
欧盟 27 国		50	18	14	10	8
年龄	15~24	60	15	11	8	6
	25~39	48	24	14	9	5
	40~54	47	22	15	10	6
	55+	47	12	16	12	13
是否有经济困难	经常有	45	12	28	9	6
	偶尔有	51	18	17	9	5
	从未有	49	20	10	11	10

资料来源：*Special Eurobarometer* 399：*Cultural Access and Participation*（2013）。

表 22-1 至表 22-4 涉及表演艺术的参与情况。同时，单个表演的数据为该主题提供了额外的学习内容，教师可以利用某个剧院的表格，表格中的数据包括：总上座率、作品数量、平均价格和作品受欢迎程度的指标（某作品在同一剧院上演过的次数，以及某作品在全球范围内的演出次数等）。由于这些类型的数据不容易获得，因此可以采用不同的方法，如着眼于演出方面的表 22-5 所示。在此表中，我们使用了不同的数据源（Operabase）[2]。

表 22-5　世界范围内演出次数最多的歌剧　　　　单位：次

歌剧	作曲家	2013—2014 年	2014—2015 年	2015—2016 年	2016—2017 年	2017—2018 年	总计
《茶花女》	威尔第	961	971	790	722	867	4311
《卡门》	比才	658	729	648	815	705	3555
《魔笛》	莫扎特	730	754	637	644	660	3425
《波希米亚人》	普契尼	678	553	715	660	598	3204
《托斯卡》	普契尼	603	644	454	542	554	2797
《费加罗的婚礼》	莫扎特	453	509	640	583	430	2615
《塞维利亚的理发师》	罗西尼	509	517	531	425	507	2489

续表

歌剧	作曲家	2013—2014 年	2014—2015 年	2015—2016 年	2016—2017 年	2017—2018 年	总计
《蝴蝶夫人》	普契尼	552	524	488	498	417	2479
《弄臣》	威尔第	565	461	465	472	437	2400
《唐璜》	莫扎特	536	520	418	459	431	2364

资料来源：Operabase 的详细数据。

表 22-5 列出了全球每年演出最多的十部歌剧作品。每一年都会考虑排名前十的作品，并报告在某一演出季期间的场次数量。

必须强调的是，所有演出季的前十名的作品都是一样的，且都只涉及五位作曲家。尽管现在有数千部歌剧，但其中能够每年定期演出的只有很少一部分。此外，歌剧院对节目的选择可以通过与消费者行为相关的文化经济学理论来解释。

22.3　为何选择此专题

任何一种商品和服务的消费都取决于个人的行为，因此消费者的行为在经济分析中占有重要地位。在这方面，表演艺术构成了文化经济学的一个理想分析领域，原因有两个：一是它们是一个例证，说明了文化行业的消费者行为不符合新古典经济学理论的标准假设。二是它们包括广泛的文化活动，其差异解释了不同的行为模式。这种差异可以用表演艺术领域的以下二分法来概括：高雅与低俗，对艺术的极致追求与对商业吸引力的追求，服务于精英与服务于大众，等等。

22.4　为什么选择此专题作为文化经济学教学的案例

消费者行为的分析是值得关注的，因为每个消费者对文化产品都有不同的消费态度。然而，从一些消费者特征（如年龄、收入、教育程度等）中可以发现，消费态度可能会根据表演艺术的类型而有所不同。消费者特征和艺术表演类型的结合，定义了一些可以用文化经济学中的消费者行为和需求理论来解释的消费行为模式。上文的表格可以作为讨论行为模式的引子，比如说，消费者以及艺术表演类型之间的差异为何会存在？这些差异是如何表现出来的？这也涉及人们对质量高低的判断、人们的品味以及这种品味形成的话题。

22.5 学习目标

文化经济学中最具争议的话题之一，是个人艺术消费的决定因素。个人曾经的艺术消费是决定因素之一，它与习惯形成、理性成瘾、消费资本和“通过消费学习”等概念有关。个人艺术消费的决定因素还与个人喜好及喜好的形成有关（这是社会学学生所熟悉的）。欧盟调查报告中的一些社会人口变量——如年龄、职业和社会地位——很容易与更有可能培养艺术品味的人联系起来。同样，“缺乏兴趣”作为一种文化参与的阻碍，可以被解释为某些人缺乏经过培养的品味。这一现象对于那些依赖人们更高品味的艺术表演形式（如歌剧、芭蕾舞、戏剧等）而言，影响十分明显。对于更受欢迎和更易于理解的活动（如摇滚音乐会）而言，情况则正好相反。

消费者行为是一个涉及多门学科的主题。市场营销、心理学和社会学的学生可能对此也很熟悉，但这些学生可能不甚了解基本的经济理论及其在文化领域中的应用。因此，可以通过课堂讨论，来增进学生对文化经济学中与消费者行为相关的其他著名概念的理解，如“无人知晓”论、把关者和评论者、滚雪球效应和网络效应。

22.6 教学方式

询问学生关于表演艺术的个人消费经历：谁在过去一年中至少参加过一次音乐会、戏剧表演、歌剧、芭蕾舞或舞蹈表演？他们参加过最多的表演艺术活动是什么？是什么动机（艺术家或导演的声誉、评论家的意见、口碑等）促使他们参加某场演出？如果他们参加的是很多人都会参加的活动（或者除你之外只有少数人参加过该活动)，那他们是否认为对该活动的参与是更有价值的（网络效应)？那些至少观看过一场歌剧表演的学生可能会被问道：这是他们第一次看这类演出吗？如果不是的话，他们以前有哪些关于歌剧和古典音乐方面的经历（例如：他们的父母都是歌剧爱好者，所以他们从小时候开始就听歌剧；或者他们会演奏乐器)？

通过观察表22-5，如何解释这些现象：为什么定期演出的只有少数作品，而很多作品只是偶尔演出？如果剧院提出一些创新的或鲜为人知的噱头，会对观众有何影响？

可分组讨论表22-1至表22-4，试图解读这些表，并分析出一些行为模式：

（1）你认为去音乐会、剧院和歌剧院的观众彼此相互重叠吗？他们有何不同？

（2）在你看来，为什么不同的表演艺术活动呈现出不同的消费者行为模式？

（3）如何解释“缺乏兴趣”（作为文化参与的主要障碍)、年龄和表演艺术类型之间的联系？你的结论是什么？

（4）表中有一些收入指标（即是否有经济困难和受访者的职业)。收入如何影响文化参与？作为文化参与的主要障碍，收入与“缺乏时间”有何联系？

（5）在你看来，哪一类人以及哪一类表演艺术的需求价格弹性较低（即价格敏感度较低)？

（6）您认为表中未包括的其他哪些因素，会对人们是否观看演出以及他们的价格敏感度有所影响？

22.7 对基本经济问题的详细阐释

新古典经济学的需求理论基于一些关于消费者行为的假设，这些假设与现实中所观察到的与文化产品或服务相关的行为不完全一致。例如，当我们分析一项艺术表演时，我们不能假设消费者完全了解该市场并能够独立地做出评判。表演艺术是“经验商品”，人们无法事先知道其品质之优劣，从而导致了创意产品需求的不确定性。因此，消费者需要依赖于专家（称为“把关者”）提供的信息（例如报纸上的专业评论、来自朋友或其他人的口碑）来了解创意产品，以降低消费风险。消费者还可能面临文化产品质量的不确定性，因为他们会受到多数人的选择的影响，也就是随大流（所谓的“滚雪球”或“赶时髦”效应）。个人对艺术消费的满意度还取决于其社交圈（朋友、亲戚等）对艺术的消费，也就是说，在许多情况下，艺术和文化的消费与社交相关（所谓的“网络效应”）。从表22-5中可以看出，对歌剧票的需求主要集中在少数几部作品上，出于这个原因，这些作品拥有可靠的收入来源。现代和当代歌剧的观众数量急剧下降，价格也有所下降。偶尔去看歌剧的人更喜欢去看众所周知的作品，而不是花费时间和金钱去看不太经典的剧目。这一点其实也与品味的形成有关，具体将在下文中进行讨论。

收入是解释消费者行为的另一个重要因素（在所有经济领域中都是如此），可通过收入弹性对其进行量化。在表演艺术领域，有一个积极的收入效应，即收入的增加将导致需求的增加（如上文中的表所示）。然而，这种积极影响会在一定程度上被时间成本所抵消，因为观看现场表演是一项相当耗时的活动。因此，随着收入的增加，个人对时间的重视程度也逐渐提高。这两个因素与表演艺术需求的收入弹性高度相关。本节的第4个问题对此进行了讨论。

文化经济学的一个中心话题与品味和品味之形成有关。传统的经济学方法认为，人的品味是既定的，并且不会随着时间的推移而改变。相反，文化经济学家认为，这一假设不适用于表演艺术领域：成年人对艺术和文化的消费，取决于他们小时候对艺术和文化的参与。文化经济学家主要借助三种理论来解释品味的形成：一是习惯形成——过去的消费决定着当前和未来的消费；二是在消费中学习——消费经验使消费者能够了解自己的偏好；三是理性成瘾——过去的消费提高了当前消费的边际效用。文化产品（在我们的例子中是表演艺术）的消费，通过“边做边学”（learning-by-doing）的过程和消费资本（对某一艺术形式的了解）的建立，提高了消费者在未来的欣赏能力。品味的形成同时伴随着品味的专一化，因而人们追求不那么大众化的文化产品以满足其更高品质的艺术需求。

品味的形成是一个重要的话题，它对文化政策、鼓励艺术和文化消费的政策以及艺术行业的管理者都有影响。根据理性成瘾理论，艺术管理者需要保持高质量的标准。本节的前三个问题与品味的形成有关。第5个问题提到，品味的形成也会影响支付意愿与价格弹性。研究证实，与未积累消费资本的消费者（如年轻顾客和偶尔看戏的人）相比，积累了消费资本的消费者（如会员和老年人）的需求不具有价格弹性，此外，他们也表现出更高的支付意愿。

22.8　文化经济学中对于本专题的研究

文化经济学家采用不同的经济计量方法来估计需求函数，量化不同艺术形式和同一艺术形式的不同作品的价格及收入弹性，并根据不同的社会经济和人口因素评估艺术参与的可能性。此外，还可以通过聚类分析归纳出不同的消费模式及其决定因素。

22.9　评估标准

（1）学生能否使用文化经济学中的消费者行为理论对文化参与进行解释？

（2）与其他行业相比，学生是否了解艺术和文化领域消费者行为的特殊性？

（3）学生是否了解消费者与表演艺术类型的消费模式之间可能存在差异？

注释

[1]完整的表格可在 Special Eurobarometer 399:Cultural Access and Participation, http://ec.europa.eu/commfrontoffice/publicopinion/archives/ebs/ebs_399_en.pdf 中获取。

[2]Operabase 是一个在线数据库,提供世界范围内歌剧表演、歌剧院、演员和经纪人的统计数据。表 22－5 中的数据取自 https://www.operabase.com/statistics/en。

补充阅读材料

1. Bergonzi, L. and J. Smith (1996), *Effects of Arts Education on Participation in the Arts: Research Division Report* 36, Santa Ana, CA: Seven Locks Press.

2. Chapters "Participation" by Gray and "Demand" by Lévy - Garboua and Montmarquette in Towse, R. (ed.) (2011), *A Handbook of Cultural Economics*, 2nd edition, Cheltenham, UK and Northampton, MA, USA: Edward Elgar Publishing.

3. Seaman, B. A. (2006), "Empirical studies of demand for the performing arts", in V. A. Ginsburgh and D. Throsby (eds), *Handbook of the Economics of Art and Culture*, *Volume* 1, Amsterdam: Elsevier Science/North-Holland, pp. 415-472.

23 文化产品与服务的数字化消费

——乔迪·麦肯齐

23.1 专题背景

数字流媒体服务在音乐、电视和电影行业的普及，极大地改变了消费方式。在音乐行业，Spotify 等服务通过 CD 销售和 MP3 下载的方式收获了巨大的人气。在电视和电影行业，也发生了类似的转变，Netflix 等服务吸引了传统广播和付费电视的消费者。此外，有证据表明，合法的流媒体是数字盗版下降的原因。本章介绍了可用于分析此类问题的一些基本经济方法。

23.2 为何选择此专题：它为什么有趣？它与文化经济学有何联系

音乐、电视和电影是文化经济学家研究的最具有经济意义的行业之一。随着数字化对这些行业影响日益深远，利益相关者需要了解不断变化的形势，从而有助于投资和政策决策。例如：(实体的) 音乐商店有前途吗？传统的专辑有被淘汰的危险吗？有线电视广播注定要走向末路吗？对于决策者来说，合法的流媒体替代品如何影响非法消费？文化与艺术产品的价格和形式有多重要？基于对基本微观经济学的理解，可以对这些问题有更好的认识。

23.3 基本经济学理论（或假设）之概述

经济学为分析与数字化有关的问题提供了一个有价值的方式。尽管市场两端都在发生重大变化，但本章将主要关注与数字消费相关的需求端问题。首先，一个简单但重要的问题是：经济学家如何衡量新数字化产品（合法和非法）对传统替代品需求的影响？这是一个关于“弹性”的问题。如何描述任何一对经济变量之间的关系，在微观经济学中是相当重要的。因此，我们从付费电视需求的一个假设例子开始讲起。

现代消费者在Spotify或Netflix平台上购买捆绑商品的“订阅”模式，是一个值得思考的重要话题。消费者理论告诉我们，（在某些条件下）与按单销售相比，捆绑销售可以产生额外的“生产者剩余”或利润（不考虑固定成本），虽然这（通常）是以“消费者剩余”（即支付意愿和实际支付价格之间的差异）为代价的。但订阅服务的普及，表明消费者也很重视捆绑的内容。

最后，对消费者剩余和生产者剩余的讨论，会引申出更多关于福利的一般性问题。福利是消费者剩余和生产者剩余（可能还包括其他经济主体，例如政府）之和，当没有无谓损失（dead weight loss）时，福利实现最大化。随着传统市场（如CD销售）的需求下降，这些市场的整体福利（消费者剩余和生产者剩余）下降。但抵消这种影响的是（新的）合法数字化市场（如Spotify等合法流媒体）不断增长的需求所创造的福利。

然而，如果非法的数字化盗版也存在的话，传统和合法数字化市场的一些需求可能会被取代。矛盾的是，基本福利分析表明，非法市场可能会在短期内增加整体福利。下一节将进一步探讨这些观点和相关的经济理论。

23.4 本章所涉及议题及其对消费者与政策等方面的影响

23.4.1 衡量弹性的案例

思考对娱乐内容的需求。数字内容提供商与传统卖家直接竞争，意味着这些传统卖家的需求和利润减少。此外，一些消费者可能会绕过市场法律，转而使用非法的（数字）替代品，例如文件共享或流媒体。经济学家将如何衡量这些取代效应？

此问题的答案涉及与弹性相关的需求概念。教科书上的理论将所有产品的需求描述为关于其价格的函数（向下倾斜），以及可能使函数向左或向右移动的“其他因素”。通常情况下，这些“其他因素”可能包括相关商品（替代品或互补品）的价格、消费者收入等。

假设一位计量经济学家估计了按月付费的电视用户之需求函数：

$$\log(Q_{\text{付费电视的订阅用户}}) = Const. - 1.5 \times \log(P_{\text{付费电视}}) + 1.2 \times \log(I) + 0.7 \times \log(P_{\text{Netflix}}) - 0.3 \times \log(Q_{\text{非法流媒体}})$$

其中，Q 表示需求量，I 表示收入，P 表示价格。在这一式子中，所有变量都是按照每个月来衡量并将其转化为自然对数形式。“Const.”表示其他无法直接观察到的因素。计量经济学家使用自然对数形式的一个原因在于，可以从估计的系数中得出弹性[1]。例如，在此式子中，需求的自身价格弹性为 1.5，收入弹性为 1.2[2]。

但什么是“弹性”？如何解释弹性？正如任何介绍性微观经济学的教科书所提到的那样，弹性是一个变量的百分比变化相对于另一个变量的百分比变化。它以无具体单位的形式对两个变量之间的关系进行衡量。

这个例子除了估计自身的价格和收入弹性外，还说明了付费电视的订阅用户与（合法和非法的）各替代品之间的关系。具体来说，如果 Netflix 的价格上涨 1%，付费电视的需求将增加 0.7%。类似地，如果非法流媒体的需求增加 1%，付费电视的需求将减少 0.3%。

23.4.2 捆绑销售案例

捆绑销售是一种“价格歧视”，可以让生产者获得更多利润。假设有两个消费者爱丽丝和本，以及两部电视剧《女子监狱》和《行尸走肉》。在订阅期为一个月的情况下，爱丽丝愿意为《女子监狱》支付 10 美元，为《行尸走肉》支付 7 美元。本则分别愿意支付 8 美元和 12 美元。假设成本为零，如果转播商就这两部电视剧分别向两位消费者收费，他们的总利润为 30 美元，即（2×8 美元）+（2×7 美元）。现在假设转播商进行捆绑销售，爱丽丝对这两部剧集的总支付意愿为 17 美元，本的总支付意愿为 20 美元。转播商可以通过捆绑销售总共赚取 34 美元的利润（2×17 美元）。

显然，捆绑销售比单独销售产生了更多利润。其原因在于，捆绑销售可以赚取消费者保留价格的平均数，而单独销售则需要基于消费者的最低支付意愿。捆绑销售的利润是以总消费者剩余为代价的。单独销售时，爱丽丝的消费者剩余为2美元（对于《女子监狱》），本的消费者剩余为5美元（对于《行尸走肉》），共7美元。捆绑销售时，爱丽丝没有消费者剩余，本的消费者剩余为3美元。请注意，加总后的消费者剩余少了4美元，这就是捆绑销售所增加的利润所在。

假设另一个例子，爱丽丝对《女子监狱》的最大支付意愿为10美元，对《行尸走肉》的最大支付意愿为4美元。本的最大支付意愿则分别为4美元和10美元。单独销售可产生20美元的利润（每部剧只卖给一位消费者），而捆绑销售可产生28美元的利润。在这两种情况下，消费者剩余均为零，利润的增加完全来自减少低效率行为（每部节目只卖给一位消费者），即杜绝无谓损失。

那么，消费者为什么会青睐基于捆绑的订阅模式呢？从本质上说，这是因为它扩大了产品的数量（种类），还可能降低人们对新产品的搜索成本。在第二个例子中，无论消费者只购买一种产品还是捆绑产品，消费者剩余都是相同的。由于消费者重视多样性，所以大多数人会在有选择的情况下购买捆绑产品。

23.4.3 福利分析案例

福利分析可以用来分析合法和非法的数字消费模式对生产者和消费者的影响。假设音乐只有一个合法市场（例如，Spotify等流媒体服务），与之竞争的是非法流媒体服务。这对福利有什么影响？在没有第三方的情况下，福利是消费者剩余和生产者剩余之和，其中，消费者剩余是介于需求曲线下方与价格之间区域的面积，生产者剩余是介于供给曲线上方与价格之间区域的面积。非法流媒体服务实质上减少了对合法服务的需求，可能使需求曲线向左移动，如图23-1所示。

因此，消费者剩余和生产者剩余在合法市场上均出现下滑。使用非法替代品，一些消费者离开合法市场，进入价格基本为零的非法市场。这意味着来自合法和非法消费的总消费者剩余和总生产者剩余实际上会增加，即在非法市场“f”中获得的消费者剩余超过非法市场“$b+d$”中的消费者剩余和生产者剩余之损失。因此，从理论上讲，总剩余在短期内会增加是合理的。然而，这忽略了长期（供给侧）影响和伦理问题。

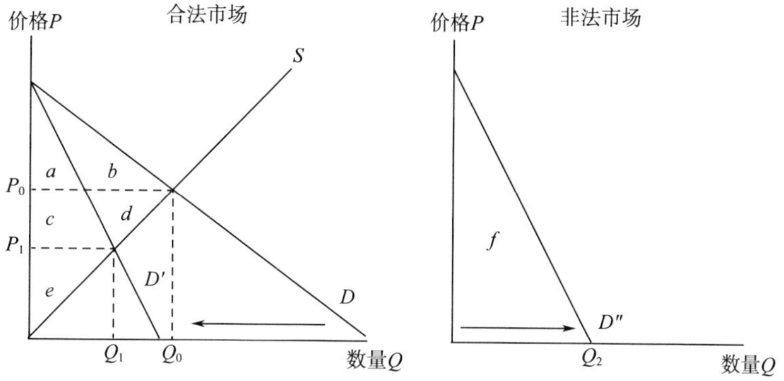

	非法流媒体出现之前	非法流媒体出现之后
消费者剩余	$a+b$（合法）	$a+c$（合法），f（非法）
生产者剩余	$c+d+e$	e

图 23-1　福利分析案例

23.5　教学建议——互动讨论

开始这门课的一个好方法，是让学生反思他们如何消费文化产品与服务。他们可以将他们现在的答案，与他们（或他们的父母）在 10 年（或更长时间）前的消费方式相比较。他们的需求量增加还是减少了？他们的消费增加还是减少了？流媒体服务的兴起，是否导致通过互联网非法获取相关内容之现象的增加或减少？对这些问题的回答将引出对本章中所介绍的一些经济学概念的讨论。

23.6　评估要点

根据课程的水平，可以设置很多问题来对本章的相关话题进行测试。以下是一些例子。

（1）弹性。

- 什么是自身价格弹性？什么是交叉价格弹性？什么是收入弹性？举出与数

字化内容需求相关的例子。(基础)

• 鉴于许多数字化内容可以零边际成本对其进行复制，这对最优定价有何影响?(中级)

• 在估计数字化内容需求弹性时，会遇到哪些有关计量经济学的挑战?(高级)

(2) 捆绑销售。

• 捆绑销售如何提高数字化内容的利润?(基础)

• 解释消费者偏好负相关的概念，及其为何对于捆绑销售以增加数字内容的利润很重要。(中级)

• 数字化产品的边际成本基本为零。解释如何根据此性质从捆绑销售中增加生产者剩余和消费者剩余。(高级)

(3) 福利。

• 如果非法流媒体服务被取缔，福利会受到怎样的影响?(基础)

• 如果消费者对非法消费感到内疚，整体福利会受到怎样的影响。(中级)

• 解释支付意愿和非法下载倾向之间的相关性如何影响福利。(高级)

23.7 针对进阶问题的简要回答和推荐阅读

(1) 识别与内生性是关键的计量经济学问题。参见 Oberholzer Gee 和 Strumpf (2007)。

(2) 零边际成本产品可以被捆绑在一起以增加产品多样性，从而增加其对不同消费者的价值。参见 Brynjolfsson、Hu 和 Smith (2003)。

(3) 低支付意愿的消费者不会在合法市场购买，这意味着生产者剩余没有减少。而高支付意愿的消费者会在合法市场购买，所以生产者剩余会减少。参见 Waldfogel (2012)。

注释

[1]这是因为 $d\log(Y) \div d\log(X) = (dY \div dX) \times (X \div Y)$，近似于 $\%\Delta Y \div \%\Delta X$。

[2]一些读者会注意到与价格和非法流媒体相关的潜在内生性问题。这些进阶问题超出了本章的范围。

参考文献

BRYNJOLFSSON E, HU J, SMITH M D, 2003. Consumer surplus in the digital economy: estimating the value of increased product variety[J]. Management Science, 49(11): 1580-1596.

OBERHOLZER-GEEF, STRUMPF K, 2007. The effect of file sharing on record sales: an empirical analysis[J]. Journal of Political Economy, 115(1): 1-42.

WALDFOGEL J, 2012. Music piracy and its effects on demand, supply, and welfare[J]. Innovation Policy and the Economy(12): 91-110.

24 受众拓展的策略与经验

——埃吉尔·比约森

受众拓展，日益成为文化政策和文化管理话语体系中的一个主要术语。它通常作为艺术行业在公共政策和文化政策话语体系中被认为缺乏认可度的一种解决方案。接触更广泛、更多样化的受众（例如通过参与性活动），将使越来越多的人认为艺术与他们息息相关，从而使艺术获得更强大的认可度。

24.1 为何选择此专题

“受众拓展”这一概念并不新鲜，它们与“现代”文化政策一样古老，在许多欧洲国家，这种政策可以追溯到第二次世界大战之后的时期。当时的国家开始更加有意识地投资于一项广泛的文化基础设施——更具体地说是艺术，以接触更广泛的受众群体。这就是文化民主化的文化政策理念。因此，受众拓展是一个核心文化政策问题，也是文化经济学专业的学生应该熟悉的一个重要的艺术管理与领导策略。

24.2 关于受众拓展的基本理论与假设的概述

受众拓展由“受众”和“拓展”两个词组成。但如何培养受众呢？这一概念在这里被理解为旨在说服更多新人接触并参与到艺术之中的举措。

受众拓展可能不同于更广泛的文化民主化政策理念的地方在于：它如何定义特定的受众群体。要使受众拓展的策略行之有效，仅仅以接触尽可能多的人为目标是不够的。受众拓展策略针对基于人口统计或地理变量的相对明确的细分受众群体，例如黑人群体、亚洲人群体、拥有大学学位的群体，或来自某个邮政编码的受众群体，甚至是所有这些细分群体之结合。

一般来说，受众拓展战略必须明确其活动针对的是哪一类型的受众。它必须为艺术供应商（例如艺术机构）打算吸引多少数量的这些目标受众设定明确的目标，并且必须在事后评估其举措。

24.3　为何选择此专题作为文化经济学的案例

艺术营销策略通常被认为是与商业营销策略截然不同的，因为前者赋予了产品与众不同的、几乎神圣不可侵犯的价值，而不仅仅限于在市场环境中衡量的价值。对于商业市场中的商品和服务的供给者而言，该产品是营销策略的组成部分，是为满足市场需求而定制的。以手机为例，它必须通过合适的渠道进行推广，价格合适，易于使用，但同时也必须具有不错的外观和功能。对产品本身的调整和改变是营销策略的一部分。这在文化产业中是不同的（尤其是在艺术作品和活动的生产和发行中），由于受到公共补贴或其他外部资助，这些艺术作品和活动不受自然市场力量的影响。此外，对其进行估值亦会根据其他非市场性指标。

这也与生产或展示产品的组织内部权力结构有关。商业公司的策略在很大程度上以什么可以创造最佳的投资回报为中心，而那些能够对其产生影响的专业人士是公司内部的权力掮客。在一个不受市场力量影响的艺术组织中，权力通常会掌握在负责根据审美标准对将要制作和发行的艺术作品进行评估的人和艺术家本人的手中。例如，一位汽车设计师只要能设计出能产生收入的汽车，就会受到重视；而对于艺术组织内的艺术家的重视，则会基于一些其他不同的标准之上。这使得从事艺术营销的专业人士或艺术商人沦为艺术管理的仆人。简言之，营销可以说是艺术发展过程中的最后一环。卑尔根国际艺术节（Bergen International Festival）当时的导演佩尔·博耶·汉森（Per Boye Hansen）就是一个很好的例子，他说，我们将“依次为大家展示最高荣誉的艺术，并尽可能多地与大家分享”（Hansen，2010：75）。在这里，似乎置身于艺术策划流程之外的营销人员，没有机会对艺术产品产生任何影响。

24.4 受众拓展——机会和限制

关于受众拓展（无论是作为政策原则还是艺术管理策略）如何在营销环境中进行的讨论是复杂的。对艺术营销而言，产品不能成为营销的一部分，这就是川岛（Kawashima，2006）所说的“以产品为导向的受众拓展”。然而，川岛（2006）也表明，这种类型的受众拓展有其明显的局限性，尤其是在一个人的目标是去接触与其所在艺术组织的核心受众明显不同的受众群体的时候。这是因为对不同艺术形式的欣赏，是由人们的文化能力所决定的，我们所有人——作为潜在的观众，由于各自的成长经历和所处社交网络而具有不同喜好。如果川岛（2006）是正确的，那么，艺术营销将很难吸引某些本就对艺术不感兴趣的人，比如某些社会团体或群体对某些艺术形式或艺术作品漠不关心，甚至抱着敌视的态度。例如，某些人会说“歌剧不适合我——它只适合那些自以为高雅的人。我即使做梦也不会梦见自己走进歌剧院”。

川岛对此的回应是她所谓的以目标为导向的受众拓展，她认为，如果目标是接触到与核心受众显著不同的群体（她称之为“文化包容”），那么以目标为导向的受众拓展是有必要的。以目标为导向的受众拓展，意味着核心产品（即艺术作品）将成为吸引新受众群体所付出的努力的一部分。因此，这违反了上述的艺术营销原则，即产品不能成为营销策略的一部分。这可以说是对艺术家的艺术自主性和艺术领导力的挑战，因为它与艺术作品（或产品）是神圣不可侵犯的观念形成了矛盾，它突破了艺术作品的发展只能基于艺术愿景或艺术准则的观念。

然而，许多艺术家或艺术组织本质上是以目标受众为导向的方式运作的，却不一定把他们的做法称为受众拓展。事实上，一些艺术家甚至可能认为，将艺术家的自主性与目标受众的相关性并列是错误的。然而，这一做法确实对艺术中的自由人文主义观念（即认为艺术具有普遍的、不容置疑的价值，在这种观念中，艺术家被视为其受众所应尊崇之对象）构成了挑战。尽管出现了这种艺术价值的相对化，但认为艺术具有无可置疑之普遍价值的观念仍然根深蒂固，尤其存在于艺术家和艺术专业人士之中。

因此，作为一项策略和政策方针，受众拓展仍然存在争议。不过，最近我们观察到，艺术家和艺术推广者逐渐缓慢地转向越来越多地使用以目标受众为导向的方法，以便于拉近与新的受众群体之间的距离。因此，艺术家与受众——舞台与观众席之间的界限变得模糊了。

按照川岛指出的以产品为导向的受众拓展和以目标为导向的受众拓展之间的区别，这两种受众拓展方法在策略上有明显的不同。以产品为导向的拓展受众的方式，或多或少都与艺术营销的方法相似，包括不同级别的定价、推广渠道以及艺术品的分销方式。然而，原则上，艺术作品（或产品）并不在受众拓展之负责人的职责范围之内。从最极端的意义上讲，是艺术总监、艺术家策展人、艺术节经理（或任何负责艺术项目的人）来制订艺术计划，而不是任何负责营销或拓展受众群体的人。这并不意味着在艺术组织的策略中，受众群体没有受到重视，而是观众需求的重要性排在艺术家和艺术管理者的需求之后。

川岛（2006）认为，如果艺术供应商采用以目标为导向的方法，则必须采取一套完全不同的策略方针。这里的目标，是指与通常不参与相关艺术活动或项目的细分市场建立联系，以实现文化包容。由于目标受众的文化习惯、品味倾向以及缺乏欣赏特定艺术形式所需的文化能力，负责拓展受众的人必须与目标群体进行对话，以评估他们的需求和兴趣。这种对话通常会作为一种“外展”活动进行，因为目标群体并不会主动前往艺术机构所在的场馆。我们可以假设，大部分人对参加一些艺术活动的仪式不感兴趣，以目标为导向的受众拓展可以被视为一种通过其他方式吸引这些人的策略。

因此，为了接触被排除在外的观众群体，负责拓展受众的人必须通过可能会挑战艺术家和艺术管理者所秉持的艺术自主观念的方式，与这些目标群体建立联系。

24.5 关于受众拓展的经验

在大多数欧洲国家，受众拓展现已被确立为一项政策和管理方针。然而，不同文化形式和不同国家在具体实践中仍然存在很大差异。最具策略性地实施受众拓展策略的国家可能是英国。例如，大多数大型剧院都设定了明确的目标，对现有和潜在观众进行细分，选择目标，实施策略，并在之后进行相关评估。在其他国家如丹麦，这样的做法还比较少见。

24.6 教学方式

受众拓展和艺术营销与学生自身的文化消费有关，因此，让学生对此进行思考是一个好办法。他们觉得自己被排除在哪些艺术形式或文化产品之外？文化与艺术产品的供给者应该如何与他们及他们的同龄人进行对话，以使他们愿意参与其中？

如果有些学生本身就有艺术创作方面的经验，那么请他们思考一下艺术创作者能够在多大程度上坚持对自己产品的主张，从而能够在有损自己艺术自主性之前接触到新的细分受众群体。让学生举出自己的例子。

两个有据可查的案例——一个采用以产品为导向的方法，另一个以目标为导向的案例，分别是伦敦宫廷剧院（The Place Theatre）和威尔士国家剧院（The National Theatre Wales）。伦敦宫廷剧院（Wood，2012）通过使用心理细分标准分析他们的受众数据，成功地瞄准了与核心受众具有不同价值和消费特征的新受众。根据莫里斯·哈格里夫斯·麦金太尔咨询公司（Morris Hargreaves McIntyre）的文化细分模型（Culture Segments），宫廷剧院的核心受众被定义为“精英”（essence），表示一种对自己的品味充满信心并自发行动的受众。通过具有针对性的新措施，宫廷剧院设法培养了观众——他们虽然愿意冒险尝试新的艺术体验，但在选择上相对趋于传统。这部分人被称为“认同者”（affirmation），意味着一种全新的受众类型。可以参见莫里斯·哈格里夫斯·麦金太尔咨询公司（Morris Hargreaves McIntyre）的参考文献以获取有关文化细分模型的更多信息。

以目标为导向的受众拓展方法的一个案例是威尔士国家剧院，它制作了《受难记》（*The Passion*）。此项目是在与社区组织和个人的密切合作中开发的，标志着威尔士塔尔博特港镇（the town of Port Talbot，Wales）采用了以目标为导向的方法。2 000 多人参与了制作，观众超过 12 000 人，其中许多人以前并未看过戏剧。因此，该项目促进了文化包容（Brown，Novak - Leonard，and Gilbride，2011）。

24.7 建议学习目标与评估要点

促进围绕该专题进行深度学习的最佳方法是让学生进行案例研究。案例研究可以受众拓展策略为主，至少应包括以下内容：

- 明确目标受众群体。
- 选择以产品为导向或是以目标为导向的方法。
- 策略的可操作性。
- 评估或衡量预设目标成功率的方法。

优秀的学生应该理解受众拓展和营销的概念，并能够对与本专题相关的理论和研究成果进行灵活运用。

补充阅读材料

1. Hill 等(2018)的著作的第三版更新了关于受众多样性和受众拓展的章节，以及在文化政策背景下数字技术、营销和受众拓展所产生的影响。

2. Nobubo Kawashima(2006)关于目标导向和产品导向受众拓展的文章非常重要。

上述文献详见下“参考文献”。

3. Bjørnsen 关于受众拓展局限性的文章，这些文章旨在让受众拓展与文化政策之间保持平衡。

参考文献

BROWN A S, NOVAK-LEONARD J L, GILBRIDE S, 2011. Getting in on the Act: How Arts Groups Are Creating Opportunities for Active Participation [M/OL]. San Francisco, CA: The James Irvine Foundation [2019-04-07]. https://www.issuelab.org/resources/6068/6068.pdf.

HANSEN B, 2010. Programmeringen utgjør kjernen i publikumsutviklingen(Programming is at the heart of audience development)[M/OL]. K. Danielsen, Om Publikumsutvikling, Norsk Publikumsutvikling[2019-04-07]. http://norskpubl ikumsutvikling. no/assets/insights/Om-publikumsutvikling. pdf.

HILL L, O'SULLIVAN C, O'SULLIVAN T, et al, 2018. Creative Arts Marketing [M].3rd edition. London: Routledge.

KAWASHIMA N, 2006. Audience development and social inclusion in Britain[J]. International Journal of Cultural Policy, 12(1):55-72.

MORRIS HARGREAVES MCINTYRE. Culture Segments[EB/OL]. [2019-04-0]. http://culturehive. co. uk/wp-content/uploads/2013/05/Culture Segments 2. pdf.

WOOD T, 2012. A new view of our audience[J/OL]. Journal of Arts Marketing (47):14-15[2019-04-07]. www. culturehive. co. uk/wp-content/uploads/2013/02/Article-A-new-view-of-our-audience-JAM47-Tim-Wood-2012. pdf.

25　大数据：衡量文化消费的新途径?

——莉迪亚·德卢默

了解消费者行为对于确定文化产品和服务的需求是必要的，尤其是对于评估文化消费而言。测量消费者行为必须依赖基于适当方法统计的准确数据。由于数据私有化与经济数字化对了解消费者文化支出的能力产生了负面影响，越来越多的音乐或电影等重要文化产品只能通过少数国际性的在线平台获取。消费者使用电子设备消费此类服务会产生大量数据——被称为大数据，但是，这些数据受到保护，以确保其为私人公司所有的信息隐私。国际上和一些国家已经采取了几项举措，来重新考虑收集数据的方式，并评估将大数据作为了解消费者行为的官方途径的可行性。教授数字化对文化消费的影响及其衡量方法，将阐明由数字化引起的文化实践的转变及其对数据收集与大数据使用等方面的影响。

25.1　基本经济学理论概述

供给和需求是经济理论中的基本概念。文化产品和服务的供给由公共和私营部门提供。需求取决于价格、消费者收入和喜好。在市场中，商品的价格是由竞争情况下的供需相互作用决定的，但如果供给商品或服务的行业中的竞争很少或没有竞争，价格可能会由供给者设定（寡头垄断或垄断）。然而，当政府是文化产品和服务的供给者时，它们不一定采用市场经济的规则。例如，政府以低于成本甚至免费的价格提供博物馆、文化中心和公共图书馆等文化服务。有些可能是公共物品，这意味着它们的使用是非竞争性和非排他性的，这也适用于某些类型的数字化供给。

通过少数跨国公司所拥有的互联网平台，可以越来越多地获取数字形式的电影、音乐制品或电视剧。他们直接（跨境）或通过外国分支机构在世界的所有市场开展业务。由于他们经常逃避国家管辖，他们的活动通常不受国家法规的约束，而且他们也可能在任何一个州逃税。

为了对文化行业进行充分投资，政府和文化机构需要了解文化产品和服务的需求。文化消费与文化参与的数据有助于增加我们对文化产品需求的了解。文化消费衡量一个人在购买文化产品时实际花费了多少钱，而文化参与则评估一个人是否自发地参与任何文化活动。需求将评估价格对个人消费文化产品和服务能力和意愿的影响。

2009 年联合国教科文组织（UIS-UNESCO，2009）定义了三种类型的文化行为："居家行为"、"外出行为" 和 "身份认同"（identity building）。"居家行为"是指个人在家中进行的活动，例如看电视、听音乐或听广播。随着许多文化活动已经转移到数字领域，仅对一些传统活动的文化参与予以衡量（电视的观众数量等）已经不够了，因此，需要对文化行为的定义进行更新，以考虑使用数字设备的文化活动，例如流媒体音乐或手机与平板电脑上的在线电影——这些是许多人参与文化活动的方式。"外出行为" 可能是参加线下音乐会、节日活动，去电影院或看戏。"身份认同" 与业余文化活动有关，例如弹吉他、唱歌或可成为文化协会的成员。

本章侧重于文化消费，此处之 "消费"，可定义为获取文化产品与服务，或是通过订阅服务来访问在线音乐或电影平台。文化产品或服务的消费是根据 "居家行为" 或 "外出行为" 来衡量的。本章还介绍了观察相关文化支出的方法。

25.2 在数字化时代中保证数据质量

如何准确衡量数字化时代的文化消费？当大多数国家统计机构越来越多地处于私人领域之下时，它们如何获得详尽的数据？政府使用主要由国家统计局进行收集的官方统计数据，其开发了多种手段来观察消费者的文化行为或支出。

最传统的方法是家庭支出调查，即跟踪每个人在包括文化消费在内的所有活动中的支出。在绝大多数国家都存在家庭支出调查，定期（每天、每周、每月或每年）登记家庭支出的所有类别（食品、交通、电力等）。然而，它们可能不够详细，无法观察到有关文化支出的所有必要信息。

文化参与调查是获取文化消费数据的另一种方法，它旨在衡量和了解每个人参与任何文化活动的各个方面。该调查要求每个家庭成员报告他所参与的文化活动和频率。文化参与调查通常是临时进行的，且通常不涉及对文化支出的评估。

为了评估一部电影或歌手的成功程度，家庭支出调查的数据（仅提供汇总数据）必须与行政数据相辅相成。行政数据可以从行政管理部门（例如博物馆登记处）获得，也可从对文化部门的商业调查、票房收入、电视收视率以及DVD或CD的销售量中进行收集。传统的统计数据未能准确衡量数字化时代的文化需求。数据显示，年轻一代对电视直播不感兴趣，他们更喜欢使用手机或平板电脑等电子设备播放流媒体。此外，由于一些电视连续剧或电影只能通过数字平台访问，计算电视观众的数量这一方式已经过时，并且大多数与文化活动相关的传统数据都已失去使用的意义。

与在交易或消费发生后分别进行收集的国家统计局的数据不同，数字平台会自动生成数据，即大数据，这是一种数字平台服务中的副产品。大数据可以为能够明智、恰当地使用数据的研究者提供丰富的信息。它们的特点是：高信息量、高速度以及类别繁多。准确衡量文化消费越来越具有挑战性，这需要我们开发创新性的方法以应对。在许多情况下，大数据是私营公司强大的营销工具。

官方统计数据受到标准和规范的严格约束，以确保其准确性和质量。然而，根据定义，当大数据是自动生成的且不遵循任何特定规则时，我们能相信它们是准确的吗？它们可靠、有代表性、准确吗？

大数据有几种类别，其中与文化最相关的是“商业或交易数据”（包括信用卡交易、零售商的销售记录等）、行为数据（包括在线搜索等）和“观点”（例如社交媒体上的评论）（United Nations et al，2016：128）[1]。

尽管如此，用于官方统计的大数据研究仍处于起步阶段。2014年，联合国统计委员会成立了联合国大数据工作组[2]，其任务是调查大数据在官方统计中的使用情况，并确定使用新技术收集和汇编数据的新方法。联合国统计司和世界银行领导这个工作组，由来自世界各地的28个国家和16个国际组织组成。其创新点在于与私营企业的合作，尤其是与脸书、亚马逊、苹果、Netflix、谷歌等的合作。为了推进数个领域的进展，联合国大数据工作组成立了若干小组，其中包括卫星图像使用小组、扫描数据使用小组和移动电话数据使用小组。

收集关于个人消费的详细数据（除隐私之外），似乎是了解文化产品消费者概况的理想选择。瑞典统计局（Statistics Sweden）为我们提供了一个使用交易记录数据的例子，这些交易记录可为确定个人休闲和文化活动的支出提供可靠的数据来源。从在线购买文化活动票（如博物馆参观或展览票）所产生的交易数据中，可以根据消费者的个人资料获取关于用户社会特征的信息。

许多 Netflix 订阅用户的数据提供了有关电影和电视剧消费的信息。但是，电影与电视剧的详细观看数据，只能通过获取每个国家的每个订阅者的电影消费数据来获取。例如，电视频道的电影数据，以及亚马逊和流媒体频道 Molotov 出品的电影之间的区别，这些对于衡量文化多样性来说都非常重要。然而，正如 2016 年 UIS-魁北克数字文化产品测量国际研讨会（UIS-ISQ，2016）所述，私营行业中拥有大数据的利益相关者并不愿对他们的数据进行分享。

一项使用在线搜索行为数据的研究，关注了与世界遗产相关的维基百科页面的数量，并确定了哪些页面是最受欢迎的（UIS-ISQ，2016）。此研究可能会出现的偏误在于：该研究基于几种语言来进行，而且只确定了最受欢迎的网站。因此，这些数据可能无法代表真实的文化消费。

根据孟晓犁（Xiao-Li Meng，2018）所述，大数据可能既是天堂，同时也是一个悖论。悖论在于，从大数据中收集的大规模数据，无法确保其具有比家庭样本调查更好的效果（而家庭样本调查的规模要小得多）。除了数据质量问题，使用大数据的其他缺点是关于成本和隐私的问题。使用大数据需要开发足够的 IT 系统来存储这些数据，并开发适当的算法来处理这些数据，包括出于隐私目的对其进行匿名化。它们的管理成本很高，除了需要从私营部门购买这些数据之外，还需要拥有先进的 IT 设备和高技术水平的劳动力。因此，尽管在官方统计中使用地理空间数据以及卫星图像数据正在取得进展（United Nations，2017），但在文化领域使用大数据的成本和效益需要更多的研究。

25.3 对文化政策的影响

虽然可以通过订阅用户数和相关成本来观察在线平台上的文化支出，但它们需要新的方法和新的资源。在预算紧张和需要节约成本时（Groves，2014），使用一些替代性的数据收集方法（如大数据等）可能是一种途径。由于这些都是公司数据，所以实际上可以访问的数据量是很有限的。因此，很难确定哪些电影在网上拥有最多的观看次数、哪些歌曲在网上传播最频繁或者哪些电子书最受欢迎。一些政府制定文化政策来促进或保护其文化行业，例如制定图书政策，以确保视听产品中与本国有关的内容只可在本国获取。由于各国对流媒体平台中所涉及的与本国有关的内容几乎无法了解并控制，因此，一些国家实施了相关的配额限制举措。

25.4　学习目标

本章的目的是向学生介绍用于衡量文化消费、文化支出或文化活动的标准调查方法，以及新的数据来源（如大数据）。教师可以介绍数字技术及其带来的文化消费行为的变化，如何产生新数据和新的衡量方法。学生们还可以对自己在互联网上的行为、线上交易的追踪方式、生成数据的方式以及数据的使用方式进行分析，从而更好地理解大数据。

25.5　教学方法

课程可以从一系列互动环节开始，询问学生以下问题。首先，关注学生的文化行为：

（1）他们多久去看一次电影？

（2）他们去年买过 CD 吗？

（3）他们多久通过手机看一次电影？

（4）他们消费音乐的方式是什么？他们使用哪些流媒体平台？

（5）他们会为一项文化活动花多少钱，还是只参与免费的文化活动？

大数据的概念可经由另一系列问题引入：

（1）有多少人订阅 Netflix 或 Spotify 等流媒体平台？

（2）他们使用维基百科吗？

（3）他们是否曾授权这些服务提供商使用他们的个人信息？

解释完大数据的概念之后的问题是：

（1）大数据对学生们意味着什么？

（2）什么是自动生成的数据？

（3）什么是官方统计数据？

25.6 关于课堂练习的建议

25.6.1 案例1

尝试确定以下家庭在文化消费方面的支出：父母订阅有线电视。儿子付费订阅了Netflix，但只在Spotify上收听音乐（没有付费订阅）。女儿每个月看一次电影，只通过收音机或手机上的YouTube来听音乐。

（1）你如何定义他们的文化消费？他们都有哪些类型的文化活动？

（2）他们所参与的文化活动是否因年龄而异？

（3）所有这些文化活动都会产生费用吗？

（4）要评估文化产品的费用，可以使用哪种类型的数据来源？

（5）请解释你对数据来源的选择，并解释每种衡量方法的优缺点。

（6）所有家庭成员都会产生大数据吗？如果答案是肯定的，请描述哪些成员会产生什么类型的大数据。

25.6.2 案例2

国家统计局负责测算国家电视节目的供给量及其观众。

（1）你如何定义国家电视节目的供给？

（2）一个国家能否影响国际性视频点播平台的内容？如果答案是肯定的，会通过哪种方式来影响？

（3）如何衡量受众水平？统计机构能否获取有关数字平台使用情况（以及文化产品消费的构成）的信息？你认为国际性视频点播平台在其中会发挥作用吗？

关于如何使用这些案例的详细信息，请参见康威（Conway，2011）的文章。

25.7 评估要点

一个优秀的学生应当能够：

（1）展现出对家庭支出调查、文化参与调查、行政数据和大数据之间差异的认知和理解。

（2）理解并解释什么是大数据以及它们是如何产生的。

（3）理解并解释使用大数据了解消费者行为的好处。

（4）了解并解释使用大数据了解消费者行为所产生的问题。

（5）解释并讨论未来关于大数据使用的可能性。

注释

[1]其他类别包括来自传感器（卫星）的数据和来自跟踪设备的数据（来自手机和 GPS 的数据）。

[2]参见 United Nations Department of Economic and Social Affairs, Big Data Inventory: https://unstats.un.org/bigdata/inventory/, accessed 17 March 2019。

补充阅读材料

除了参考文献中列出的文章（特别是 UIS-ISQ, 2016），还推荐阅读：

National Endowment for the Arts and Arts & Humanities Research Council (2014), *Measuring Cultural Engagement: A Quest for New Terms, Tools, and Techniques*, accessed 17 March 2019 at https://www.arts.gov/sites/default/files/measuring-cultural-engagement.pdf.

参考文献

CONWAY P, 2011. Case use in economics instruction [M]//HOYT G, MCGOLDRICK K M. International Handbook on Teaching and Learning Economics. Cheltenham, UK and Northampton, MA, USA: Edward Elgar Publishing: 37-47.

GROVES R. Key note talk: an evolving world of personal and household data [EB/OL]//National Endowment for the Arts and Arts & Humanities Research Council. Measuring Cultural Engagement: A Quest for New Terms, Tools and Techniques, 2014 [2019-03-17]. https://www.arts.gov/sites/default/files/measuring-cultural-engagement. pdf.

Meng X-L, 2018. Statistical paradises and paradoxes in big data (I): law of large population, big data paradox and the 2016 US presidential election [J]. Annals of Applied Statistics, 12(2): 685-726.

UIS-ISQ. Proceedings of the International Symposium on the Measurement of Digital Cultural Products [EB/OL]. [2019-03-17]. http://uis. unesco. org/sites/default/files/documents/unesco-proceedings-of-the-international-symposium-on-the-measurement-of-digital-cultural-products. pdf.

UNESCO INSTITUTE FOR STATISTICS (UIS-UNESCO), 2009. UNESCO Framework for Culture Statistics [M]. Montreal: UIS.

UNITED NATIONS. Global Working Group on Big Data for Official Statistics Report, Fourth Meeting, 7 November 2017, Bogotá, Colombia [R/OL]. New York: Department of Economic and Social Affairs, UN Statistics Division, 2017 [2019-04-09]. https://unstats. un. org/bigdata/bureau/documents/annual/GWG%202017%20meeting%20-%207% 20Nov%202017%20-%20final. pdf.

UNITED NATIONS et al, 2016. Manual on Statistics of International Trade in Services: 2010 Compiler's Guide [R]. New York: Department of Economic and Social Affairs, UN Statistics Division.

第五部分

数字化与版权

26 人工智能与文化创造

——乔尔·法奇、朱丽叶·丹尼斯

人工智能（AI）是一个颇具争议性的公共话题。虽然有些人认为人工智能可以帮助人类提高抵抗疾病和死亡能力，甚至征服其他星球并使其可供人类迁徙的能力，但也有人预测 AI 会消灭大量的就业机会，最终导致被竞争压垮的欧洲毁灭。

26.1 为何选择此专题

自 21 世纪第二个 10 年以来，由于计算能力的提高和可供学习的各种相关数据的增加，人工智能的研究经历了前所未有的进步。机器学习的确是当今人工智能发展的主要方式，其性能强弱与其所收集的数据量直接相关。

虽然人们对人工智能所产生的想象和担忧不相上下，但人工智能的定义本身就是一个存在争论的话题。人工智能指的是所有形式的算法处理，其目标是理解人类认知是如何工作的，以及如何对人类认知进行复制。人工智能正被越来越多地应用于广泛的领域，如税务、国家安全、媒体、教育、医疗、保险、银行、司法、交通等。算法和人工智能的进步、互联网的广泛使用以及流通中的各种类型的庞大数据量，对我们的生活和经济产生了越来越大的影响。

26.2 为何选择此专题作为文化经济学的案例

在经历了早期的去物质化之后，文化产业和媒体被视为新兴商业模式的实验室。因此，围绕算法构建的模型以及相关数据成倍地增加。这些模型不仅关注市场营销，还集中于服务行业。

用于算法的数据主要包括以下三种类型：

（1）艺术品本身。

（2）用户数据（用户的特征、行为），允许我们分析每个人的喜好和习惯。

（3）除了用户数据可以使商业机构对所提供的服务进行个性化调整之外，内容元数据（content metadata）在新型服务中也起着重要作用。内容元数据描述了某作品或创作的信息，如作品的持续时间、版权所有者、歌词、音乐的韵律、绘画的质地、书籍中所使用的语言等。元数据有时由平台内部生成，检查这些元数据的质量并使该数据更加丰富，对于相关专业人士来说非常重要。

在整个价值链中，人工智能有几种应用：在生产层面，了解市场以预测或提高产品的市场成功率；在消费层面，向用户推荐某些产品；在创意过程中发挥作用。

26.3 人工智能如何在文化创造中发挥作用

长期以来，机器一直是艺术创作的核心。大多数主要的数字化企业已经将文化作为人工智能的重要应用领域之一。人工智能在艺术创作上的应用包括：IBM（国际商业机器公司）的 AI Watson，微软的“下一个伦勃朗”（The Next Rembrandt，见下文），基于谷歌开发的开源机器学习数据库 TensorFlow，“谷歌大脑”（Google Brain）研究团队分别为音乐家和艺术家开发了人工智能 Magenta 和 Deep Dream。在这些不同的实验中，我们将可以区分人类的创作（广泛存在于视听和出版领域）与那些试图从中解放出来的人工智能的创作（更多地出现在音乐和艺术市场中）。

目前大多数系统使用深度学习网络进行操作，这是一种基于大量数据分析的人工智能。基本上，算法是由大量的数据源（输入）和艺术品本身所组成的，然后通过分析以实现模式化。一旦经过机器学习，人工智能将能够模仿诸如和弦、节奏、绘画风格等，通过学习所有的这些艺术作品，从而能够创作出新的作品（输出）。

26.3.1 视听与出版

由于电影和电视连续剧的制作既复杂又昂贵，人工智能工具旨在简化所有阶段并简化决策，在前期制作、拍摄或后期制作过程中提供支持。特别是，一些软件可以实现部分自动化编辑（例如 Microsoft Windows Story Remix）。IBM 的人工智能 Watson 学习了恐怖电影预告片数据，为电影《摩根》（*Morgan*）制作了预告片。专业人士对人工智能创作的质量持更加保留的态度——2016 年，导演奥斯卡·夏普（Oscar Sharp）和人工智能研究员罗斯·古德温（Ross Goodwin）创作的短片《阳春》（*Sunspring*），没有产生预期的效果。他们的人工智能“本杰明”（Benjamin）创作的情节并不协调，出现了荒谬的对话和场景，并缺乏叙事逻辑。

在出版业中，人工智能的使用已经可以实现语义注释、书籍或内容元数据的自动创建、按时间排序、摘要生成、剽窃检测、自动翻译等。此外，自然语言文本内容的自动生成，对于创建简单且信息丰富的文章或新闻稿是有效的。不过，鉴于语言和事件编排上的灵活性与技巧性，创作一部数百页的、能够对读者构成很强吸引力的文学作品，还不是目前的人工智能所能做到的。

26.3.2 艺术市场与音乐

为机器配备创造力的可能性，导致了一个被称为“计算创造力”的研究领域的出现。该领域试图使机器再现人类的创造力形成过程。

在艺术界，“下一个伦勃朗”是一个应用程序。它基于对伦勃朗的 346 幅肖像画的详细分析，使用人工智能“以这位荷兰艺术家的方式”创作实物作品。该应用程序收集描述性元数据（肖像画的标题、创作日期、绘画主题的人口统计），并分析创作过程（作品的构图模型、几何形状、画笔大小等）。除了模仿艺术家的风格之外，其他人工智能项目也试图有所创新。由三名年轻法国人创建的艺术团体“显”（Obvious），将 14—20 世纪近 15 000 幅经典肖像画的数据整合到一个算法中，经过几个月的研究，完成了以一个名为贝拉米（Belamys）的虚构家庭为绘画对象的原创作品。2018 年 10 月，纽约佳士得拍卖行以超过 40 万美元的价格，出售了该系列的《爱德蒙·德·贝拉米》（*Edmond de Belamy*）画作。其新奇之处与其说在于人工智能的技术水平，不如说在于第一幅将在拍卖会上出售的人工智能画作引起媒体轰动的能力。

与平面艺术一样，音乐创作过程在早期阶段就面临着机器的挑战。一些大公司的研究实验室已经开发出一些工具，使创作者可以自由发挥他们的创造力。

2012年，时任巴黎索尼计算机科学实验室（Sony Computer Science Laboratories Paris）主任的弗朗索瓦·帕切（François Pachet）领导的一个团队，创造了“流动机器”（“Flow Machines”）。这是一个人工智能项目，其目标是通过向每个人提供一种新的方式来激发他们的创造力，使个人能够通过简单地向人工智能传达他的偏好来创作多种类型的音乐。例如，个人可以要求人工智能“尝试另一种结尾”，或“让它快一点”。2016年，“流动机器”的开发者推出了两首歌曲：巴赫风格的《深度巴赫》（*DeepBach*）和披头士风格的《爸爸的汽车》（*Daddy's Car*）。如今，这已不再仅仅局限于科学界，Amper和Jukedeck等几家初创公司都在努力使这种人工智能具有商业上的可行性。

26.4 人工智能对文化创造的影响是什么

将人工智能纳入艺术创作的进展目前正在顺利推动。未来几年，创新性成果预计会成倍增加。但由于在视听行业，视频和电影的制作涉及各个环节的大量人员（编剧、导演、摄影师等），在文学行业，书籍叙事具有一定的复杂性，因此，目前在没有人为干预的情况下，使用人工智能技术创造原创内容仍旧具有不确定性。

在音乐行业，使用人工智能自动生成音乐片段的成本较低，这在某些细分市场（如背景音乐的制作等）中产生了替代效应，促使作曲家进行相应的调整以突出自己的特色。人工智能的发展正在导致一些职业的消失，并导致其他职业进行自我革新。其实，人们可以把重复性的任务分配给计算机，这样他们就可以专注于更有成就感的事情。通过实现某些环节与步骤的自动化，人工智能可以提高创作者的生产率，有助于以较低的成本生产产品，从而在竞争激烈的市场中脱颖而出。

26.5 知识产权面临哪些挑战

从法律角度来看，知识产权是创意经济讨论的核心，因为它可以是创作与创新的动力。人工智能的崛起引发了两个新问题：①在上游，如果不能获取到海量的信息与数据，人工智能就无法发挥作用。人工智能的设计者不加区分地挑选数据或信息，这些数据或信息有时是受知识产权保护的作品，或者更有可能是作品的片段与摘录。因此，有必要寻求务实和全面的解决方案，以便在其作品被大规模使用的情况下，促进对知识产权所有者的权益保护。②在下游，算法产生了新的作品（产出），这些作品是人与机器协作的成果。因此，人们可能会想，如果这类作品最终可以被法律认定为具有原创性，那么机器的创造力份额是多少？在这种情况下，谁是作者，谁是知识产权的所有者？

26.6 教学方式

介绍人工智能作品的例子：

（1）“下一个伦勃朗”或《爱德蒙·德·贝拉米》。

（2）音乐专辑《你好，世界》（Hello World）。

（3）短片《阳春》。

（4）小说《机器写小说的那一天》（*The Day a Machine Wrote a Novel*）、能够自动生成诗歌的智能平台（例如 PoetryMe）。

26.7 供学生（在课堂讨论或论文中）进一步思考的问题

（1）人工智能如何提高文化产业的生产力？

（2）人工智能能成为艺术品的作者吗？

（3）人工智能能否唤起与人类艺术作品相同的情感？

26.8 评估要点

学生们应该理解以下几点：

（1）人工智能的具体应用。

（2）人工智能的局限性和人类在创造过程中始终扮演的角色。

（3）知识产权在文化经济中的作用。

补充阅读材料

1. Towse, R. (ed.)(2011), *A Handbook of Cultural Economics*, 2nd edition, 尤其是以下章节:"Copyright" by William M. Landes and "Creative industries" and "Creativity" by Ruth Towse.

2. Farchy, J. and J. Denis (2020), *La culture des données* [Data Culture], Paris: Presses des Mines.

3. Guadamuz, A. (2017), "Do androids dream of electric copyright? Comparative analysis of originality in artificial intelligence generated works", *Intellectual Property Quarterly*, 2017(2), 169-186.

4. Peukert, C. (2019), "The next wave of digital technological change and the cultural industries", *Journal of Cultural Economics*, 43(2), 189-210.

5. Sobel, B. L. W. (2017), "Artificial intelligence's fair use crisis", *Columbia Journal of Arts*, 41(1), 45-97.

6. Tarek R. B., M. Schorlemmer and A. Smaill (eds)(2015), *Computational Creativity Research: Towards Creative Machines*, Paris: Atlantis Press.

27 博物馆的数字化

——特里塞·纳瓦雷特

数字化现在支撑并增强了博物馆工作的各个方面。虽然我们大多认为数字化与在线展览有关，但数字技术已成为藏品管理的关键。博物馆越来越多地将与数字存储库中的物品相关的所有信息连接起来，包括图像、物品历史、保护报告、展览文本、相关出版物，以及使用条形码标识的物品的实际位置。创建这样一个信息库不仅可以提高工作流程的效率，实际上，它用“资本”（数据处理）代替了劳动力。一旦创建，博物馆可以轻松地将选定的内容放在互联网上，允许远程访问有关藏品的信息。因此，数字化代表着一种新的工作形式，这也是博物馆的一项重大投资。除了机器和员工培训之外，更大的成本仍然是将收藏的所有信息迁移到最新的信息管理系统中。因此，馆藏在网上的传播只是博物馆数字化工作的一个方面。

本章将讨论三种研究博物馆数字化的方法：使博物馆作为一家采用新技术的工厂；满足数字文化服务需求的博物馆；博物馆制定策略，从而在数字化的未来保持其重要性。

27.1 作为工厂的博物馆

在将博物馆作为一家工厂进行分析时，文化经济学可以提供一个框架，以确定与数字化技术相关的投入和产出，而博物馆的所有活动实际上都与数字化技术有关。博物馆通常有各种产出，如收藏、保存、研究、交流、教育、展览，还可能包括一家商店。投入指的是资金和劳动力的来源，但也指资本存量。资本存量包括藏品、建筑、设备（硬件和软件）以及最重要的藏品信息。当藏品信息存在于策展人的头脑中时，它是无形资本；但当其存储在信息系统中时，则成为有形资本。信息系统最初是纸质的，但现在被越来越多地存储在数字化收藏信息管理系统中，称为数字收藏。与实物收藏一样，数字收藏包括进一步收集对藏品图像、数据的保存、迁移以及展览（例如在网站或应用程序上）。人们可以通过互联网访问这些数字收藏，对博物馆服务的需求可能会因此增加。实物和数字资本存量都需要进行保存和恢复，并可以通过其他方式来增加其价值。

数字化的大部分成本发生在前期，而收益可能在未来变得显而易见，数字化活动的成本并不容易计算。虽然数字化活动在过去被明确地视为数字化实物或数字化展览，但数字化将逐渐覆盖博物馆的所有方面。此外，博物馆往往缺乏用于进行数字化的预算。尽管如此，试图衡量与数字化相关的投入和产出，可以为未来的资源使用提供参考信息。

对与数字化相关的资源流动进行核算具有挑战性，因为投入通常不是专门直接用于数字化活动，例如针对涉及数字化成像的展览的投入，或针对开发新软件的研究的投入。类似地，投入可能会导致多种产出，例如投资于一个新藏品数据库，可能会改善多年后的藏品的管理、保存、研究和展览活动。

27.1.1　本专题对于理解文化经济学的重要性

企业理论有助于理解数字技术在博物馆内部运作方式中的作用，以及博物馆与资助者、消费者或竞争公司等其他各方的关系。通过鉴别投入和产出，学生可以追踪与数字技术相关的资源流动，并深入了解投资决策背后的道理及其预期结果。得益于各方合作的基础设施项目（资本投资）——如最先进的数字化仓库，会引发所有权、财务以及法律责任等问题讨论。

事实上，数字技术的广泛应用，源于人们对博物馆作为知识或数据中心所发挥的作用的认知。在博物馆可以找到很多领域（包括历史和艺术、科学和环境）的高质量的、真实的专业信息。在知识经济中，信息是一种宝贵的资产。在线出版藏品的一个重要问题是获得知识产权上的许可，这可能会与艺术家、摄影师、提供元数据的研究人员有关。

进行数字化工作需要大量投资（包括硬件、软件和掌握相关技术的员工），还需要在运营模式上进行调整。工厂对新技术进行投资，以便在市场上对其商品和服务进行重新定位。博物馆可以在组织形式上进行创新，例如通过雇用新的技术人员，或采用新的管理形式，如设立首席技术官；或在提供的服务上进行创新，例如网络商店或网站；或在内容处理方式上进行创新，例如提供藏品的数字化扫描影像或 3D 成像，从而减少“普通”劳动力，提高生产率。

27.1.2 课堂活动

在课堂讨论中，让学生查看博物馆的网站，列出博物馆的各种投入和产出，并确定其中哪些属于数字化的范畴。在这项活动中，重要的是区分博物馆的有形资产和无形资产，其中，数字藏品为有形资产，关于藏品的知识为无形资产。数字化能使无形资产变得有形，使藏品信息系统可能成为博物馆中最有价值的实物资产。这些都是值得学生们讨论的话题。

27.1.3 学习目标

一旦辨明了投入和产出，学生就可以进一步研究特定的问题，可以小组讨论，也可以写成论文。问题如下所示。

问题 1：如果你要办一个展览，你将如何使用数字技术？你需要通过什么方式实现数字化？这与数字展览有什么不同？

要求学生们思考与一种产出（如藏品保存、教育活动、研究或商店）直接相关的所有投入。学生们将意识到数字化活动存在于博物馆工作的所有部分之中。

问题 2：你将如何使用数字技术使博物馆变得更具创新性？

学生可能会注意到，博物馆可能会根据其可用资源和市场地位进行创新：拥有大量资源的超级明星博物馆，可能会投资于扫描机器（需要博物馆内部的技术进步），而小型博物馆可能会投资于创设一个新网站（可能会外包）。

问题 3：你将如何利用数字技术确保你的资本不会贬值，而是增加？

这需要学生理解有形资产和无形资产的区别。例如，为保存无形资产（知识）而对藏品的信息进行记录，或使用数字图像（实物资产）来提供额外服务（如网站）。

问题 4：你将如何优先考虑你对数字化的投资？

学生应该考虑资源使用的效率。例如：对于一些博物馆来说，目标可能是拥有更多较低分辨率的图像，而其他博物馆则可能需要高质量的数字图像；一些博物馆可能会投资于能带来更多游客或额外收入的活动，而另一些博物馆则可能会优先考虑藏品保护或藏品研究。

27.1.4 评估标准

评估学生能够根据企业理论，对基于技术并以产生文化服务为目标（从而使博物馆在市场上拥有新的定位）的资本使用过程和资源流动过程的理解程度。

27.2 满足数字文化服务需求的博物馆

需求理论可以通过研究消费者参与与价格或通达性（accessibility）的关系来分析数字化环境中的博物馆。本节所讨论的话题包括：品味形成、注意力经济学、人际网络和（社会）评价。品味的形成涉及文化的关键特征：文化产品是复杂、独特、经验性的产品，当消费者理解它们时，它们会产生更大的效用。也就是说，个人欣赏（数字）画作的能力，取决于对该画作的消费所产生的效用和乐趣，这与通过学习或过去的消费所获得的知识和理解以及个人品味直接相关。品味形成是消费者反复花费资源（例如时间、金钱）来消费文化产品的结果。当你消费的商品越多，你就越需要它时，它甚至可能导致理性成瘾——文化经济学家已经在文化产品和服务的需求中发现了这一点。

由于文化产品的复杂性，消费者在作出选择时往往依赖于评论家的意见。互联网为一系列新的中介机构提供了空间，这些中介机构充当文化产品的评论者。例如，对展览进行评分的社交媒体。博物馆可能会通过加入网络平台来影响消费者对它们的估值，或者加入流行的在线网络来提高知名度。因此，对策展人的采访可能会在 YouTube 上流行，藏品的图像可能会被发布在 Instagram 上，艺术家的传记可能会在维基百科上找到。

在线品牌是博物馆寻求产品差异化的方式。树立在线品牌，对于代表一位艺术家的博物馆（如阿姆斯特丹的凡·高博物馆）来说更为容易。而那些标志性作品较少的博物馆可能难以将其藏品放在网上，从而形成与（潜在）消费者的交流。博物馆的网络形象可以通过观察其发帖频率、发布内容的类型以及消费者通过线上与其进行交流的积极性来进行评估。对网络商店的分析可能会进一步揭示消费者的偏好模式。

关于消费的第一个限制，在于人们可以获取的文化产品和服务的数量。在现实世界中，去一家博物馆并不意味着你能看到世界上所有的画作，因为每个博物馆都有一些特定的藏品，其中只有一些会被展出。全球数字博物馆可以解决这一问题，因为它能允许任何人在任何时间、任何地点，通过互联网访问所有数字化博物馆藏品，如“谷歌艺术与文化研究所”（Google Arts & Culture Institute）。经验表明，某些最受欢迎的藏品会拥有更多的访问量。在数字化环境中，消费者将表现出对不受限制、可持续、可靠且更具实用性的内容的偏好。换言之，消费者更喜欢自由、方便地访问他们喜欢的、拥有可靠来源的内容。

一个值得思考的话题是，线上藏品与线下藏品之间的关系。如果可以访问线上藏品，则参观线下博物馆的人数会减少吗？也就是说，它们彼此是互补品还是替代品？值得注意的是，很少有博物馆提供适当的线上展览，而越来越多的博物馆只展示研究人员可能会感兴趣的数字藏品目录。在社交媒体上，博物馆通常不会发布对其藏品的讲解，因为这些藏品是其线下展览的核心元素。随着新产品和服务的发展，数字与实体将越来越多地融合在一起，以提供全新的消费者体验，从而促进数字文化消费。再补充一点：博物馆的数字化内容的消费，既可以在线上也可以在线下进行。日益先进的数字化技术可以使博物馆监控用户的行程轨迹，这甚至可能会揭示人们对线下展览中的藏品的偏好。

27.2.1　此专题对于理解文化经济学的重要性

消费者理论可以用来理解与博物馆提供的产品相关的偏好。博物馆内容在网络上的通达性可以成倍地影响消费。非竞争性和非排他性的公共品特征，使得访问数字藏品是否应当收费成为一个新问题。尽管线上付费业务在音乐行业很成功，但博物馆的线上内容通常是免费的。博物馆可以直接或间接地授权专业消费群体，以允许他们使用藏品图像。专门关注对博物馆的线上内容的需求的统计数据仍然有限，因此，另一种方法是观察消费者的线上行为，例如访问时间或在不同网页上的点击量。

27.2.2　课堂活动

要求学生参观博物馆，并记录他们在博物馆中可以体验到的数字化技术。博物馆是否提供触摸屏设备或智能手持设备？参观者可以 3D 打印他们最喜欢的雕塑吗？人们是否只能通过官方网站来访问博物馆？可以在网上购票吗？

27.2.3　学习目标

以下问题可能值得以小组或论文的形式对其进行讨论。

问题1：为什么博物馆要在网上免费发布藏品信息？

这可能是为了满足教育需要，也可能是出于营销目的。要注意线上展览与营销活动之间的区别。

问题2：是什么让你去参观一个拥有数字技术的实体博物馆？这与网络环境有什么不同？

学生应认识到数字技术可作为一种增强现实体验的方式。藏品消费（欣赏）的效用遵循文化价值尺度（美学），而数字化消费遵循信息尺度（便利性）。学生将意识到价格与评价（例如社交媒体评论）在数字文化产品评估中的作用。

问题3：你能把博物馆的数字图像消费和音乐的数字录音消费做个比较吗？

学生们将注意到，数字技术揭示了文化消费的新形式，这可能代表了消费者行为的转变，比如支付意愿。

问题4：在线博物馆如何定义它的界限？

学生将学习在博物馆环境（建筑或网站）之外识别博物馆内容的数字消费。市场营销专业的学生可能对此特别感兴趣。

27.2.4 评估标准

当数字化以线上或线下的方式被应用时，学生应当意识到数字化在促进博物馆消费中所发挥的作用，包括价格、推荐、社交网络、便利性等。

27.3 博物馆应对数字化未来的策略

数字技术不断变化，不仅体现在它所能提供的功能上，也体现在我们与之互动的方式上。智能手机几乎不被用来打电话，相反，我们把它用作闹钟、相机和上网工具。随着数字技术成本的降低，博物馆和消费者将找到与藏品互动的新方式。一个重要的挑战仍然是将不同藏品和机构的数据集连接起来，以充分整合信息，使消费者（和计算机）能够获得完整的情境信息。通过数字媒体更方便地获取藏品信息的影响才刚刚开始显现，但相关数据却很少。理论上，可以预测高质量信息可获得性的增加将刺激创新，因为确实有一些证据表明，创意产业（如时装和电影）的企业家可能会从博物馆的大量数字藏品中找到创作新作品的灵感。

“谷歌艺术与文化研究所”等项目的诞生，是因为人们认识到博物馆中高质量、权威、独特的上千年信息的价值。在博物馆里，主题故事与来自世界各地的藏品结合在一起，可以免费获取。谷歌通过向其存储库中添加数据以加强其算法而受益，而大量消费者（目前并无获得具体数据的途径）预计将继续访问这一世界顶级的全球网站之一。

准备资源以推进博物馆的数字化，如研究和开发人工智能以降低劳动力成本，需要一定的依据来为决策提供参考。目前关于数字馆藏的规模、成本和获取途径的统计数据很少，人们正在努力改进数据集的方法和覆盖范围。试图估计溢出效应是一项主要挑战，溢出效应即意味着对博物馆的数字化投资，不仅可以服务于馆藏的内部管理或展品的直接消费，而且还增强了一个地区的信息化基础设施。

27.3.1 此专题对于理解文化经济学的重要性

从福利的角度来看，博物馆的作用是收藏并保存物品与知识，以造福今世后代；然而，当代人必须为子孙后代（尽管他们可能会因为经济增长而变得更好）的福祉提供资金，这会导致市场失灵。此外，保存文化遗产甚至超越了地缘政治边界，有利于人类（包括消费者与非消费者）的现在和未来。此外，因为博物馆里的大多数藏品都是独一无二的，所以存在一种垄断——《蒙娜丽莎》只能在巴黎的卢浮宫看到。然而，在线分销可能会使供给发生改变，并可能导致大型网络平台对藏品访问权限的垄断。例如，我们只有通过“谷歌艺术与文化研究所”才能看到一些鲜为人知的藏品，否则我们压根儿不会知道它们的存在。采用福利经济学的方法，可以让我们思考代际利益与成本、博物馆作为文化遗产提供者的财政影响以及垄断的福利效应。

27.3.2 学习目标

这一节是本章最抽象的部分，涉及博物馆数字化的外部性。由于缺乏数字文化消费、在线数字馆藏的成本等数据，学生在理解上可能会遇到一些困难。以下问题可通过小组讨论或论文的形式来进行探讨。

问题1：你需要什么样的证据来解释数字化对博物馆的影响？

学生们将确定指标的作用，以制定基于相关证据的政策，为机构和更高级别部门（如文化部或联合国教科文组织）提供参考。

问题2：具有丰富文化内涵的信息基础设施的价值是什么？

此问题的重点在于：数字出版物对知识转移过程的影响。博物馆通常被视为支撑一个地区教育系统的非正式学校。

27.3.3 评估标准

学生应能认识到对知识转移进行衡量的复杂性，以及博物馆工作的其他外部性，尤其是当数字化内容可以通过互联网免费获得时。

补充阅读材料

1. *Journal of Cultural Economics*（1998 年）Volume 22，Issue 2-3 从多个角度对博物馆进行了解释。关于企业理论的最新应用，参见 Navarrete，T.（2018），"On the economics of physical and digital collections in museums"，*Uncommon Culture：Cultural Heritage，Real and Virtual*，7（1/2），57-73.

2. Bertacchini，E. and F. Morando（2013），"The future of museums in the digital age：New models for access to and use of digital collections"，*International Journal of Arts Management*，15（2），60-88.

3. Navarette，T.（2013），"Museums"，in R. Towse and C. Handke（eds），*Handbook on the Digital Creative Economy*，Cheltenham，UK and Northampton，MA，USA：Edward Elgar Publishing，pp. 330-343.

4. Potts，J. and S. Cunningham（2008），"Four models of the creative industries"，*International Journal of Cultural Policy*，14（3），233-247.

28 为数字音乐付费

——克里斯蒂安·汉德克

关于文化经济学，最根本的问题莫过于如何为录制的音乐等文化产品的生产和传播提供资金。这个问题很容易激发学生的热情，从而让他们参与到经济学的领域中来，为这类问题寻找合理的答案。几乎所有人都对某种类型的音乐充满热情。大多数人都有通过授权方式以及未经授权的方式访问音乐网站的经历，文化经济学的学生通常也对创作者如何获得收入的问题充满兴趣。

28.1 为何选择此专题

这不是一个容易的专题。要掌握这一章的相关知识，教师必须帮助学生对各种问题展开全面、有序的讨论，而不是随意地把经济理论的各个方面综合起来，或仓促下结论。需要注意的是，实证依据可能是非常重要的。学生应当具有解释实证文献甚至提出相关实证依据的能力，以获得学分。因此，建议在微观经济学课程即将结束时开展此专题的教学。

28.2 基本经济理论概述

为了对音乐创作及其在线传播的融资进行合理的讨论，学生们应该对微观经济学有广泛的了解。首先，学生应该熟悉与版权和数字拷贝相关的经济学理论，包括：将生产理论应用于文化产品，文化产品具有巨大的沉没开发成本、较低的边际再生产成本以及消费非竞争性与非排他性的公共产品理论。学生还应熟悉交易成本的概念，以及不确定性和质量指标在文化产品市场中的作用。任何创造文化产品的内在动机和任何非金钱诱因也非常重要，因为这些因素可能会使音乐人在几乎没有金钱回报的情况下坚持创作。陶斯（2019）和凯夫斯（2000）对这些基本原理进行了介绍。

此外，教师需要敦促学生在一开始就对商业经济学和福利经济学进行区分。从商业经济学的角度来看，最根本的问题是文化产品的供给者如何才能最大限度地提高其企业财务上的可持续性——实现收支平衡甚至产生利润。本章会讨论很多有关商业模式的进阶话题：互补品的联合销售，在多方平台上通过广告融资传播信息产品，利用具有内在动机的创作者和使用者，收集有价值的用户数据等。

从福利经济学的角度来看，根本问题是如何最好地为整个社会的文化生产提供资金。“为数字音乐付费”，这一话题让学生们有机会思考关于可复制文化产品商业供给的各种各样的市场失灵（出于不确定性、交易成本、文化产品的公共产品属性以及大型公司市场影响力的原因）。学生们能否运用这些概念来讨论为音乐制作和传播提供资金的途径的相对优点，这是对他们理解市场失灵（和政府失灵）的一个重大考验。

28.3　教学方式

由范里安（Varian，2005：134）所列出的“无版权世界中的商业模式”，是一个很好的引子。作者列举了 14 种为信息产品供给者创造收入的方法，讨论了如何使人在线购买信息商品，且大多数都与音乐市场有关。

28.3.1　范里安的 11 个模式

范里安（2005）的 11 个“模式”关注的是私营供应商所采取的策略，这可以引发关于使用户为音乐付费的“商业解决方案”的探讨。

模式 1：一个基本原则——“为自己做广告”：接受未经授权的复制品，甚至推行免费听音乐，以增加人们对音乐和唱片艺术家的兴趣，从而提高对自己的关注度。

模式 2："让原版比复制品更便宜"——例如，降低价格，或者使消费者能够（比未经授权的方式）更方便地听音乐，从而提高正版音乐服务的性价比。

模式 3："使盗版的成本高于正版"——例如，通过数字版权管理或其他强制措施来增加盗版行为的经济成本。

模式 4："出售互补性实体商品"——例如，设计精美的唱片、商品，以及现场表演（Mortimer，Nosko and Sorensen，2012）。

模式 5："信息补充"——如音乐推荐系统。

模式 6："订阅制"——允许用户在注册和收取固定费用的情况下，方便地访问音乐曲库，从而避免逐一购买方式所带给用户的高交易成本。

模式 7："提供定制化服务"。

模式 8："为他人做广告"——免费向用户提供音乐并从广告公司获得收入（如同 YouTube）。

模式 9：通过集体权利管理组织的"监督"，从而使音乐的商业用户（如酒吧、餐馆、音乐俱乐部和网站所有者）支付授权费。

模式 10："使用许可"（site licences）——版权所有者向拥有大量用户的组织机构出售创意产品的使用权，这一做法在数据库和商业软件中很常见，但少见于音乐市场。

模式 11：众筹——亦被范里安称为"赎金"（ransom）（Varian，2005：136）——对创作成本与市场测试进行资助，从而降低创业风险。

28.3.2 有助于讨论的任务

以下是可提供给学生的任务，有助于使他们进行富有成效的讨论。

任务 1：用经济术语描述这些"模式"，要做到比范里安（2005）更详细、更具体的程度。

任务 2：找出在线音乐公司（例如，iTunes 商店、YouTube、Spotify 或 Deezer）对这些"模式"的应用。

任务 3：根据理论或音乐公司的案例来比较这些"模式"的相对优点。

这些任务的难度是依次递增的。教师们可能会发现，仅仅讨论几种具体的、可选择的、目前流行的音乐商业模式是比较省事的。然而，音乐创作和传播的主要融资方式一直处于变化之中。因此，对于高年级的学生而言，讨论更广泛的

“模式”是更有意义的。学生应该具备一个整体性的观念与理解，从而能够辨别未来的任何新模式的优劣所在。

此外，为音乐创作提供资金的某些公司，与范里安（2005）列出的一些“模式”是契合的。音乐订阅服务（例如 Spotify）就是一个很好的例子。它使用户能够便捷地访问大量音乐，从而降低了交易成本（模型 6）。Spotify 还提供了有广告的免费服务（模式 8）。订阅服务通常将音乐访问这一基本服务，与（个性化的）推荐服务和其他服务捆绑在一起，使某些用户更加沉浸其中（模式 5 与模式 7）。更重要的是，对于音乐需求量大且多样化的用户而言，订阅制付费可能比传统的购买单张专辑或曲目（模式 2）便宜得多。最后，这些公司所收集的用户数据本身就是很有价值的资产（对模式 5 的扩展）。

对多样化的音乐传播方式的分析是复杂的，同时也是很有趣的。教师应鼓励学生结合范里安（2005）列出的模式，来了解具体公司的案例。

28.3.3 福利经济学视角

关于福利经济学的视角和相关的法令监管，范里安（2005）列出了三点：

（1）“媒体税”（Media taxes），也被称为版权税。对音乐进行制作和传播的供应商有义务收取附加费，并转嫁给版权持有人（通常通过集体权利管理组织）。关于这方面的补充资料包括：世界知识产权组织（WIPO，2017），以及汉德克、柏拉兹和瓦尔贝（Handke，Balazs，and Vallbé，2016）。

（2）音乐的“纯粹公共供给”在现实中几乎不存在；尽管如此，对某些类型的媒体内容的制作依法提供资助的例子是很常见的，例如公共电视广播（原则上也是听音乐的一种方式）。

（3）“公共资金的分配”（prizes，awards and commissions），即公共资金被有选择地分配给有价值的音乐的潜在供应商。

法令监管（也许版权除外）的明显缺点，在于对文化的创造和传播进行集中控制。然而，随着规模经济、范围经济以及（直接和间接的）网络效应在线上音乐等信息商品传播中所发挥的作用增大，在线平台可能会通过市场力量来实现集中控制。这就引出了一个问题，即 YouTube、iTunes 商店或 Spotify 等在线平台是否处于一个竞争激烈的市场之中。因此，竞争政策是高年级学生在讨论“为数字音乐付费”时可能涉及的另一个话题。

28.4 测试与评估

上文的任务1和任务2需要用相关的经济术语来具体地描述商业模式，将它们作为本科生水平的考试题目是非常适合的。然而，如上所述，关于让用户“为数字音乐付费”（任务3）的最佳方式的评估性讨论，会引申出（文化）经济学中的几个基本问题。例如，从商业经济学的角度来看，可以让学生讨论：供给者的最优产品组合是什么？哪些产品最适合免费提供，哪些相关商品可以销售？“免费”和“商业”之间的选择是否会因艺术创作者的地位而改变（例如，当一名唱片艺人成为明星时）？基于福利经济学的一些基本问题包括：例如，既然数字化信息与通信技术降低了创作成本，那么人的内在动力还能够在多大程度上支撑着人们对创造力的追求？市场失灵在什么情况下比政府失灵更可怕？如果法令监管是合理的，那么政府应该如何以及在多大程度上进行干预？与具有完美排他性的理想市场相比，范里安（2005）讨论的任何“商业模式”都必然是部分的、次优的解决方案。它们缓解了为在线音乐创作和传播提供资助所面临的挑战，但并没有完全根除这些挑战。范里安（2005）对这一点也很清楚。

无论是在课堂上还是在评估作业时，教师都必须意识到，上述的问题并没有普遍性的、直截了当的答案。教师可以人为地设计一些答案明确的练习。然而，任何关于现实市场的讨论最终都会涉及复杂的推理。学生可以通过对他们的基本假设、相关经济概念、分析以及结论的清楚阐述而获得学分。学生们还可以通过引用现实案例（尤其当案例与经济理论中的传统假设相冲突并引申出具有挑战性的问题时）而获得学分。学生可以练习上述这些与应用经济学相关的技能，但教师必须确保学生进行有章法的训练。

因此，本章的这一专题似乎适合安排更加灵活的作业类型：学生报告和论文——让学生有足够的施展空间，从而给出有主见的答案。另外，只有唯一标准答案的多项选择题或开放性题目，都不太适合对本章的知识进行评估。有时候，承认不确定性的存在并就如何应对它提出建议（例如，通过设计一个实证研究），可能比任何明确的答案都更有成效。比如，如何设计出让用户“为数字音乐付费”的最佳方式，从而为数字音乐的创作和传播提供资金，似乎就是一个合适的话题。它是音乐和所有其他类型的可复制文化产品的核心，因此在任何有关文化行业（微观）经济学的高级课程中，都几乎不可能回避此话题。

参考文献

CAVES R, 2000. Creative Industries - Contracts Between Art and Commerce, Cambridge[M]. MA:Harvard University Press.

HANDKE C, BALAZS B, VALLBÉ J J, 2016. Going means trouble and staying makes it double: the value of licensing recorded music online[J]. Journal of Cultural Economics, 40(3):227-259.

MORTIMER J H, NOSKO C, SORENSEN A, 2012. Supply responses to digital distribution: Recorded music and live performances[J]. Information Economics and Policy, 24(1):3-14.

TOWSE R, 2019. A Textbook of Cultural Economics[M]. 2nd edition. Cambridge, UK: Cambridge University Press.

VARIAN H R, 2005. Copying and copyright[J]. The Journal of Economic Perspectives, 19(2):121-138.

WORLD INTELLECTUAL PROPERTY ORGANIZATION (WIPO), 2017. International Survey on Private Copying-Law and Practice 2016[R]. Geneva: WIPO.

29 电子书中的经济学

——范娜沃丝·本哈慕

电子书市场始于2007年11月，当时的亚马逊公司开始将Kindle电子阅读器商业化。它发展迅速，人们现在也可以在其他设备（比如电脑、智能手机和不同的电子阅读器）上阅读电子书。随着书籍的数字化，简单的文本可以转化为内容丰富（有图像、电影、音乐和超链接）的电子书。这些“加强版图书”在青少年、艺术和教育类图书等细分市场中发展得比较好。

29.1 电子书市场的发展带来了哪些变化

（1）在供给方面，即使出现了电子格式的迁移成本、在线支付系统、epub文件的存储等新的成本，电子书的固定成本（印刷、库存管理、书商的利润）仍然有所降低。电子书市场没有进入壁垒，市场中的新成员能够在无须承担书籍印刷成本的情况下，与传统出版商进行竞争。在这一市场中占据主导地位的是亚马逊公司：它在2015年占美国图书销售（纸质版和数字版）40%以上（Gilbert，2015）的份额。如此巨大的市场份额以及竞争对手的缺乏，赋予了亚马逊作为电子书和纸质书买家的垄断力（Benhamou，2015）。市场中规模较小的新成员则占据了小众的专业市场（如没有版权保护的古典文学）。

（2）在需求方面，消费者不太关注所有权，他们更喜欢服务而不是商品。这一改变为流媒体（例如音乐）的发展铺平了道路。根据布林约尔松、胡和史密斯（Brynjolfsson，Hu，and Smith，2003）的理论，由于互联网图书市场效率的提高而导致的价格下降，为消费者提供了显著的好处。以前很难找到的图书现在能够在网上获取，这对消费者福利产生了积极的影响。

(3) 电子书的价格远低于纸质书，似乎促进了电子书消费的增长。这种差距引发了许多出版商、作者和零售商之间的争论。

(4) 电子书市场威胁到独立的零售商（尤其是书店）。当消费者认为电子书是纸质书令人满意的替代品时，这些零售商就失去了部分销售额。盗版也是作者和出版商所担忧的一个问题。根据英国知识产权局对在线版权侵权的研究，英国有17%的在线电子书是盗版的（2017年约有400万册）[1]。诸如水印之类的保护技术并不能完全防止盗版，反而给出版商带来了额外的成本。在这种情况下，作者要求提高版税，因为电子书的价格更低，同时，盗版的影响仍旧无法被忽视。作者的合同需要适应新的经济模式：附带广告的免费图书、订阅、购买图书的部分章节等。电子书可能会推动新的文学形式的产生（比如基于手机端的小说），并带来新的支付和融资模式。

(5) 电子书市场引发了监管问题。在欧洲的许多国家，转售价格维持法（固定图书价格）使出版商能够决定书商向消费者售卖图书的价格。2012年，法国将监管扩展到了电子书领域。出版商的价格策略依赖于一种理念，即纸质书和电子书之间的价格差距应该相对较低，以避免一个市场被另一个市场所蚕食。此外，网络外部性导致了垄断的出现：人们使用亚马逊是因为该平台拥有可观的图书数量，而出版商希望他们的电子书在亚马逊上架是因为该平台所拥有的用户数量。换句话说，用户数量的增加会带来服务质量的提高，反之亦然。因此，反垄断当局需要关注可能会发生的有害行为并设计补救措施。

(6) 由于向作者提供收费或免费服务的平台增多（例如，将手稿转换为电子书格式的工具、封面设计，向在线图书网站、书店、图书馆等分销渠道提供图书等），个人出版（self-publishing）市场得到了长足发展。

个人出版、通过社交网络直接推广、出版商直接在线销售图书等方式，有利于去中介化。例如，得益于社交网络和平台的推荐算法，自行出版的作者可以尝试与潜在读者建立直接联系。出版商不会对这些个人出版物的质量进行审核，除了平台的推荐算法和读者数量之外，人们无从判断个人出版物的质量优劣。尽管存在着不确定性，但一些作者成功地填补了传统出版商在小说和非小说领域留下的空白，他们的书可能拥有很多读者（一些畅销书正是诞生于个人出版平台上）。

29.2 选择此专题的原因

与音乐行业相比，书籍的数字化进程需要一些时间。此前曾有过相关尝试，但最终都未能成功（其中 1971 年的古腾堡计划，旨在创建一个公共领域的书籍和文化媒体数字图书馆）。尽管出版商并不信任电子书，他们担心数字化会导致利润下降（就像音乐和报纸行业一样），但从印刷品到电子书的转变是无法令人视而不见的，这引发了一个更普遍的问题，即文化领域的数字化革命所导致的成本、需求、价值和价格的变化。

29.3 为何选择此专题作为文化经济学案例

美国的电子书销量在 2007—2013 年大幅增长后，又开始大幅下降（科学类图书、言情小说和字典除外）。这一趋势导致纸质书籍和有声读物的回归。2015 年后，电子书的消费量再次上升（见表 29-1）。

表 29-1 美国的电子书销量（2010—2017 年）

年份	电子书的销量（单位：百万）
2010	69
2011	165
2012	215
2013	242
2014	234
2015	204
2016	221
2017	266

资料来源：Statista（2019），*Number of e-books sold in the United States from* 2010 *to* 2017（*in million units*），accessed 25 March 2019 at https：//www. statista. com/statistics/426799/e-book-unit-sales-usa/。

研究这种变化趋势背后的经济因素是尤其有趣的，这些因素包括：供给的有效性、电子书和纸质书之间的价格差距，以及官方数据所涵盖的范围。这些官方数据并不包括占据很大市场份额的个人出版物（许多电子书没有 ISBN 编号，也没有被计入常规统计数据）。

29.4　关于本专题的文化经济学研究

大多数论文都集中在对长尾效应的讨论上，另一些人则研究电子出版商的商业模式，以及独立实体销售商的未来。

29.5　学习目标

电子书的案例是文化经济学的一个标志性专题。它提出了一个问题：在未来的数字化世界中，作者的报酬会发生哪些变化？通过个人出版，作者拥有自己的权利，他们向平台支付电子书价格的 30%，并自己保留 70%，以支付相关成本与费用。

29.6　教学方式

询问学生是否拥有 Kindle、平板电脑或其他阅读电子书的设备。他们是否认为电子书可能会有助于提高低学历人群的识字率？

教师可以在课堂上提出以下五个问题：

（1）电子书与纸质书有何不同？

（2）电子书会产生什么样的网络外部性？

（3）去中介化会威胁出版商吗？

（4）您认为电子书是纸质书的替代品还是补充品？您认为电子书与数字化音

乐有哪些相似（和不同）之处？

（5）平台的推荐是否降低了读者的成本？

以下问题可供学生在课堂讨论或书面作业中思考：

（1）就电子书而言，数字化会产生哪些直接和间接的网络外部性？

（2）对于面临电子书竞争的传统出版商来说，按需印刷（通过储存、分销、销毁未售出的书籍以削减一些成本）是否是一种有效的应对方案？

29.7 评估标准

评估学生从各个方面理解电子书市场发展的能力。评估他们是否能够将电子书的问题与“无人知晓”论以及作者与出版商签订的合同中的经济原理联系起来。

注释

[1] Intellectual Property Office (2017), *Online Copyright Infringement Tracker Survey (7th Wave)*, accessed 2 April 2019 at https://www.gov.uk/government/publications/online-copyright-infringement-tracker-survey-7th-wave.

补充阅读材料

1. 对于学生来说，阅读和学习安德森的书可能会觉得很有趣。参见 Anderson, C. (2006), *The Long Tail: Why the Future of Business is Sales of More* (New York: Hyperion)。

2. 此外，除了下面列出的参考文献，请参见 Brynjolfsson, E., Y. Hu and M. Smith (2006), "From niches to riches: Anatomy of the long tail", *Sloan Management Review*, 47(4), 67-71。

参考文献

BENHAMOU F,2015. Fair use and fair competition for digitized cultural goods:the case of e-books[J]. Journal of Cultural Economics,39(2):123-131.

BRYNJOLFSSON E, HU Y, SMITH M, 2003. Consumer surplus in the digital economy:Estimating the value of increased product variety at online booksellers[J]. Management Science,49(11):1580-1596.

GILBERT R,2015. E-books:a tale of digital disruption[J]. Journal of Economic Perspectives,29(3):165-184.

30 BBC3 走向数字化

——露丝·陶斯

BBC3 是一个以年轻人为目标受众的电视频道。在 2015 年之前，它一直播放传统的常规电视节目。后来，它在 BBC iPlayer 上变成了一个完全数字化的点播频道。BBC 是英国的国家广播公司，BBC iPlayer 是一项正在发展中的网络流媒体电视广播服务商。BBC iPlayer 可以通过多种设备访问，包括手机、平板电脑、个人电脑和智能电视。

英国广播公司（BBC）有公共广播服务（PSB）的职责。它是一个可以追溯到 1922 年的非政府组织，且拥有自己的章程。其资金主要来源于电视牌照费，电视牌照费是对电视机所有权的征税。牌照费由议会每隔一段时间制定一次，BBC 的章程每十年更新一次，BBC 的宗旨和其所取得的成功也会受到审查。出于各种原因，BBC 正面临来自政界人士和其他广播公司的压力（尤其在牌照费方面）而需要削减成本。电视广播本身也面临来自在线和点播服务的竞争压力。将 BBC3 分配到 BBC iPlayer 是为了降低成本并增加对年轻观众的吸引力。BBC 的未来媒体总监表示：这一“重新设计‘增强了’品牌的力量，BBC3 将在 iPlayer 上取得耀眼的成绩”。吉莉安·道尔（Gillian Doyle）的文章《电视台的阻力：多平台时代的电视播送》回顾了 BBC3 的案例。

30.1 本专题与文化经济学的关联

电视作为人们参与文化生活的重要组成部分，正面临着来自网络的竞争压力。在数字化发行出现之前，广播和电视是将艺术和文化传递给人们的主要媒体，今天的公共广播服务仍在播放许多这类节目。公共广播服务之所以重要，是因为它除了作为重要的新闻提供者之外，还播放一些具有文化方面重要性的节目（这些节目的资金可能并非来源于商业组织）。这一话题还涉及关于数字化在创意产业中的影响的讨论。

许多人将公共产品与公共部门的供给相混淆。公共产品是一种特殊的物品，具有非竞争性和非排他性。公共广播服务很复杂，因为它是一种准公共产品。广播是非竞争性的，因为人们听广播并不会妨碍其他人的收听信号，并且一般来说，它对任何拥有收听设备（以前是电视机）的人都是非排他性的。

准公共产品的上述两个特点，使得追求利润最大化的企业家不太可能对公共广播服务进行投资（供应商不能对广播收费，因为不能阻止其他人使用该服务）。因此，国家从税收中获得资金并将其用于对公共广播服务的资助。尽管公共产品也可能由其他类型的组织来提供，但国家通常作为资金来源或监管机构参与其中。国家为公共产品融资，往往是人们混淆公共产品和公共服务供给的原因。不过，国家也可能会对商业广播公司进行监管，以提供公共广播（英国的第四频道正是如此），其资金主要来自广告收入（观众可以免费收看节目，但其中会有广告插播）。

数字化改变了这种情况。消费者现在可以使用其他设备收看节目，可以自己选择电视节目供应商是通过数字版权管理（DRM）技术还是通过基于广告的商业模式来提供服务，这是创意产业经济学中经常出现的话题。平台经济学研究的是这些电视节目供应商在数字世界中作为市场和数字服务分销商的角色。

经济学家可以对需求和支付意愿进行估计，其估计方法已被用于计算公共财政应该在公共服务上花费多少。

30.2 学习目标

文化经济学中最重要的概念之一是公共产品，它是广播经济学和公共广播经济学的基础，本章将教授学生如何应用该理论。电视节目的播送对于学生（尤其是学习媒体和文化社会学的学生，尽管他们可能对基本的经济学不甚了解）来说是很熟悉的。对于商科学生而言，他们可能没有如此详细地讨论过公共产品的实际应用。

30.3 教学方式

道尔的文章应当被作为指定阅读材料。教师可以提问学生如下内容：他们获取新闻的方式，他们看电视节目的时间和方式，他们看什么内容，他们如何看待电视上的广告，公共广播服务在他们的国家是什么样的——它受到政府的影响吗，他们知道它是如何融资的吗。首先，让学生从不同的角度对 BBC3 的案例进行开放式讨论。

分组讨论下列问题，并要求学生在课堂上做简短的发言：

（1）BBC3 的策略能否广泛应用于所有公共广播服务？

（2）从你的国家或任何其他国家选择另一个公共广播服务的例子，描述它是如何融资的，以及监管机构和法规对它有什么影响。

（3）对公共广播服务而言，对消费者行为的变化做出反应是必要的吗？

（4）你认为来自其他网络平台的日益加剧的竞争对公共广播服务有利吗？

（5）道尔讨论的 BBC3 的转型是否值得？

（6）如果有人让你就这一转型向公共广播公司提出建议，你会怎么说？

学生在课堂讨论或书面作业中需要考虑的问题可能包括：

（1）BBC 的做法正确吗？如何判断？

（2）公共广播公司需要公共财政的资助吗？从经济学角度出发，如何证明这种资助是合理的？

（3）所有电视节目都能转移到 iPlayer 和其他此类服务上吗？

（4）成本是导致这种转型的主要原因吗？

30.4 评估标准

学生是否能够运用与本专题相关的理论或研究成果？他们是否理解本章内容与文化经济学中的其他主题之间的联系？

补充阅读材料

以下文献提供了一个关于数字时代的电视管理经济学的优秀案例研究：Gillian Doyle's article (2016), "Resistance of channels: Television distribution in the multiplatform era", *Telematics and Informatics*, 33(2), 693-702.

还可参阅：

1. Latzer, M. (2013), "Media convergence", in R. Towse and C. Handke (eds), *A Handbook on the Digital Creative Economy*, Cheltenham, UK and Northampton, MA, USA: Edward Elgar Publishing, pp. 123-133.

2. Maule, C. (2011), "Television", in R. Towse (ed.), *A Handbook of Cultural Economics*, 2nd edition, Cheltenham, UK and Northampton, MA, USA: Edward Elgar Publishing, pp. 413-419.

3. Tadayoni, R. and A. Henten (2013), "Has digitization delivered?", in R. Towse and C. Handke (eds), *A Handbook on the Digital Creative Economy*, Cheltenham, UK and Northampton, MA, USA: Edward Elgar Publishing, pp. 133-151.

4. Withers, G. and K. Alford (2011), "Broadcasting", in R. Towse (ed.), *A Handbook of Cultural Economics*, 2nd edition, Cheltenham, UK and Northampton, MA, USA: Edward Elgar Publishing, pp. 76-85.

第六部分

文化与创意产业经济学专题

31 衡量创意经济

——哈桑·巴赫希

术语模糊和不一致，是关于创意产业的政策辩论的一个显著特征。对于政策制定者而言，创意产业、文化产业和创意经济是可以互换的对象。虽然在术语使用上的不一致可能反映了许多因素（包括不同国家的政策重点和预期结果之间的差异），但这种不一致严重阻碍了国际社会对这一在许多国家正变得越来越重要的经济领域的理解。

缺乏定义的一致性，导致了各国在创意经济衡量上的差异。一般来说，西欧和北欧国家，如英国、德国和芬兰，往往更注重“创造性”而非文化，而南欧国家（包括意大利和西班牙）往往更注重“文化”（Tether，2016）。斯堪的纳维亚国家重点关注需求方面，以“体验经济”（experience economy）为指导性概念（Bille，2011）。概念上的差异会导致在分析这些概念时所涉及或排除的创意经济活动存在差异（Deroin et al，2011）。在这种情况下，对信息技术相关活动的处理尤为重要，因为它们往往会产生巨大的经济影响（Campbell，O'Brien ，and Taylor，2018；Garnham，2005；Hesmondhalgh and Pratt，2005）。

决定哪些活动应该处于考虑范围之内，应该适当地取决于创造力在经济意义上对于行业投入、过程和产出的重要性——在具体实践中，这些是非常难以被衡量的。因此，决策通常是基于自上而下的判断（Flew，2011）。

对于学习文化经济学的学生来说，这个话题很有趣，因为能够批判性地评估许多关于创意产业的规模及其构成的研究是很重要的。有许多国家已经在进行这些研究，从而论证创意产业对政治家和决策者的重要性。在这方面，英国的研究者特别努力地开发了更为系统的方法，因此，研究英国的案例是很有趣的。

31.1 来自英国的案例：定义 1.0

1998 年，英国文化、媒体与体育部（DCMS）[1]提出了这样一种想法，即可以将表演艺术、电影、广告和软件等 13 个创意子行业组合在一起，并将其定义为“创意产业”——“那些源于个人创造力、技能和才能，并有潜力通过知识产权来创造财富和就业的行业”（DCMS，1998）。不久之后，文化、媒体与体育部开始定期发布经济统计数据来支持这一想法，并尽可能将这些创意子行业与英国行业账户构建中使用的官方标准行业分类（SIC）代码相匹配（DCMS，2001）。这些统计数据还包括从官方标准职业分类（SOC）中提取的一组相关职业代码，这些代码也被标记为“创造性的”。换言之，出于经济衡量的目的，一系列子行业和职业被认为是“创造性”的，同时，这也在暗示其余的子行业和职业是非“创造性”的。

这一举动被普遍认为成功地提高了创意产业在世界上的经济形象——在政策制定者眼中，使用国际设定的 SIC 代码使其他国家能够遵循英国文化、媒体与体育部的创意产业衡量法（Potts and Cunningham，2008）；在教育工作者的眼中，我们看到了创意产业课程和研究项目在大学里的爆炸式增长（Comunian and Gilmore，2016）。然而，DCMS 的衡量方法也存在一些问题（包括一部分技术性问题）。例如，文化、媒体与体育部的统计学家将“权重”应用于某些子行业，从而能够分析出并非这些子行业的所有活动都是“创造性”的。但这些权重的有效性尚未得到证明。被认为具有创造性的职业和被认为具有创造性的子行业之间的一致性，亦未被证明（Higgs，Cunningham，and Bakhshi，1998）。

但英国文化、媒体与体育部的统计方法也存在更深层次的概念上的问题。首先，对“创造力”和“知识产权”等关键术语的模糊定义，导致了关于为什么某些行业被包括在内而其他行业不被包括在内的争论；其次，文化、媒体与体育部不愿意单独发布关于“文化”产业的经济统计数据，导致了“创意”和“文化”在概念上的混淆（Bakhshi and Cunningham，2016）[2]；最后，也是最基本的，缺乏一个透明的过程来确定哪些子行业和职业应该（或不应该）被定义为“具有创造性的”。越来越多的利益相关者——无论是来自手工艺和设计等领域（存在许多作为自由职业者的创意工作者，而他们的工作在传统上不被视为“具有创造性的”），还是来自电子游戏等新兴行业（该行业并未被列入标准行业分类，Goumagias et al，2014）——开始对这些统计数据表示担忧。由于缺乏明确的分类标准，文化、媒体与体育部无法解决此类关于子行业的度量问题。

缺乏一种清晰明了的方法来界定哪些行业和职业具有“创造性”，这也阻碍了国际性统一方法的形成，导致不同国家出现了大量不一致的分类方法（Gordon and Beilby Orrin，2006）。

出于上述原因，创意产业和职业的定义、分类与衡量一直是英国科学、技术与艺术基金会（Nesta）近年来研究工作的重点所在。该基金会开发了一种机制，试图解决文化、媒体与体育部的方法中的主要缺陷问题。

31.2 英国创意产业的“动态定义”：定义 2.0

对创意产业和创意经济进行分类的“动态定义”方法，建立在欧洲文化领导小组（European Leadership Group on Culture）的工作基础之上。该小组创造了一个“文化矩阵”，将文化类职业和文化活动结合在一起（Deroin et al，2011）[3]。该方法由以下三个步骤组成：

（1）在第一步中，明确劳动力中哪些职业应被视为创造性职业。创造性角色被定义为那些运用认知技能以创造新鲜事物（其最终形式无法事先完全确定）的角色。通过对巴赫希、弗里曼和希格斯（Freeman and Higgs，2013）研究成果的阅读，我们得出了一些直觉上的判断标准，并对英国劳动力的每个 SOC 代码进行主观评分，从而形成了对创造性职业的甄别依据。此外，在最近的研究中，我们使用机器学习等方法，将鉴别职业是否“具有创造性”的任务进行自动化[4]。

（2）有了这份创造性职业清单，在第二步中，我们计算了英国的每个子行业中从事创造性职业的劳动力的百分比（换言之即该行业的“创意强度”）。

（3）在第三步中，我们分析了不同的子行业的创意强度，并在此基础上将其划分为“创意”和其他。具体来说，我们将那些具有极高创意强度的产业定义为创意产业。然后，我们将“创意经济”中的“就业”区分为：创意产业中的就业，以及在创意产业之外的行业中从事创意工作的就业。

事实证明，在英国，有相对较少的行业具有一个共同特点，即在创意职业中雇用大量个人，创意强度分别为 30%、40%，有时甚至为 80%以上。相比之下，绝大多数其他行业的平均创意强度约为 3%（Bakhshi et al，2013）。这一结果很重要，因为它表明，将一些在文化、商业和运营模式上截然不同的“创意”子行业视为一个整体性的分组，在统计上是十分有意义的。

2014 年，英国文化、媒体与体育部就动态定义机制的主要原则进行了公众咨询，并采纳了该机制。尽管在少数情况下，该部门对哪些职业应被归类为创造性职业，以及哪些子行业应根据其创意强度被归类为创造性职业，做出了不同的判断（DCMS，2016b）。此外，通过采用这种方法，我们可以了解英国创意经济劳动力的地理位置，以及这些劳动力在哪里聚集（Bakhshi，Davies et al，2015）。

通过这种方法，我们还能够得出一致性的国际统计数据，因为该方法使用了 SIC 代码和国际上常用的劳动力调查方法（Nathan，Pratt，and Rincon Aznar，2015；Nathan et al，2016）。一个重要的发现是，创意强度可以用来区分其他国家的创意产业与其他产业，这表明该方法可能具有作为国际标准的潜力[5]。

该方法的另一个重要特征是：它考虑到行业正在快速变化，并对这种变化进行跟踪。具体来说，行业的创意强度是随时间而变化的——因为行业的创意强度或多或少取决于技术变革与其他因素的变化对行业劳动力构成的改变。因此，该方法被称为“动态定义”。

31.3 动态定义与大数据的局限性：定义 3.0

动态定义的一大优势在于，它使用了国家统计机构（NSI）通常用来衡量经济其他部分的行业和职业分类，并使用官方调查和行政数据来源。

然而，国家统计机构在考虑创意产业的经济贡献方面存在着一些问题，这些问题使得任何使用官方分类和数据源的创意产业衡量方法都具有明显的局限性。第一个问题在于，分类过于集中，无法准确地将创造性活动与其他活动区分开来。另一个原因是：官方调查和行政数据并不总是关注创意企业。我之前提到的电子游戏等行业的官方行业代码的局限性加剧了这一问题，这意味着即使存在关于这些行业的数据记录，它们的经济贡献也可能无法被准确识别并分类。在这种情况下，一个潜在的富有成效的新研究方式是去浏览各企业的网站。例如，马特奥斯·加西亚、克林格和斯塔苏洛普洛斯（Mateos Garcia，Klinger，and

Stathoulopoulos，2018）分析了从成百上千家英国企业的网站上搜集的数据，根据他们如何描述自己的行为，来甄别那些应该被贴上“创意”标签的企业。有了这些数据，他们可以筛选出那些经常提到设计、虚拟现实、视频游戏和音乐等术语的企业，并捕捉到创意产业之外的子行业中的企业在多大程度上具有创造性。具体而言，他们将“专业”创意企业定义为那些根据其网站上的文本应被大概率视为具有创意性的企业，将“嵌入式”创意企业定义为那些也会在很大概率上参与创意产业活动的企业（但不如被视为“专业”创意企业）。通过这种方式，他们使用的数据能够以一种独立于 SIC 代码的方式（不同于动态定义）来度量创意经济。

31.4　教学指南

教师应该让学生参与关于创意产业之定义与衡量的概念以及相关案例的批判性讨论。学生应该反思不同研究中所采用的不同方法，并清楚地理解为什么清晰明了的定义和度量方式对于决策来说是很重要的。他们可以参考琼斯、洛伦岑和萨帕斯德（Jones，Lorenzen，and Sapsed，2015）关于联合国教科文组织、世界知识产权组织、欧盟委员会及联合国贸易和发展会议（UNCTAD）等机构采用的行业清单差异，并讨论以自上而下的方式制定清单的局限性。

为了确保学生对更系统的衡量方法所涉及的问题有切实的了解，教师应该设计一个简单的统计练习，以便学生能够熟悉创造性就业和创意强度的概念，这一点很重要。在理想的情况下，应该给学生们提供一份就业统计数据文件，这个文件通常由国家统计机构通过劳动力调查或户籍普查来进行数据收集，并对其进行编码，最终提供给相关研究人员。

31.5　练习：英国年度人口调查

例如，就英国而言，国家统计局提供了 2017 年度人口调查的就业数据（可从国家统计局获得）。学生可以从英国文化、媒体与体育部（2016b）第 6 页的

表1中获得该部门认定为“创意性职业”的30个四位数SOC代码列表，并从该部门（2019）第11页的表2-2中获得其认定为“创意产业”的31个四位数SIC代码列表。教师可以要求学生们使用这些数据来讨论文化、媒体与体育部对创造性职业的分类是否合理，以及是否存在遗漏。然后，要求学生计算所有不同的四位数SIC代码的创意强度，并确认该部门所认定的创意产业的创意强度，确实比在其他行业中所观察到的要高得多。创意产业的定义是否与学生的预想一致？创意产业雇用了多少工人，占总劳动力的百分比是多少？有多少创意工作者受雇于创意产业之外的子行业？这是否说明了更广泛的创意经济在英国的重要性？教师还应鼓励学生思考以有趣而有效的方式将创意经济的就业模式形象化。

注释

[1]现为the Department for Digital, Culture, Media and Sport(数字、文化、媒体和体育部)

[2]2016年,英国文化、媒体与体育部首次发布了基于SIC代码的文化产业统计数据,见DCMS(2016a)。

[3]Cruz和Teixera(2011)回顾了结合职业和行业数据的其他方法。

[4]Bakhshi、Frey和Osborne(2015)使用英国文化、媒体与体育部的创造性职业列表和美国劳工部关于职业技能构成的O＊Net数据进行机器学习,以确定英国的SOC职业是否具有创造性。Lima和Bakhshi(2018)再次使用英国文化、媒体与体育部的创造性职业列表来进行机器学习,但其使用的是从数百万在线招聘广告数据库中所提取的职业的技能构成的数据。

[5]例如,可参见Oksanen等(2018)、Weckerle和Page(2018)以及Innovation Centre(2013)。

参考文献

BAKHSHI H, CUNNINGHAM S, 2016. Cultural Policy in the Time of the Creative Industries[M]. London: Nesta.

BAKHSHI H, DAVIES J, FREEMAN A, HIGGS P, 2016. The Geography of the UK's Creative and High-Tech Economies[M]. London: Nesta.

BAKHSHI H, FREEMAN A, HIGGS P, 2013. A Dynamic Mapping of the UK's Creative Industries[M]. London: Nesta.

BAKHSHI H, FREY C, OSBORNE M, 2015. Creativity vs Robots: The Creative Economy and the Future of Employment[M]. London: Nesta.

BILLE T, 2011. The Scandinavian approach to the experience economy - does it make sense[J]. International Journal of Cultural Policy, 18(1):93-110.

CAMPBELL P, O'BRIEN D, TAYLOR M, 2018. Cultural engagement and the economic performance of the cultural and creative industries: an occupational critique[J/OL].Sociology[2019-12-01]. https://doi. org/10. 1177%2F0038038518772737.

COMUNIAN R, GILMORE A. Higher Education and the Creative Economy: Beyond the Campus[M]. London: Routledge, 2016.

CRUZ S, TEIXERA A, 2011. Methodological approaches for measuring the creative employment: a critical appraisal with an application to Portugal[D]. FEP Working Paper No. 455, University of Porto.

CUNNINGHAM S, 2009. Trojan horse or Rorschach blot? Creative industries discourse around the world[J]. International Journal of Cultural Policy(15):375-386.

DEPARTMENT FOR CULTURE, MEDIA AND SPORT (DCMS). Creative Industries Mapping Document [EB/OL]. [2019-04-06]. https://www. gov. uk/government/publications/creative-industries-mapping-documents-1998/.

DEPARTMENT FOR CULTURE, MEDIA AND SPORT (DCMS). Creative Industries Mapping Document[EB/OL]. [2019-04-06]. https://assets. publishing. service. gov. uk/government/uploads/system/uploads/attachment _ data/file/183544/2001part1-foreword2001. pdf.

DEPARTMENT FOR DIGITAL, CULTURE, MEDIA AND SPORT(DCMS). DCMS Sector Economic Estimates 2016: Gross Value Added [EB/OL]. [2019-04-06]. https://assets. publishing. service. gov. uk/government/uploads/system/uploads/attachment_data/file/662958/DCMS_Sectors_Economic_Estimates_2016_GVA. pdf.

DEPARTMENT FOR DIGITAL, CULTURE, MEDIA AND SPORT (DCMS). Creative Industries Economic Estimates Methodology [EB/OL]. [2019-04-06]. https://assets. publishing. service. gov. uk/government/uploads/system/uploads/attachment_data/file/499683/CIEE_Methodology. pdf.

DEPARTMENT FOR DIGITAL, CULTURE, MEDIA AND SPORT(DCMS). DCMS

Sector Economic Estimates Methodology [EB/OL]. [2019-04-06]. https://assets.publishing.service.gov.uk/government/uploads/system/uploads/attachment_data/file/778360/DCMS_Sectors_Economic_Estimates_-_Methodology.pdf.

DEROIN V et al, 2011. European Statistical Works on Culture: ESSnet-Culture Final Report, 2009-2011[M]. Luxembourg: ESSnet-Culture.

FLEW T, 2011. The Creative Industries: Culture and Policy[M]. London: SAGE Publications Ltd.

GARNHAM N, 2005. From cultural to creative industries[J]. International Journal of Cultural Policy, 11(1): 15-29.

GORDON J, BEILBY-ORRIN H. International Measurement of the Economic and Social Importance of Culture[EB/OL]. OECD Statistics Directorate. [2019-04-06]. https://www.oecd.org/sdd/na/37257281.pdf.

GOUMAGIAS N, CABRAS I, FERNANDES K et al, 2014. A phylogenetic classification of the video-game industry's business model ecosystem[M]//Proceedings of Collaborative Systems for Smart Networked Environments: 15th IFIP WG 5.5 Working Conference on Virtual Enterprises. Berlin: Springer: 285-294.

HESMONDHALGH D, PRATT A C, 2005. Cultural industries and cultural policy[J]. International Journal of Cultural Policy, 11(1): 1-14.

HIGGS P, CUNNINGHAM S, BAKHSHI H, 1998. Beyond the Creative Industries: Mapping the Creative Economy[M]. London: Nesta.

INNOVATION CENTRE, 2013. Valuing Australia's Creative Industries: Final Report[R]. Sydney: Creative Industries Innovation Centre.

JONES C, LORENZEN M, SAPSED J, 2015. The Oxford Handbook of Creative Industries[M]. Oxford: Oxford University Press.

LIMA A, BAKHSHI H, 2018. Classifying occupations using web-based advertisements: An application to STEM and creative occupations[M]. London: ESCoE.

MATEOS-GARCIA J, KLINGER J, STATHOULOPOULOS K, 2018. Creative Nation: How the Creative Industries Are Powering the UK's Nations and Regions[M]. London: Nesta.

NATHAN M, KEMENY T, PRATT A, SPENCER G, 2016. Creative Economy Employment in the US, Canada and the UK: A Comparative Analysis[M]. London: Nesta.

NATHAN M, PRATT A, RINCON - AZNAR A, 2015. Creative Economy Employment in the EU and the UK: A Comparative Analysis[M]. London: Nesta.

OKSANEN J, KUUSISTO O, LIMA - TOIVANEN M et al. In Search of Finnish Creative Economy Ecosystems and Their Development Needs - Study Based on International Benchmarking [EB/OL]. [2019 - 04 - 06]. https://cris.vtt.fi/en/publications/in-search-of-finnish-creative-economy-ecosystems-and-their-develo.

ONS. Four and five digit industry (SIC) cross references with four digit occupation (SOC) [EB/OL]. [2019 - 04 - 06]. https://www.ons.gov.uk/employmentandlabourmarket/peopleinwork/employmentandemployeetypes/adhocs/008889fourandfivedigitindustrysiccrossreferencedwithfourdigitoccupationsocjanuarytodecember2017.

POTTS J, CUNNINGHAM S, 2008. Four models of the creative industries [J]. International Journal of Cultural Policy, 120(1): 163-180.

TETHER B. Creativity for Innovation & Growth in Europe: Final Project Report [R/OL]. [2019-04-06]. https://cordis.europa.eu/docs/results/320/320203/final1-cre8tv-final-report-16-september-2016.pdf.

WECKERLE C, PAGE R, 2018. Creative Economy Switzerland: Creative Economy Report 2018[M]. Zurich: CreativeEconomies.

32 艺术在创造力、创新、数字技术和商业的十字路口——一个案例研究

——伊丽莎白·拉扎洛

文化创意产业包括广泛的行业，如视觉艺术和表演艺术（戏剧、现场音乐、歌剧、舞蹈，有时被称为“核心艺术”）、文化遗产、档案和图书馆（“文化遗产”）、建筑、设计、时尚、工艺美术、广告、视听（电影、电视、广播、软件和电子游戏、多媒体和音乐），以及节日、书籍和出版（“创意产业”）。这些对文化创意产业的定义与分类，还意味着该产业在商品生产、分销和消费模式上的多样性，创意内容通过这些模式被生产、传递和共享，而新技术在其中发挥着越来越重要的作用。

32.1 对本专题的简要说明

这个专题可以通过一个典型的案例来说明。teamLab 是一个由顶尖技术专家组成的跨学科艺术团队，他们的合作旨在引领艺术、科学、技术、设计和自然界的融合。各种专家如艺术家、网络和图形设计师、程序员、IT 工程师、计算机图形动画师、数学家、建筑师和项目经理组成了 teamLab。这是一家由 5 位互为朋友的研究生于 2001 年在东京成立的初创公司，现已成为一家拥有约 400 名员工的大企业。其业务范围包括网络与产品开发、品牌营销以及在世界各国的艺术场所展出的先进的数字化互动艺术设施。

teamLab 是一个创意产业中的协作型企业的成功案例。然而，这种成功远非该行业的常态。通常，创意人员（即文化创意产业中的创意人员）和创意公司

是艺术、设计创新和发明方面的专家，他们开发新想法、新产品和新的解决方案。然而，他们面临着是否能够采取可行的商业模式的挑战。可行的商业模式将使他们能够充分获取价值并变得足够强大，从而在市场中赢得竞争并生存下去。

32.2 为何选择此专题

文化创意产业不仅提供文化价值、多样性，以及个人和集体的创造力、技能和天赋，而且还提供社会价值和经济价值。因为它们有潜力在各自的行业内带来创新，并创造财富和就业机会，从而对整个经济和社会产生溢出效应。在这样的背景下，数字技术在当代的创意产业中扮演着越来越重要的角色，数字技术不仅模糊了供给和需求，还模糊了文化创意产业中各领域之间的传统界限，例如模糊了共同创作与互动设计之间的界限。然而，从价值链的角度来看，这并不能阻止传统的推广分销渠道与这些创意公司共存，并对它们予以支持。teamLab 就是这样的一个例子，它通过商业画廊在视觉艺术市场上进行国际性的推广，并在公共博物馆和艺术节上展出。另一方面，数字技术以及通过互联网进行的推广和分销渠道进一步推动了该公司的国际化，加强了公司与全球受众和客户的直接联系。

从教育的角度来看，teamLab 将艺术、新兴技术与自然相结合的故事，能够更有效地激发学生的想象力与创业潜力。

32.3 为何选择此专题作为文化经济学的案例研究

创意人士和创意产业通常被认为缺乏足够的商业技能和专业知识（包括管理、融资和组织）。最终，这阻碍了创意企业获取其在经济中创造的全部价值的能力。数字化虽然带来了机遇，但也带来了更大的竞争压力。因此，在这种情况下，为了更好地理解创意企业的运作和策略，必须考虑经济方面的因素，如商业模式、产品创新和发明、溢出效应、价值链、创业精神和扩大规模。从公共政策的角度来看，溢出效应对于扩展创意产业的经济价值的论述也至关重要。

32.4 学习目标

尤其在城市或地区、国家和国际政策中，文化创意产业因其在促进创新、经济和社会的增长及其恢复力、就业（尤其是年轻人）以及社会的宽容度和友善度方面的潜力，而越发地被视为一个具有吸引力的行业。然而，其中一些潜力可能被高估了。与其他行业相比，尤其要考虑文化创意产业中的工作不稳定的比率、较低的薪酬水平、缺乏职业出路和就业监管，以及作为一个主要基于无形资产的行业，其获得资金、创新和绩效评估的机会。这些缺陷只能通过灵活性、人脉和创新者的创业态度得到部分补偿。这也要求该领域中的当前和未来的专业人士具备更多的经济和商业素养。另一方面，文化创意产业的内在价值很重要且具有吸引力，这也可能会弥补上述的一些缺陷。

因此，艺术、设计、媒体及相关学科的学生必须更好地理解文化创意产业所涵盖的内容及其背后的重要经济学概念，如创意企业、创新、知识溢出、商业模式、价值链等。同样，创意产业，尤其是数字多媒体创作，对于经济学、商学、社会学、公共政策以及其他社会科学与自然科学学科的学生而言，是一个有趣且熟悉的应用领域。

32.5 对基本经济问题的详细阐释

teamLab 是一个有趣的创意公司的例子，其创新的商业模式值得我们从文化经济学的角度出发来对其进行各方面的研究。商业模式展示了一个公司如何创造、传递和获取价值。teamLab 成功的商业模式利用了内部知识溢出，通过结合不同的专业知识来提供市场上日益成功的数字艺术和创造力方面的创新产品。知识或创新溢出使得产生于某个部门的创新思想能够传递至其他部门。数字化创意公司尤其适合发展和利用知识溢出，从而将各种艺术、创意和技术学科、各类专业知识的投入结合起来，以提供一系列多样化的产品和服务。

teamLab 结合了视觉和表演艺术、建筑、平面设计、网页设计、编辑、计算机图形动画、计算机编程、IT 工程、数学、营销、商业与策略，从而生产出范围广泛的产品。这些产品包括：艺术（数字和媒体艺术、3D 设计和动画、现代雕塑与投影映射）、建筑（商业事务所、零售店和公共空间的设计）、解决方案（系统和网站的开发与维护、智能手机的应用程序开发、用户界面、设计、推广策略与系统整合、视频制作）以及产品开发（搜索和推荐引擎、数据挖掘技术、互动媒体、玩具与娱乐产品）。通过这种方式，创意公司可以将由供给驱动的艺术创作（例如艺术项目）与由市场驱动的创意生产（例如以商业为导向的产品）结合起来。值得注意的是，公司的项目经理促进了设计师和技术人员的结合，并增进了他们对市场的理解。就组织而言，创意公司通常是中型的、基于多项目的、灵活的、协作的、非正式的，并且有一个层级扁平的结构，即一支（经济上）收入不高但充满活力的劳动力队伍。这些特征在很大程度上使得公司内部的信息流动更加顺畅，但由于国际市场的增长以及相应的劳动力和供给的增加，亟须扩大规模的创意公司也将面临一些挑战。

一个与商业模式类似的概念是价值链。价值链是一个由不同步骤组成的过程，企业通过此过程从原始投入开始，直到最终向消费者交付有价值的产品结束。更长或更短、更复杂或更简单的价值链对应于创意产业的不同行业。例如，电影业具有相当长且复杂的价值链（从概念、融资和前期制作，到制作、后期制作、发行和销售、出口和电影节，再到广播、流媒体和线下营销），而视觉艺术市场的特点是一个相当短且简单的价值链（从艺术家到画廊与博览会，再到收藏家）。数字技术可以对价值链进行压缩。

从消费者的角度来看，应用于艺术和创意的数字技术和互联网，对新一代消费者特别有吸引力。因为，相比传统的物理媒介，它们为用户提供了更灵活、更与时俱进、更具互动性和更沉浸式的体验。从这个意义上说，艺术和创造力刺激了新技术解决方案和创新的发展（而不是反过来）。此外，数字艺术的几乎免费发行（例如开源）对艺术商业化的传统方式提出了挑战。

32.6　教学方式

引导学生开展对艺术与创意产业中不同行业的创意过程的讨论，增进学生对创意者和创意公司的成功商业模式的理解，并使学生认识到这些公司可能面临的潜在挑战。

利用 teamLab 网站（www. teamlab. art）上丰富的多媒体材料来开展课堂讨论。根据学生可以查询到的线下和线上资料，对创新与知识溢出、价值链和其他经济概念进行深入的书面分析。鼓励学生将 teamLab 与他们自己查询到的其他案例和创意领域的例子进行比较，并寻找其中的相似之处。

32.7 供学生在课堂讨论或书面作业中思考的问题

（1）什么是创造性？

（2）技术在艺术中扮演什么角色？教师可以使用视频和其他可用的材料（还可以与过去几个世纪的艺术史进行类比）来推动课堂讨论。学生们了解跨学科与数字艺术的其他成功案例吗？

（3）技术、艺术、创新、实验和新颖性等概念之间的关系（或区别）是什么？

（4）解释创新、数字技术和价值链在不同创意行业（例如音乐、时尚等）中的重要性。举例说明。

32.8 评估标准

学生应该能够理解主要的经济概念及其在各案例中的应用。他们应该能够认识到文化创意产业所面临的主要挑战并提出解决方案。

补充阅读材料

1. 关于创意产业各方面之概述，可参阅：

（1）Caves, R.（2000）, *Creative Industries: Contracts Between Art and Commerce*, Cambridge, MA: Harvard University Press.

(2) Jones, C., M. Lorenzen and J. Sapsed (eds) (2015), *The Oxford Handbook of Creative Industries*, Oxford: Oxford University Press.

2. 关于创意产业、创新、溢出效应与技术,可参阅:

(1) Bakhshi, H. and E. McVittie (2008), "Creative supply-chain linkages and innovation: Do the creative industries stimulate business innovation in the wider economy?", *Innovation: Organization & Management*, 11(2), 169-189.

(2) Müller, K., C. Rammer and J. Trüby (2008), "The role of creative industries in industrial innovation", *Innovation: Organization & Management*, 11(2), 48-168.

3. 关于创意企业家,可参阅:

(1) Lazzaro, E. (2017), "Cultural and creative entrepreneurs", in B. Mickov and J. E. Doyle (eds), *Culture, Innovation and the Economy*, London: Routledge, pp. 33-37.

33　画廊——做市商

——保罗·迪卡罗、伊西多罗·马扎

33.1　简介

著名的南非艺术家威廉·肯特里奇（William Kentridge）曾说过：

销售作品的有趣之处在于，一件作品的价格或购买它所需付出的代价，在很大程度上取决于作品销售的环境，而非取决于作品本身。如果你在镇上的一个由艺术家经营的空间里出售作品，要价2 000美元，这是很昂贵的。如果同样的作品在一家漂亮的画廊内展出并以6 000美元的价格出售，人们会认为它的价格非常合理。(Weintraub，2003)

这段话凸显了画廊在决定价格以及最终决定艺术家成功方面的影响力。画廊也可以是影响公共机构策展决策的把关者。《艺术新闻》（Halperin，2015）调查了2007—2013年在68家美国博物馆举办的近600场展览，发现30%的著名个人作品展都有5家顶级画廊代理的艺术家参展。画廊为每场展示其所代理的艺术家作品的展览所支付的费用在5 000~200 000美元，这可能并不令人惊讶（Pogrebin，2016)。本章的关注点在于画廊在当今艺术市场中的重要性。画廊这一做市商和把关者的角色源于艺术市场的内在特征。在本章的范围内，我们只关注那些代理一个或多个艺术家（他们在市场上尚未很好地立足）的专业艺术画廊。艺术品交易商所代理的类别要广泛得多，其中很大一部分卖家并不直接有助于艺术家的职业生涯。原因在于，“交易商在处理在世艺术家，尤其是不知名或新艺术家的作品时所需要的人际交往技巧，与处理已故艺术家的作品或处理少数著名且仍在世的艺术家的作品时所需要的人际关系技巧大不相同”（Shubik，2003）。

33.2 为何选择此专题

上述的前两个例子引出了关于画廊对艺术家的经济成功和艺术生涯的影响问题。艺术质量是一个难以捉摸的概念，尤其在当代艺术市场，它与美学和技术的关系非常薄弱（如果它真的存在的话）。就连艺术家们自己也很难对其他同行的作品质量在观点上达成一致。在这方面，艺术品既不同于大多数商品（它们的质量在我们购买之前可以大致确定），也不同于经验商品（我们需要购买过才能确定它们是否是我们想要的产品）。在许多情况下，艺术品买家甚至在购买艺术品后也无法对其进行评估。撇开他们理解作品质量和其背后概念的能力不谈，从投资的角度来看，他们面临着关于艺术家未来职业生涯以及某一特定作品（题材、形式、着色等）在艺术家全部作品中的重要性的高度不确定性。

因此，调查并确定质量与价格之间的联系是非常困难的。艺术品的生产成本通常只占要价的一小部分。经济学家可以说，市场决定艺术品的价格：相对于供给而言，过度需求将推高艺术品的价格，而过度供给将拉低艺术品的价格。他们还警告说，如果买家无法确定产品的质量，他们可能会通过查看供应商的历史、声誉，或通过依赖中间商等知情的第三方，以试图减少信息不对称的问题。艺术家和画廊可以作为品牌来对质量进行认证。对于尚未建立自己品牌的新兴艺术家来说，代理他们的画廊是质量认证机构。没有这些中间方的作用，收藏家似乎无法确知新兴艺术家的才能。事实上，艺术家的作品不太可能在没有画廊介入的情况下被收藏。随着艺术家事业的发展，他的画廊（或多个画廊）也可以通过支持和资助展览，来充当公共和私人机构之间的中介。他们之所以愿意这样做，是因为机构展览往往会增加需求（取决于机构的地位），特别是对于那些展览中展出的作品。

上述问题揭示了年轻艺术家的未来如何取决于画廊的水平与声誉。然而，并不是所有的画廊都为他们的中介工作收取相同的价格，一些画廊可以要求更高的费用。画廊作为知识渊博的中介机构运作，其在市场中的生存很大程度上取决于其声誉，即能够在合理的时间跨度内识别和销售被视为高质量的作品。他们的声誉价值是一种激励，促使他们投入时间以完善相关知识，并向买家报告交易艺术品的质量。因此，画廊可以通过降低交易成本和买家的信息空白来提高市场效率，从而造福于买家和卖家[1]。除此之外，画廊还充当艺术家的代理人，并投入时间和资源向机构宣传他们的展览。这项活动将增加艺术家对自己作品的认可度及其作品的市场需求，并保障之前买家的投资[2]，从而有助于艺术家的职业生涯。

33.3 为何选择此专题作为文化经济学案例

商业画廊的活动与文化经济学尤其相关，因为它们与艺术家（生产者）、收藏家（买家）以及公共和私人机构一起，是艺术市场的基本利益相关者。事实上，经销商占销售额的53%，其余47%通过拍卖出售（Art Basel and UBS，2018）。

虽然有大量关于艺术家和博物馆的文献，但对画廊的研究却很少。世界上的艺术博览会数量在短短10年内增长了3倍，从2005年的约100个增加到2015年的300多个（《艺术新闻》，2016年）[3]。此外，我们还注意到在不同大洲都设有展厅的跨国画廊的出现。这些都是画廊在当前艺术市场中的经济重要性的表现。然而，尽管一些画廊非常成功、利润丰厚，但很多其他的画廊似乎很容易走向失败（即使在成功几年之后也是如此）。2017年，开业的画廊数量反而不如倒闭的多（Art Base and UBS，2018）。这也可能是由于过去几年开业画廊的数量减少所致。在本章中，我们关注画廊决定艺术品价格的能力及其在艺术家职业生涯中的作用。

33.4 对基本经济问题的详细阐释

在本章中，学生们将了解艺术画廊在艺术市场中的作用，并特别关注它们作为市场中介（在某种意义上是做市商）的作用。尤其重要的是，当买家对某件艺术品的价值缺乏信心时，学生应该对画廊凭借其信息优势对艺术市场进行的干预（以及干预的方式）有所了解。(之前没有任何成交记录的）卖方艺术家和买方消费者之间关于艺术品质量的信息差异可能很重要。在经济方面，艺术品市场存在信息不对称问题，即市场中的一些参与者（画廊）可以比其他参与者（买家）拥有更多关于艺术品质量的信息。因此，买家愿意为这些信息付费，以避免为低质量的艺术品支付高价（经济学中的所谓“柠檬问题”）。画廊会提供公开信息来源，例如由经销商、策展人或媒体所举办的私人或公开展览。此外，作为掌握充分信息的中介机构，艺术画廊通过影响艺术品的交易量和价格，从而有助于解决艺术品市场中存在的信息匮乏问题。

33.5 文化经济学中对于本专题的研究

经济学文献对艺术画廊的研究表现出了兴趣，其目的主要在于了解画廊对艺术市场价格的影响，但并未足够重视画廊作为艺术市场的中间人（以及在某些情况下作为做市商）来运作的影响。事实上，文化经济学家主要关注拍卖销售和价格指数的实证研究，以及不同艺术市场的价格决定因素。文化经济学领域的一些研究在关于画廊的商业活动方面提供了有意义的见解。然而，这些研究并未认识到一个事实，即艺术市场（尤其是“新兴的”和相对不知名艺术家的市场）具有信息不对称的特征。

33.6 学习目标

本章的基本问题如下：

（1）艺术品市场的价格是否反映了艺术品的质量？

（2）画廊如何影响主要艺术品市场中的价格？

（3）画廊的声誉及其对专业知识的投资等因素，是否会影响其作为中介的角色，进而影响市场价格？

33.7 教学方式

教师可以从有关画廊在艺术市场中作用的新闻开始对本章话题进行讨论，艺术博览会是值得去着重介绍的。新闻会定期报道主要的国际博览会，例如巴塞尔（Basel）艺术展在巴塞尔、迈阿密和上海的展会，伦敦弗里兹艺博会（Frieze London），马斯特里赫特欧洲艺术和古董博览会（TEFAF Maastricht），以及巴黎国际当代艺术博览会（FIAC Paris）的展会等。此外，国家和地方媒体还报道了许多影响力相对没那么大的展会。教师需要注意，强调画廊对艺术品价格和艺术家声誉的影响是尤为重要的。瑞银（UBS）/巴塞尔艺术集团（Art Basel）发布了一份关于艺术市场的年度报告。《艺术新闻》有一个关于艺术市场的栏目，该栏目经常报道集市和画廊，也包括对它们的管理者的采访。另一个有用且丰富的信息来源是艺术作品发现平台（Artsy）网站，该网站定期发布关于画廊的文章，并提供展会的现场报道。

然后，讨论在有和没有画廊的情况下，艺术市场的价格会有什么不同。这可以借助一些基于模拟结果的图表来完成（图 33-1 和图 33-2）[4]。

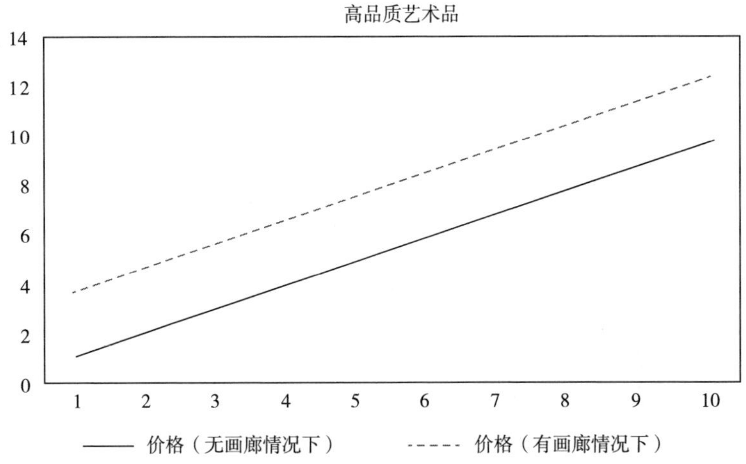

图 33-1　市场上有画廊与无画廊的情况下对高品质艺术品的价格比较（不考虑声誉）

注：纵轴为价格，横轴表示 10 种不同的艺术品。

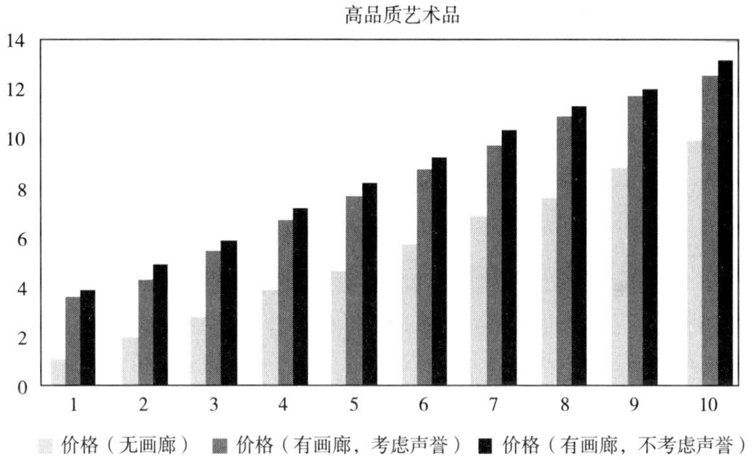

图 33-2　市场上有画廊与无画廊的情况下对高品质艺术品的价格比较（考虑声誉）

注：纵轴为价格，横轴表示 10 种不同的艺术品。

在没有画廊作为中介的情况下，价格应主要反映艺术品的质量，并将由供需匹配来决定。然而，正如尾注 1 所述，当在确定艺术品的“真实”质量存在一些信息问题时，可能只有低质量的艺术品才能卖得出去。在有画廊的情况下，高质量艺术品的价格可能会上涨，因为前者是作为拥有充分信息的中介机构而运作的，而且画廊也需要支付一些成本（例如买卖活动）。此外，画廊将尝试向消费者收取它们花费时间学习并“鉴别”艺术品以确定其“真实”质量所产生的费用。鉴别费用的例子包括：参观艺术学校的毕业展览、参观工作室、与对艺术家感兴趣的策展人会面、邀请艺术家参观画廊。简言之，鉴别活动是一个成本高昂的过程。举个例子，在没有画廊的情况下，一件定价为 5 欧元的高质量艺术品，如果由画廊出售，其价格可能超过 7.5 欧元。这 2.5 欧元的额外费用来自画廊销售艺术品的成本，以及画廊为确定艺术品质量而产生的鉴别成本。通常情况下，额外费用还取决于画廊在区分低质量和高质量艺术品方面的困难程度，即（艺术家和画廊之间）信息不对称的程度，以及假装在市场上提供高质量艺术品的低质量艺术家的数量。

然而，如果画廊对声誉有所考量，则情况（以及价格）可能会发生变化。简言之，当消费者对画廊给予认可时，画廊可以有更多的动力去进行更精确的鉴别，并销售“真正的”高质量艺术品，这是声誉作用下的结果。例如，当低质量艺术品被错误地当成高质量艺术品出售时，画廊可以将差价退还给消费者。继续讨论上文的例子，高质量的艺术品定价为 5 欧元（无画廊）和 7.8 欧元（有画廊且无声誉考量)，当声誉很重要时，定价可以是7.5欧元。价格下降的原因是，由于画廊进行更准确的鉴别，模仿高质量艺术品的低水平艺术家越来越少，因此，市场上的信息不对称程度有所降低。

33.8 供学生在课堂讨论或书面作业中考虑的问题

(1) 作为艺术家，你更愿意直接出售作品还是通过经销商出售作品？

(2) 画廊如何建立自己的声誉？

(3) 你认为与一位或多位经销商合作是更好的做法吗？

(4) 你认为艺术家和收藏家都能从画廊的活动中受益吗？还是只有其中之一能够受益？

(5) 你认为艺术展会是有意义的吗？它们对画廊、艺术家和艺术品收藏者而言是有意义的吗？还是仅对一部分人有意义？

33.9 评估标准

(1) 学生是否理解本章所提出的问题背后的基本理论？例如，学生们能否描述涉及艺术家、经销商和买家的信息不对称所产生的主要经济影响？

(2) 学生们是否认为本专题对于分析艺术市场而言是重要的？

(3) 学生们是否意识到本专题与文化经济学中的其他专题是相关的？

注释

[1]如果收藏家直接从艺术家那里购买艺术品,艺术家和收藏家之间关于艺术品质量的信息不对称会导致逆向选择问题。当艺术家知道他们将要出售的艺术品的品质,而买家无法确定他们购买的艺术品的质量时,就会出现这个问题。不过,买家会观察价格,并可以确定平均价格。如果卖方的要价高于平均水平,买方

并不确定其品质也会高于平均水平时,买家将支付平均价格。那么,艺术家就不会出售价格高于平均水平的艺术品。总之,只有“低质量”的艺术品(即质量与价格不高于平均水平的艺术品)被出售。请注意,艺术家也可以更高的价格出售高质量的艺术品,但买家不会接受这个价格,因为他们无法判断品质的优劣。

[2]投资回报可能不仅仅是财务上的,还可能具有无形的特征,例如“温暖的光芒”。

[3]平均而言,2017 年,画廊在展会期间的销售额占全年销售额的 46%。

[4]数值模拟参阅 Di Caro 等人(2018)。

补充阅读材料

1. Caves, R. E. (2000), "Artists, dealers, and deals", in R. E. Caves, *Creative Industries: Contracts Between Art and Commerce*, 1st edition, Cambridge, MA: Harvard University Press, pp. 37-51.

2. Prendergast, C. (2014), "The market for contemporary art", mimeo.

3. Velthuis, O. (2011), "Art dealers", in R. Towse(ed.), *A Handbook of Cultural Economics*, 2nd edition, Cheltenham, UK and Northampton, MA, USA: Edward Elgar Publishing, pp. 28-32.

参考文献

ART BASEL & UBS. Art Basel and UBS Global Art Market Report[EB/OL]. [2019-10-19]. https://www.ubs.com/global/en/ubs-news/r-news-display-ndp/en-20180313-art-basel-market-report.html.

DI CARO P, GEORGALOS K, MAZZA I, SCHRAM A, 2018. Art galleries as informed experts: An experimental study. mimeo.

HALPERIN J. Almost one third of solo shows in US museums go to artists represented by just five galleries[N/OL]. The Art Newspaper, 2015-04-02[2019-10-23]. http://ec2-79-125-124-178.eu-west-1.compute.amazonaws.com/articles/Almost-one-third-of-solo-shows-in-US-museums-go-to-artists-represented-by-just-five-galleries/37402.

POGREBIN R. Art galleries face pressure to fund museum shows[N/OL]. The New York Times, 2016-03-07[2019-10-23]. https://www.nytimes.com/2016/03/07/arts/design/art-galleries-face-pressure-to-fund-museum-shows.html.

SHUBIK M. Dealers in art[M]//TOWSE R. A Handbook of Cultural Economics. Cheltenham, UK and Northampton, MA, USA: Edward Elgar Publishing, 2003: 194-200.

THE ART NEWSPAPER. International Fair Report 2016[EB/OL]. [2019-10-19]. https://www.momart.com/downloads/art-fair-report-2016.

WEINTRAUB L, 2003. Making Contemporary Art: How Modern Artists Think and Work[M]. London: Thames & Hudson.

34 电影经济学（一）

——泰勒·奥姆、达琳·C. 奇泽姆

本章的重点是教授电影经济学。我们会对电影的前期开发、制作与发行进行讨论。对于每个阶段，我们介绍了该阶段的关键经济学概念，并提供课堂练习和讨论话题以阐明每一个核心经济学概念。关于课堂活动的建议，我们将以学生作为电影内容消费者的相关经历为基础。

34.1 电影的发展

我们建议在本书中开设一个电影经济学专题，从初始阶段——电影发展和“绿灯”（制片厂承诺为电影项目提供资金）开始讨论。这一阶段始于一位电影制片人将一个故事和剧本“推销”到一家制片厂，然后制片厂决定是否制作这部电影。

一个常见的误解是：“绿灯”在很大程度上是一种关于艺术的决定。事实上，面对巨大的不确定性，制片厂是在进行一项重大的投资。虽然具体的投资方式各不相同，例如制片厂资助、“negative pickup”交易[1]等，但“绿灯”可以让学生亲身体验在最终作品完成之前，对该作品能否取得商业成功进行预测所面临的挑战[2]。

下面的练习 1 可以使学生了解在面对高度不确定结果的情况下做出投资决策的相关经验。他们将了解制片厂和投资者在拍摄“绿灯”电影时所面临的挑战，并思考他们自己对于风险的态度。学生们通过了解不确定性在一定程度上可以通过极高和极低的表现水平（在本例中是票房收入）而呈现出来，从而理解方差的概念（方差是一种被广泛使用的对不确定性的度量）。

34.2　电影的制作

一旦一部电影被批准制作，在前期开发完成后，将进行主要的拍摄工作，再之后是后期编辑并最终完成。这一制作过程需要大量具有高度专业技能的专业人士的投入，包括：布景设计师、音响专家、服装设计师、摄像团队和特效团队，以及许多其他参与者。此外，电影制作需要专业的拍摄设备与器材（例如摄影棚）以及其他物质资本。拥有齐全的基础设施的大型电影工作室，在制作阶段会受益于规模经济。

我们建议通过以下问题开展课堂讨论：

（1）你认为一家大型制片厂对电影制片人有什么好处？

（2）你认为政府对小型电影制片人的补贴非常重要的原因是什么？

（3）Netflix 的订阅模式如何支持大量内容的制作？

34.3　电影的发行

制片厂制作了一部电影并不意味着它们的工作已经完成。发行是指通过市场营销确保电影能够在影院和非影院放映，并向观众传达关于电影质量信息的过程。美国各大电影制片厂都有自己的发行部门，负责为自己的电影处理所有这些工作。独立制片厂以及美国以外的许多制片厂，必须通过与大型制片厂或独立发行公司签订合同来确保电影的发行。发行商会就发行时间表、广告和其他可能影响电影发行成功的因素做出许多重要决策。

学生将认识到电影发行的要素——包括广告、电影发行时间以及发行范围的差异。然而，他们可能没有充分了解关于即将上映的电影品质的信息的不平衡或不对称问题的重要性。文化经济学家将电影归类为经验商品。

经验商品的质量或特征，在消费者消费该产品之前并非显而易见。经验商品往往会给消费者带来难题，因为他们将被迫在没有足够的信息来确定该产品是否能提供足以超过其成本的效益的情况下决定是否购买该商品。就电影而言，发行商可以根据消费者对电影品质缺乏了解这一性质来做出相应决策。

对于高质量的电影，发行商可能会尝试提前散布电影的相关信息，以便消费者对电影的品质感到放心。在这种情况下，消费者将更有可能观看此类电影。这或许可以解释为什么高质量的独立电影通常会预先给评论家观看，并在电影节以及主要城市中上映，然后再在广大院线上映。电影所获得的可信度高的好评，会增强观众观看电影的动机。

对于低质量的电影，制片厂可以尝试较少地散布电影的相关信息，让观众无法确定电影质量的优劣。制片厂通常会限制影评人在电影发行前对电影进行评论，或不进行提前预演，或限制提前观影的人数。即使是大范围的上映策略，也可以被视为限制观众获取电影信息的一种方式，因为大部分观众可能都会在首映周末观看这部电影，此后人们才可能会形成对一部电影的负面评价。发行低质量电影的制片厂通常会通过有选择的剪辑来制作电影预告片，从而只表现电影的优秀品质，而不会放出可能会给观众留下负面印象的电影片段。

对于在美国境外制作的电影，其他国家的观众通常会将一部电影能否在美国上映视为该电影是否具有较高品质的判断标准。非美国制片方将试图确保其电影能够在美国发行一小部分，以传递出该电影质量较高的信号。此外，美国电影公司在国际上发行其电影，可以策略性地在美国发行和外国发行之间引入时间间隔，以便建立口碑，使美国以外的观众认为该电影是一部高水准之作。反之，美国和外国同时发行电影可以用来阻止非美国观众获得电影品质的相关信息。沃尔斯和麦肯齐（2012）证明了该策略的有效性。

34.4　学生练习

练习 1

许多在线资源提供了有关电影故事情节、创作人员与票房业绩的详细数据和信息，包括：票房 mojo（boxofficemojo. com）、the-numbers. com 和互联网电影资料库（imdb. com）。为了准备这项练习，请选择 5 部近期票房表现强劲（如超过 1 亿美元）和 5 部表现较弱（如低于 4 000 万美元）的电影。教师向学生提供每部电影的故事摘要与关键信息（例如电影的类型、是否是续集、导演和主要演员的姓名），但不要提供有关电影名称的信息。之后，要求学生根据给出的信息预测每部电影的票房潜力为“强”或“弱”。最后，给学生展示真实的票房收入与电影的片名。相关研究请参见格茨曼、拉维德和斯维尔德洛夫（Goetzmann、Ravid，and Sverdlove，2013）。

在这个练习之后进行讨论，要求学生反思电影投资者如何管理创意产业中的不确定性。他们自己是如何在这个练习中做出自己的决定的？“保险”的赌注是否存在？票房收入的差异有多大？

练习 2

对市场进行模拟，是向学生解释产品质量的不确定性如何影响消费者行为的一个有效的方式。首先给每个学生一张卡片，让他们扮演生产者或消费者的角色。每个生产者的卡片上注明产品的生产成本，每个消费者的卡片上注明消费者愿意为产品支付的金额。

要求学生相互协商。每个生产者都希望找到一个能支付其成本的消费者，每个消费者都试图找到一个能以低于其支付意愿（WTP）的价格将产品卖给他们的生产者。经过几轮谈判后，学生们应该已经达成了交易。现在用新的卡片替换消费者的卡片，每张卡片都表示一系列可能的支付意愿，而不是一个单一的已知数值；重新使用第一轮谈判中的生产者卡片（成本保持不变）。增加消费者对产品质量及其价值的不确定性，将极大地改变消费者的行为。用新安排的卡片重新开始谈判，然后让学生讨论最终结果会发生什么样的改变。

34.5 针对书面作业的样题

（1）电影制片公司如何降低与不确定性产品相关的风险？在制片公司试图降低风险的情况下，你认为制作哪种类型的电影更容易获得批准？

（2）近年来，许多主要制片厂都将电影制作的重点放在了翻拍、重映和续集上。你认为这种生产策略与不确定性的概念有何关系？

（3）美国电影业的生产能力集中在好莱坞（而不是在地理上更加分散），给出三个原因以解释此现象。这种物质资本的集中与规模经济有什么关系？

（4）当你去看电影时，你有多大信心会认为你的电影票物有所值？作为一名消费者，你如何尽量减少购买经验商品时所遇到的问题？

（5）讨论 Twitter 等社交媒体和 Metacritic 等电影评论网站在减少制片方和电影观众之间关于新上映电影质量的信息不对称方面的作用。

注释

[1]“negative pickup”交易通常是指制片厂从独立制片人那里购买电影。“Negative”是指制作完成的电影。在数码相机广泛使用之前，电影是在胶片上拍摄的，胶片的“负片”(negative)是拍摄、编辑和制作过程的最终结果。

[2]有关电影制作流程和相关金融机构的更多信息，请参见“参考文献”中 Vogel(2015)。

参考文献

GOETZMANN W N, RAVID S A, SVERDLOVE R, 2013. The pricing of soft and hard information: economic lessons from screenplay sales[J]. Journal of Cultural Economics, 37(2): 271-307.

VOGEL H L, 2015. Entertainment Industry Economics: A Guide for Financial Analysis[M]. 9th edition. New York: Cambridge University Press.

WALLS W D, MCKENZIE J, 2012. The changing role of Hollywood in the global movie market[J]. Journal of Media Economics, 25(4): 198-219.

35 电影经济学（二）

——泰勒·奥姆、达琳·C. 奇泽姆

本章的重点是教授电影经济学。本章主要涉及两个主题：电影展和电影的后期发行。与第 34 章相同，我们重点阐述了每个阶段的关键经济学概念，并对课堂练习和讨论话题做一介绍以说明每个核心经济学概念。关于课堂活动的建议，我们将以学生作为电影内容消费者的相关经历为基础。

35.1 电影展

即使电影制片厂正在对数字发行以及其他变现手段进行尝试，电影展仍然是主要制片厂的一个重中之重的发行策略。尽管在影院观看电影的价格相对于其他媒体平台来说比较高，但消费者仍然喜欢电影院的观影体验。一些电影在美国的数千个荧幕上大规模上映，而其他的一些小电影在首映周末只在一两家电影院上映，以确保在未来几周能够更大规模地上映。

教师可以通过引入“长尾”经济学概念来分析电影发行策略的显著差异。当高价值结果（例如产生异常高票房收入的电影）以非常低的频率发生，而低价值结果以更高的频率发生时，就会出现“长尾现象”。如果高值和低值结果的数据以图形方式呈现，结果（如戏剧电影收入）的值在横轴上，发生频率在纵轴上，那么该图形的左侧有一个大的尖峰，其右侧有一个长长的、呈下降趋势的“尾巴”。这张图说明了“票房大片”是一个不寻常的事件。

教师可以强调第 34 章中介绍的经济学概念，例如经验商品，以及关于电影质量的信息不对称对于消费者的观影决策的影响。教师可以指出，这种长尾现象在其他行业并不常见。与许多行业的“超级明星”相比，“脱颖而出的电影”往往比其他电影的表现要好得多。

票房收入中的长尾现象，有助于解释电影发行对于制片厂在战略上的重要性。让学生思考，当一个产品未来的商业表现高度不确定时（但也可能会取得极大的成功），他们会如何进行产品销售。为了加强学生的理解，让学生来扮演电影放映者的角色是很有效果的。给每个学生分配特定数量的影院银幕以及一组电影，然后让学生选择每周在银幕上放映哪些电影。教师可以在课堂上，或通过第三方工具——例如“梦幻电影联盟”（fantasymovieleague. com）来开展这项活动。这样的活动能够帮助学生认识到，他们理想的选择就是放映“大片”。然而，由于对热门电影的预测是非常困难的，学生们将被迫做出决定，即放映多样化的电影。

35.2 电影的后期发行

一旦一部电影的放映期结束了，制片厂就有各种各样的后期发行选项来为他们的电影创造额外的收入。这些选项一般包括：向家庭媒体市场发行电影（例如DVD）、向电视台发行电影以及销售电影的周边商品等。数字时代开辟了新的创造电影收入的机会，包括：数字销售、视频点播租赁服务和 Netflix 等订阅制视频点播服务。电影制片厂最关心的不是是否使用这些后期发行方式，而是如何根据具体情况来进行各种途径的后期发行。

在不同地点（如电影院）或不同平台，并在不同时间点发行电影的过程称为“窗口期”（windowing）。窗口期可以帮助制片厂实现电影发行的价值最大化。这种做法使制片厂能够有效地进行价格歧视（即向付费意愿更高的电影观众等消费者收取更高的价格）。如果制片厂在电影上映之前就通过付费流媒体服务发布电影，很有可能会对票房收入产生负面冲击。

然而在数字时代，传统的窗口期过程已经被打破。一旦一部电影被广泛发行，“盗版”数字拷贝通过非法流媒体网站或在种子文件（torrent）、点对点（P2P）等共享网站上被免费提供是很常见的。这些数字电影拷贝通常是非法且零成本的。由于非法拷贝电影的普遍性，电影制片厂已经在考虑缩短电影上映窗口期和后期发行窗口期之间的时间间隔，或是在影院和数字平台上同时发布电影。后一种策略对于独立制片厂来说尤其有吸引力。

由于这种来自免费的数字化替代品的压力，制片厂现在必须考虑各种旨在实现利润最大化的策略，而不再使用传统的窗口期策略。电影公司已经开始评估影片的数字化版本是否确实可以替代 DVD 等实体版本。事实上，重叠的发行窗口期可能是行之有效的，因为获得低成本的数字发行版本可以使消费者对该影片有更多的了解，从而可能会增加消费者对更昂贵版本的需求。亚马逊（Amazon）等非传统电影制片厂也采用了这一策略，当电影还在影院上映的时候，通过自己的流媒体服务发行该电影，以鼓励那些支付意愿较低的消费者观看电影，并使消费者对电影的品质有更多的了解。

35.3 学生练习

练习 1

要求学生使用来自 the-numbers. com 等在线资源的数据，根据票房收入高低排序，收集一年内前 100 部电影的票房收入数据。接下来要求学生使用方格纸构建直方图。以横轴衡量收入，以 5 000 万美元为间隔（0~5 000 万美元，5 000 万~1 亿美元，依此类推）。要求学生计算每个收入区间内的影片数量，并绘制直方图。在绘制好的图上将出现明显的“长尾现象”。还可以让学生讨论为什么排名前 20 或前 30 的电影的票房与其他影片之间存在如此明显的差异。此外，还可以讨论在美国发行量有限的电影（甚至是仅在国内市场发行的电影）是如何获得数百万美元的票房收入的。

练习 2

学生可能会熟知所有类型的电影后期发行平台，但他们可能不熟悉关于发行时间的基本策略。教师可以要求每个学生为即将上映、尚未在电影院上映或在任何其他媒体平台上放映的电影设置窗口期。要求每个学生为电影的发行制定一个时间表：在电影上映后多久，他们会发行电影的 DVD 或数字版本，或是采取其他发行方式？要求学生解释他们选择某一策略的原因。教师应在讨论中强调价格歧视、时机和盗版对窗口期影响的重要性。可以用其他不同类型的电影重复同样的练习步骤，并讨论学生对于窗口期的选择是如何变化的。例如，教师可以指定一部超级英雄电影，并讨论该影片的早期数字版本是否会使消费者对该电影产生额外的兴趣，并导致销售收入的增加。

35.4 针对书面作业的样题

（1）你认为制片厂的影院发行策略是如何受到电影收入长尾分布的影响的？由于这种收入分配的存在，是否有某些类型的电影更有可能被广泛发行？

（2）回想一下第34章，电影是一种经验商品。你认为消费者在观看电影之前对电影品质的不确定性与电影收入的长尾分布有何关系？电影品质的不确定性是如何导致巨大的票房成功和失败的？

（3）描述一部电影的发行时间表与该电影类型之间的关系。例如，一部大型超级英雄电影的窗口期与一部历史剧的窗口期有何差异？

（4）随着Netflix和亚马逊进入故事片制作的领域，他们采用了独特的窗口期策略（包括同一天在影院和网络上发布电影）。讨论为什么这些制片厂愿意放弃更常见的顺序窗口期策略（以价格歧视为主要特征）。为什么只有这些数字发行商愿意采取这种策略？消费者是否认为在电影院观看电影可以完全替代通过流媒体服务观看电影（反之亦然）？

补充阅读材料

1. De Vany, A. and W. D. Walls (1999), 'Uncertainty in the movie industry: Does star power reduce the terror of the box office?', *Journal of Cultural Economics*, 23(4), 285-318.

2. Hennig-Thurau, T. and M. B. Houston (2019), *Entertainment Science: Data Analytics and Practical Theory for Movies, Games, Books, and Music*, Cham, Switzerland: Springer International Publishing AG.

3. Smith, M. D. and R. Telang (2009), 'Competing with free: The impact of movie broadcasts on DVD sales and internet piracy', *MIS Quarterly*, 33(2), 321-338.

36　非物质文化遗产

——后藤和子、安娜·米诺萨

在日本，特别是自1950年颁布《文化遗产综合法》以来（这是一个重要的里程碑），歌舞伎、文乐（日本木偶戏）、能乐（使用舞蹈、歌唱和面具的戏剧表演）等传统表演艺术以及传统音乐、舞蹈和手工艺，一直被视为重要的非物质文化遗产。旨在传承这些技能的教育，一直是非物质文化遗产政策的重点。公共干预和私人干预相结合，形成了维护不同形式的非物质文化遗产（能乐、茶道和日本插花艺术）的具体制度（政府支持、家庭活动与大师制度齐头并进）。因此，歌舞伎具有三重教育体系：家庭教育、师徒制和在国家公共剧院接受教育。文乐有两个培训体系：一是在国家文乐剧院接受教育；二是作为学徒，在师傅的指导下接受训练。对于能乐来说，国家能乐剧院有一个公共教育系统和一个私人教育系统，以及对表演者的“家元”（Iemoto）[1]教育系统。这三种非物质文化遗产具有不同的管理制度和经营方式。歌舞伎主要依靠市场；相比之下，没有商业管理体系的文乐如果得不到政府的支持就无法生存；至于能乐，它得到了学校和家元系统的支持。对这些非物质文化遗产的支持是公共干预与私人（营利和非营利）干预相结合的成果。

36.1　为何选择此专题

联合国教科文组织于2003年发布的《保护非物质文化遗产公约》，扩大了国家文化遗产保护政策的范围，呼吁承认非物质文化遗产的重要性，并采取措施对非物质文化遗产进行保护。由此引发了几个问题：如何保护非物质文化遗产？应该由谁来负责此事？使用哪些政策手段较为合适？针对这些问题的答案是很模糊的。

非物质文化遗产不仅与过去的历史有关。它是活着的，被称为它的“持有者”的地方社区，在保持它的生命力并对其进行传播方面发挥着重要作用。有时，非物质文化遗产持有者对政府保护非物质文化遗产的政策持怀疑态度。他们担心政府可能会“冻结”非物质文化遗产，即阻止非物质文化遗产的发展，从而使其失去真实性。如何保护非物质文化遗产，已成为全球政策制定中的一个有争议的问题[2]。日本提供了一个值得借鉴的有趣案例，因为日本的非物质文化遗产政策已经实施了很长时间，并且基于公共和私营部门之间的合作而采取了不同的措施。

36.2 为何选择此专题作为文化经济学案例

文化经济学家对有形文化遗产进行了深入调查，指出其特点并解释为什么需要公共干预来对其进行保护，并阐释了这种干预是如何发生的（见下文）。这个案例对文化经济学的发展很有意义，因为它表明需要对现有的分析进行调整，以考虑非物质文化遗产的特性及其所导致的变化。在文化经济学中，对支持非物质文化遗产的不同干预方式的分析仍处于初级阶段，但也有少数例外（Cominelli and Greffe，2013；Goto，2013）。然而，预测哪些干预方式可以被采用，并丰富关于有形文化遗产的文化经济学分析，这是一个非常有意思的话题。

36.3 学习目标

本章的目的是说明文化经济学如何分析有形文化遗产，并解释是否以及为什么需要公共干预——即文化政策，以及这些政策是如何设计的。本章还强调了与纳入非物质文化遗产概念相关的变化，并提供了调整分析所需的方法。有形文化遗产因其对经济、社会和文化发展的影响而受到越来越多的关注。因此，有必要设计适当的政策，以对有形文化遗产的保存予以保障。

36.4 对基本经济问题的详细阐释

从文化经济学的角度出发，我们关注的重点在于公共干预有形文化遗产的原因[3]。有形文化遗产具有公益性特征。这意味着它的消费是非竞争性的，也就是说，一个人对商品的消费与另一个人对该商品的消费并不冲突。有形文化遗产也具有非排他性，因为实际上不可能将某人排除在对它的消费之外（这是不可行的，或者排除的成本太高）[4]。最显而易见的一个纯公共产品的例子就是新鲜空气。然而，这两个特性可能并不总是完全存在的。只要不存在拥挤（congestion），非竞争性就是成立的；在博物馆拥挤的房间里，对有形文化遗产的消费就可能具有竞争性了；当博物馆收取入场费用时，该遗产就具有了排他性。因此，有形文化遗产被认为是一个不纯粹的公共产品的例子。在任何情况下，消费者都倾向于“搭便车”，也就是说，从消费有形文化遗产中受益，而不会对其做出任何贡献。因此，进行公共干预是有必要的。

外部性[5]也是公共干预的一个原因。一个正外部性（产生社会效益）的例子是修复后的旧建筑，它对一个地方的氛围和外观做出了积极的贡献。负外部性（产生社会成本）的最常见例子是污染。同样，政府需要介入（例如，帮助修复一栋由私人拥有的有形文化遗产建筑），否则，这些产品的供给量将低于正外部性情况下的社会最优数量，而高于负外部性情况下社会可以承受的数量。

非使用价值因人而异，并存在于有形文化遗产之中（即使我们并未“使用”该遗产）。传统上，我们分析的重点是：存在价值——对有形文化遗产的重视（即使不打算去参观）；遗赠价值——向后代传承遗产的重要性；选择价值——人们可能会在将来参观有形文化遗产。还可以分析其他价值，如声望价值、身份价值、宗教价值、历史价值等。由于这些价值相当主观，因此很难对它们进行界定与衡量。

出于公平的原因，可能会进行公共干预，也就是说，让每个人都有机会接触有形文化遗产。在一些国家，博物馆和有形文化遗产的网站是免费的。然而，当收取门票时，公共补贴会减少，从而无法覆盖有形文化遗产的相关成本。

在证明了公共干预有形文化遗产的合理性之后，有必要了解政府用来识别有形文化遗产并对其进行保护和发扬的方式是什么。这些方式包括：直接资助、监管以及间接资助。

最简单的方式是直接资助，就是政府通过负责文化的部门（或地方当局）为有形文化遗产提供资金。公共部门还向公共或私人拥有的有形文化遗产提供补贴，以保证对这些遗产的维护。政府有时会向消费者发放代金券，让他们凭自己的意愿去支持他们喜欢的有形文化遗产。

监管是保护有形文化遗产最常用的手段，且具有许多不同的形式。例如：将某物列入名录，即将其认定为有形文化遗产；相关机构发布法律条令，以对有形文化遗产的用途进行限制。联合国教科文组织的世界遗产名录，是遴选具有“重要世界价值”的有形文化遗产的最著名的例子。此外，还有各个国家所建立的一些名录。一些国家（如意大利）没有设定名录，但会对被确认为有形文化遗产的项目施加一定的“限制”。

第三个工具是间接资助，即引入税收激励机制，以刺激有形文化遗产的民间融资。向有形文化遗产机构捐献资金或文物的人，可以获得税收折扣；为保护他们所拥有的有形文化遗产而投资的个人或私营组织，也可以获得退税。这些方式被视为间接资助，因为政府并不直接资助，而是通过放弃一部分财政收入来间接资助有形文化遗产。

然而，非物质文化遗产概念的引入，要求我们改变现有的经济分析。之前所采用的资助方式不能简单地进行复制，因为它们有可能产生反效果，并“冻结”非物质文化遗产。日本的非物质文化遗产保护案例表明，采取其他的干预方式可能会更有效。虽然家元（Iemoto）制度在日本是独一无二的，但类似的保护方式也可以在其他地方被因地制宜地采用——例如学徒制度，这可能属于民间资助方式，也可能属于公共资助方式，或是两者的结合。

可以从现有政策中学习，以找出能够更好地保护非物质文化遗产的方式。非物质文化遗产通常体现在人（其持有者）而非物体身上。社区在非物质文化遗产的保护中发挥着根本性的作用，因为此遗产是活着的且不断发展的。因此，政策需要考虑到非物质文化遗产持有者。例如，在日本，一个活着的国宝即一个公认的重要技能保存者，获得了将技能和技术传承给下一代的补贴（因为教育才是根本）。出于同样的原因，日本政府已经开展了关于歌舞伎、文乐和能乐的公共教育，并与私营（非营利和营利）部门合作来为传统技能的教学提供支持。将非物质文化遗产列入名录，对于识别遗产持有人仍然很重要，尤其是他们可能会因此而获得资金来传承他们的技艺，这似乎是已经实施了一段时间的非物质文化遗产政策的重点。然而，单独被列入名录并不总是受欢迎的，因为遗产持有者担心此举会伴随着一些限制，从而可能会破坏非物质文化遗产的本质而不利于其保护。例如，在某些情况下，人们因为这些理由而反对将“他们的”非物质文化遗产列入联合国教科文组织的名录。

考虑到非物质文化遗产持有者的重要性，可能有必要采取新的公共干预模式——如三个日本案例所示，公共部门仅支持私营（营利和非营利）部门开展的活动。这些持有者的存在，意味着需要采取自下而上的保存和发扬非物质文化遗产的方式。

36.5 教学方式

（1）让学生阅读联合国教科文组织1972年和2003年的公约[6]。请他们比较遗产的两种定义，然后找出遗产保护的政策措施。

（2）根据文化经济学理论对每一种措施进行分析与分类。

（3）要求学生根据文化经济学分析联合国教科文组织所指出的最佳措施[7]。

（4）要求学生搜索有关非物质文化遗产的国家政策，并对其进行评论。注意强调非物质文化遗产持有者的作用、对非物质文化遗产的保护方式以及与联合国教科文组织名录的相似与不同之处。

36.6 可供提问与讨论的题目

（1）查阅你所在国家（或其他国家）的非物质文化遗产政策，找出非物质文化遗产的保护措施，并使用文化经济学对其进行分类。它们属于直接干预、间接干预还是监管？

（2）说明非物质文化遗产持有人在特定情况下对于非物质文化遗产之传承与保存的作用。

（3）你如何从经济学角度证明对非物质文化遗产的公共干预是合理的？

（4）考虑一个具体案例，说明公共和私营（非营利或营利）部门是否在共同努力保护非物质文化遗产？

36.7　评估标准

（1）学生们能否运用文化经济学来解释非物质文化遗产被列入名录的原因?

（2）学生们能否应用文化经济学来分析某一特定的非物质文化遗产的保护方式?

（3）学生们能否认识到保护非物质文化遗产所面临的挑战?

（4）学生是否能够针对出现的问题给出解决方案?

注释

[1]Iemoto(家元)采取世袭制。继承了某些传统技艺的家元会将技能传授给其他学生,后者必须支付学费与年度会员费。来自日本各地的学生们在跟随家元学习的过程中,会在各个阶段获得等级证书。最后,学成者将缴纳一笔不菲的金额,以领取证明其已经在某一技艺上具备一定水平的证书。家元体系是针对日本的,不应与一般协会混淆。后者是以民主方式组织的专业协会。在日本,每个人都可以成为协会的一部分,而家元只通过世袭的方式来传承。

[2]例如,关于法国的情况,参见 http://www.culture.gouv.fr/Thematiques/Patrimoine-culturel-immateriel/L-inventaire-national。

[3]更多可以证明对文化的公共干预具有正当性的理由,参见 Towse(2010)。

[4]文化遗产(无论其所有者为谁)都具有公共产品的特征。私人拥有的建筑可以具有非竞争性和非排他性。

[5]"外部性"是指一个经济主体(生产者或消费者)在自己的活动中,对旁观者的福利产生了一种积极影响或消极影响,其积极影响带来的利益或消极影响带来的损失,都不是生产者或消费者本人所获得或承担的。

[6]分别参见 https://whc.unesco.org/en/convention/以及 https://ich.unesco.org/en/convention。

[7]参见 UNESCO(n. d.),"Safeguarding without freezing", accessed 15 May 2019 at https://ich.unesco.org/en/safeguarding-00012 and UNESCO(n. d.),"Good

safeguarding practices",accessed https://ich. unesco. org/en/register。

参考文献

COMINELLI F,X GREFFE,2013. Why and how intangible cultural heritage should be safeguarded[M]//RIZZO I,MIGNOSA A. Handbook on the Economics of Cultural Heritage. Cheltenham, UK and Northampton, MA, USA: Edward Elgar Publishing: 402–419.

GOTO K,2013. Policy for intangible cultural heritage in Japan: How it relates to creativity[M]//RIZZO I, MIGNOSA A. Handbook on the Economics of Cultural Heritage. Cheltenham, UK and Northampton, MA, USA: Edward Elgar Publishing: 567–585.

TOWSE R, 2010. A Textbook of Cultural Economics [M]. Cambridge, UK: Cambridge University Press.

37 手工艺经济学

——后藤和子、安娜·米诺萨

手工艺属于非物质文化遗产和创意产业的范畴。根据联合国教科文组织的说法，手工艺品是由工匠生产的（要么完全手工，要么借助手工工具，甚至通过机械手段），只要工匠的直接手工贡献仍然是制成品中最重要的组成部分，此定义就是成立的。手工艺品可以是实用的、美学的、艺术的、创造性的、文化依附的、装饰的、功能的、传统的，也可以是宗教和社会的象征，具有宗教意义和社会意义[1]。

2003 年联合国教科文组织发布的《保护非物质文化遗产公约》，将非物质文化遗产的概念带到了国际舞台上。与手工艺有关的知识和技能被视为非物质文化遗产。保护的目标是确保它们能够被传承给后代。联合国教科文组织的重点是高质量手工艺品的推广与手工艺品的商业化。在联合国教科文组织干预之前，自 1950 年《文化遗产综合法》出台以来，日本一直在保护作为非物质文化遗产的手工艺技能。

在日本，文化厅（Agency for Cultural Affairs）列出了重要的手工艺技能，并以各种方式对这些技能进行支持与保护。与陶器、染色、日本漆器、金属制品、木制品和与传统玩偶相关的技能，被认为是非物质文化遗产。这些手工艺技能通过政府资助的艺术大学和专业学校来传授。“人间国宝”（Living National Treasure）是被正式认可的重要手工艺技能持有者。他们可以获得补贴以将技能传承给下一代，目前日本共有 58 位“人间国宝”[2]。

尽管手工艺很重要，而且有非物质文化遗产的政策，但传统手工艺产品一直在减少。日本经济产业省根据 1974 年制定的一项法律，开始刺激手工艺生产，其目的是保护传统文化、促进传统手工艺生产以及区域经济发展。事实上，传统工艺作坊和公司往往聚集在特定区域，因此它们对区域经济是很重要的。日本案例的特殊之处在于，日本法律根据以下五个标准来认定“传统工艺产品”[3]：

（1）工艺产品须用于日常生活。

（2）手工制作是主要的生产方法。

（3）该手工技艺必须至少被使用超过 100 年。

（4）该手工技艺所使用的主要材料，必须至少被使用超过 100 年。

（5）生产者必须集聚，形成区域性的手工艺产业。

如果这些条件得到满足，经济产业省将承认这些工艺品为传统工艺品，并给予该地区补贴。除了支持生产，经济产业省的政策还注重这些手工艺技能的传承。手工艺产业区使用传统技能开发新产品，此外，还举办展览并组织研讨会。然而，尽管有这些政策，目前，传统工艺品的产量仅为 1984 年高峰期的 1/5。从事传统手工艺的工匠数量也在减少[4]。

注意到工艺品在全球市场上的经济潜力，日本政府于 2010 年制定了“酷日本（Cool Japan）”战略，以刺激传统工艺品的出口。重视传统技能的设计师是全球传统手工艺市场的关键把关者。例如，设计师寻求工匠和时尚公司之间的合作，这些公司需要复杂的工艺技能来制造高质量的产品。这些新政策主要侧重于手工艺的创造力。

37.1　为何选择此专题

科米内利和格雷夫（Cominelli and Greffe，2013）阐述了保护非物质文化遗产的原因，并指出无形元素在知识经济定义新产品的生产时所扮演的决定性角色。艺术家、创作者和设计师都受到传统工艺的启发。日本通过实施非物质文化遗产政策和产业政策，以保护和促进手工艺的发展。尽管有这些政策，但由于生活方式和文化品味的变化、与大规模生产的竞争以及用于手工艺的自然资源的减少，传统工艺产品的需求和供给正在下降。传统工艺技能如何能够变得可持续？一种可能的解决方案是考虑手工艺的创新潜能。

选择这个专题的主要原因是重新思考传统技能的创造力。非物质文化遗产是从过去继承下来的，也是活着的。工匠可以利用传统知识和技能创造新产品，例如在京都，生产和服材料的传统丝绸纺织公司，创造了可用于汽车和房屋的新型室内丝绸纺织品。年轻的设计师从旧纺织品的图案中汲取灵感，创造出新的设计。传统知识和技能可以成为创造力的源泉。

选择此专题的第二个原因是研究支持该行业的公共政策措施。要振兴手工业，通过教育来传授技能可谓根本。但是，如果接受教育后的工作机会很少，手工业者就很难提升他们的技能。因此，刺激手工艺企业集群和市场发展的非物质文化遗产政策和产业政策，对手工艺来说非常重要。手工艺产品的创新是开拓全球市场的必要条件，而我们需要一种新的方法来刺激创新。

37.2 为何选择此专题作为文化经济学案例

之所以选择这个专题作为文化经济学的案例，是因为它直到现在还未被进行广泛的分析。手工艺有几个有趣的特征：其一，手工艺品兼具非物质文化遗产和创意产业的特点，即在具有技能和知识的同时，也作为私人产品在市场上出售。因此，将“传统”的理论应用于文化遗产的公共干预是不妥的。手工艺品是文化产品，它们体现了创造力并具有象征意义。知识产权是一种可以用来保护手工艺品的无形元素（即知识和技能）的措施。其二，手工艺的发展与手工艺政策有关。日本自20世纪50年代以来就制定了保护和促进手工艺的政策，对这些政策的分析是文化经济学中一个有趣的话题。

37.3 对基本经济问题的详细阐释

由社区和私营部门持有和传播的非物质文化遗产是活跃的。例如，传统节日活动由社区举办，手工艺品是由在小型工作室和公司工作的工匠创作的。非物质文化遗产政策的目标（特别是在手工艺方面）是向子孙后代传授技能和知识。政府可以通过各种方式向私营部门提供激励措施，以鼓励传统技能的传承，例如政府可以补贴获得认可的个人或团体，或区域手工业协会。

政府补贴的理由与由于技能和知识的继承而产生的外部效益（外部性）有关。这是有利于手工艺企业和社会的，因为传统技能和知识被用作创造力的源泉。然而，外部性会导致市场失灵，因为生产这些手工艺产品的人没有得到回报，而受益的人也没有为它们买单。因此，供给将无法达到实现福利最大化产出所需的水平。因此，公共干预可以提供一种激励，以提振手工艺产品的产出水平。

教育对于手工艺技能的传授而言是非常重要的。事实上，在日本，传统技能的教育得到了政府的支持。教育对社会也有外部性。如果政府不干预，教育的费用就会太贵，对教育的需求就会低于社会最优水平，训练有素的工匠数量也会减少。

如前所述，手工艺是创意产业的一部分，它将创意文化内容与产业规模生产相结合。凯夫斯（2000）将创意产业定义为艺术家和商业公司的结合，例如唱片公司需要艺术家提供的创意内容。在手工艺行业中，技能和知识是创意的投入，分销公司则将手工艺产品推向市场。

手工艺政策也考虑到了劳动力市场。如果对工匠的认可能够确保其至少得到最低工资，并将被认可的工匠的产品与其他工匠的产品区分开来，那么被认可的工匠的收入将会有所增加。然而，情况并非总是如此。例如，在日本，具有传统工艺产品相关技能的、得到认可的手工艺人并没有得到最低工资保障。此外，“人间国宝”的产品因稀有而极其昂贵。因此，政府的认可制度不足以保证手工艺品的可持续性。

手工艺生产者的集聚发挥了重要作用。他们可以受益于集聚的外部性（如创新氛围和知识交流），而当地的工匠劳动力市场也为集聚的手工艺企业提供了优势。传统手工艺企业往往聚集在一起，形成一个手工艺区。例如，小型工作室、窑炉、批量生产公司和贸易公司聚集在一起，形成了一个陶器区。在这些公司所形成的一体化供应链中，有明确的分工，每个公司对于该供应链的正常运作而言都很重要。在这些区域中，手工艺技能被传承给了新一代人。许多案例研究都证实了文化区对当地经济发展的显著影响。工业文化区降低了企业之间的交易成本，创造了正外部性。关于技术与文化的信息在该地区自由地流通（Santagata，2011），知识和创意可以在这些区域的手工艺工作室和公司之间共享，集群中的创意氛围则鼓励了创造与创新（Bille and Schulze，2006；Throsby，2010）。因此，政策应对集聚效应有所考量。

如果作者和出版商不能拥有法定知识产权，新作品的生产与传播将低于社会预期。信息和知识具有公共产品的特征，它们是非排他性和非竞争性的。创作者可以使用知识产权对其创作内容的使用进行控制。若没有这种控制，任何人都可以免费使用创作者的内容，那么，由于无法获得足够的收入，创作者将失去工作的动力。

知识产权可以成为支持手工艺的政策措施，以使手工艺者能够因为他们的创作而获得报酬。具体来说，当艺术作品是原创思想的创造性表达时，这些艺术作品可以具有版权。当工匠使用传统手工艺和技能来创造新的设计时，他们可以拥有设计权。商标是另一种支持手工艺的措施。在市场上建立起的品牌可以作为验证产品真实性的一种途径。

日本政府通过设立区域集团的商标，以促进区域品牌的发展。例如，“今治毛巾”（Imabari towel）是日本今治地区生产的毛巾的商标；“西阵织”（Nishijin textile）是京都生产的丝绸纺织品的商标。如果有人用低价出售在发展中国家生产（因便宜的原材料与廉价劳动力而具有较低的生产成本）的毛巾冒充今治毛巾，拥有今治毛巾商标的协会可以起诉该人。如果法院判定此举违法，今治毛巾仿制品的生产行为将会被禁止。手工艺产品的区域集团商标，被认为是成功的举措。设计权和商标的存在能够防止设计与品牌的侵权行为。

37.4 学习目标

（1）将手工艺理解为非物质文化遗产。

（2）将手工艺理解为创意产业的产品。因此，创意产业和非物质文化遗产的政策都可以应用于手工艺。

（3）了解知识产权和版权对传统手工艺产品的影响（经济方面）。

（4）了解集聚在手工业中的作用。

37.5 教学方式

37.5.1 课堂讨论话题

针对全班的学生：

（1）在你所在的国家，手工艺被认为是非物质文化遗产的一种形式还是创意产业的一部分？

（2）手工艺对经济和社会的作用是什么？

（3）什么样的政策能有效促进手工艺的发展？原因何在？

将全班分成小组讨论以下问题，并在课堂上做一个简短的报告：

（1）选择一种手工艺，并说明政府给予它的政策支持。这些政策关注的是手工艺的非物质文化遗产特征还是其创意产业特征？

（2）知识产权对手工艺的影响（经济方面）是什么？

（3）为什么要形成工业文化区？小型手工艺公司形成集聚的经济原理是什么？

（4）在全球经济中，传统手工艺有哪些可能的商业模式？

37.5.2 可供课堂讨论、书面作业或考试的话题

（1）就手工艺而言，非物质文化遗产与创意产业之间存在什么样的关系？

（2）公共、私营和非营利部门如何共同对手工艺进行保护？

37.6 评估标准

（1）学生能否使用文化经济学理论来分析文化遗产和创意产业？

（2）学生能否在其所在国家中找到一个有趣的相关案例？

（3）学生能否通过案例研究明确创意产业与非物质文化遗产之间的关系？

注释

[1]参见 UNESCO（2017），“Crafts and design”，accessed 27 February 2019 at http://www.unesco.org/new/en/culture/themes/creativity/creative-industries/crafts-and-design/。

[2]截至 2019 年 3 月。

[3]根据这项法律，经济产业省认定了 232 种传统工艺产品。

[4]2019 年，被认定为从事传统手工艺生产的工匠人数为 3 977 人。

补充阅读材料

1. Goto, K. (2013), "Policy for intangible cultural heritage in Japan: How it relates to creativity", in I.

2. Rizzo and A. Mignosa(eds), *Handbook on the Economics of Cultural Heritage*, Cheltenham, UK and Northampton, MA, USA: Edward Elgar Publishing, pp. 567–585.

3. Towse, R. (2010), *A Textbook of Cultural Economics*, 1st edition, Cambridge, UK: Cambridge University Press.

4. Towse, R. (ed.) (2011), *Handbook of Cultural Economics*, 2nd edition, Cheltenham, UK and Northampton, MA, USA: Edward Elgar Publishing.

5. WIPO(2016), "Intellectual property and traditional handicrafts", *Background Brief No.* 5, accessed 20 October 2019 at https://www.wipo.int/edocs/pubdocs/en/wipo_pub_tk_5.pdf.

参考文献

BILLE T, SCHULZE G G, 2006. Culture in urban and regional development[M]//GINSBURGH V, THROSBY. Handbook of the Economics of Art and Culture, Volume 1. Amsterdam: Elsevier Science/North-Holland: 1051–1100.

CAVES R E, 2000. Creative Industries: Contracts Between Art and Commerce[M]. Cambridge, MA: Harvard University Press.

COMINELLI F, GREFFE X, 2013. Why and how intangible cultural heritage should be safeguarded[M]//RIZZO I, MIGNOSA A. Handbook on the Economics of Cultural Heritage. Cheltenham, UK and Northampton, MA, USA: Edward Elgar Publishing: 402–419.

SANTAGATA W, 2011. Cultural districts[M]//TOWSE R. Handbook of Cultural Economics. 2nd ed. Cheltenham, UK and Northampton, MA, USA: Edward Elgar Publishing: 147–152.

THROSBY D, 2010. The Economics of Cultural Policy[M]. Cambridge, UK: Cambridge University Press.

38 历史建筑的保护：卡塔尼亚本笃会修道院的修复

——贾科莫·皮尼亚塔罗、伊尔德·里佐

意大利卡塔尼亚的本笃会修道院[1]属于国家遗产基金会，它与西西里岛东南部其他巴洛克晚期的代表性遗址一起被列入联合国教科文组织世界遗产名录。这座修道院是欧洲最大的修道院之一，是不同时期不同艺术风格“分层”（stratification）的一个例子。自 19 世纪末以来，它一直处于一个漫长的逐渐衰败时期。1977 年，随着市政当局将修道院捐赠给卡塔尼亚大学，这座修道院迎来了一个转折点。经过激烈的内部辩论，大学决定修复这座建筑，并将其作为人文学系的所在地。这一选择似乎并不妥当，因为原本可以通过更方便的方式来满足高等教育空间的需求（比如建造一座新大楼）。然而，本笃会修道院的保护和再利用，也是该大学提高其在城市文化生活中的声望与声誉的一种方式。此外，对除修道院以外的项目进行修缮也不会获得相同的资源，例如，用于遗产保护的拨款可能不会被拿来支持教育建筑的建设。

由于该修道院的巨大建筑规模，以及在官方遗产管理机构 Soprintendenza 的严格监督之下，修道院的修复工作复杂、漫长且繁重，持续了近 30 年。由于考古发现、项目变更、额外成本以及工程完工的不确定性，修复工程多次被中断。因此，卡塔尼亚大学无法为学生提供足够的教室与阅览室，并替学生承担了租用其他教学场地的费用。最终，修复工程完工，现在的本笃会修道院是该大学人文学系的所在地，同时也是卡塔尼亚的文化生活的重要场所。

38.1 为何选择此专题作为文化经济学案例

本笃会修道院的保护是一个有趣的案例，它说明了公共部门在遗产保护中所发挥的广泛作用，并指出了保护过程中所涉及的参与者以及公共干预的形式。

公共干预的经济学原理，与“遗产能够改善社会福利与生活质量”这一理念有关。遗产可以为整个社会带来利益，且这种利益无法由市场来提供，因为遗产无法被“定价”。在讨论“市场失灵”时，改善教育、增强民族自豪感、加强地方或民族认同、传承于后代以及通过旅游业增加收入，是遗产领域最常被提及的一些效益。因此，需要公众采取行动，以避免这些效益的匮乏并保证效率。政府也需要进行干预，以减少公众与遗产之间存在的社会、经济和地理方面的阻碍。尽管人们普遍认为遗产领域存在市场失灵的现象，但关于政府所实行的各项举措仍存在许多争议。

从这个角度来看，值得注意的是，公共干预并不一定能确保效率：根据委托代理理论，公共选择是一个以信息不对称为特征的决策过程的结果。政府是社会的代理人，反过来又是官僚机构的负责人。在公共选择理论中，公共代理人被假定为自我效用最大化者，公共利益的实现在很大程度上取决于对他们施加的激励和约束。

本章重点讨论政府的监管行为，这是一种直接的非金钱性质的干预，通常旨在根据政府的政策目标，对私人和公共行为者的活动进行限制或纠正。在遗产领域，监管旨在从数量和质量的角度对遗产进行控制。为了实现这一目标，政府通常会采取不同类型的行动：认定具有历史意义的建筑物或遗址；根据遗产的重要性对其设定等级；对遗产的使用和修复方式施加限制，并对违规行为进行处罚。遗产监管通常是专家（例如考古学家、艺术史学家、建筑师）决策的结果。这些专家比政治家具有更多的相关专业知识，因此，他们在确定要保护的遗产以及保护措施（如保护、重建、适应性再利用等）方面拥有相当大的自主权，从而对政治决策产生重要影响。此外，政府的监管方式通常倾向于“保护主义”，这一点可以从大多数国家的文化遗产名录的扩充（所谓的“类型扩充”（typological extension）与“历史性扩建”（historic additions））以及对保护这些文物的方式的限制中得到证明。这种“保护主义”观点低估了其对所有者和整个社会施加的成本，限制了遗产的其他用途，并可能阻碍对该领域的民间投资。结果，社会对公共干预的需求增加，但这种干预的可持续性是一个问题，原因在于公共干预会受到财政上的限制。

38.2 对一些基本文化经济学问题的详细阐释

本笃会修道院的案例，揭示了文化经济学中一些广为人知的问题。一个重要议题是：对遗产的认定是一个关乎于监管机构决定的问题。这个案例研究表明，对遗产进行保护和监管的方法不是客观的或普遍的。特别是当遗产本身的情况比较复杂时，相关负责人必须理清哪些东西值得保护（这是一个相当复杂的问题）。在修道院地下室发现的一座罗马别墅的遗迹就是一个例子。修道院在16世纪和18世纪建造时，其地基正是建在这样一座别墅的遗迹之上。可以看到，在那个时代一些图案和壁画的遗迹并没有获得建造者的保护。到了20世纪，别墅废墟的发现使Soprintendenza停止了修道院这一地区的所有工程。这个例子表明，对什么是文化遗产，以及什么应该得到保护的判定，可能会随着时间的推移而变化，并取决于由谁来负责决策。此外，在决策监管过程中引入足够的激励机制和问责机制亦十分必要。

监管的经济影响，取决于监管机构对监管范围（保护什么）以及要进行的干预类型（如何保护）所采取的“立场”——例如，仅进行遗产保护，还是对遗产进行适应性再利用。事实上，“环保主义者”的立场严重影响了与遗产保护相关的投资与维护等成本，此外，还可能会“挤出”对遗产保护的民间投资，从而对公共支出造成巨大压力以使其难以持续，进而导致遗产状况的恶化。当公共部门的决定打消了民间投资的意愿时，就会出现挤出效应。

至于监管所带来的成本及其对公共干预的需求与公共干预可持续性的影响，本笃会修道院的案例表明，Soprintendenza的做法，严重限制了卡塔尼亚大学根据自己的计划修复修道院的权利，并增加了公共干预的成本、时间与不确定性，还使该学校为遵守Soprintendenza的规定而承担了一定的费用。可以肯定的是，市政当局在对本笃会修道院的修复和使用这件事上并未思虑周全，而私人投资者也没有主动提出任何相关建议。这座建筑在被捐赠给卡塔尼亚大学之前的衰败状态表明，限制性的监管方式可能会导致看似矛盾的结果，即当民间投资者没有投资意向且公共部门在资金上受到限制（其预算无法承担维护成本）时，遗产是根本无法得到保护的。因此，这导致了一个恶性循环：用于遗产保护的公共资金的匮乏，导致了遗产状况的进一步恶化，进而削弱了私营资本对遗产保护的投资意愿，于是，遗产保护的资金需求将对公共财政造成更大的压力。

本笃会修道院的修复，也说明了某些公共部门会对文化类机构的行为进行干预的原因及方式。该案例说明了不同利益集团关于遗产保护方式的不同选择。

对本笃会修道院的修复在资本支出和维护成本方面要求很高，卡塔尼亚大学本可以耗费同样的资源来建造一栋维护成本较低的教学大楼，从而更好地满足学生和教职员工的需求。然而，在做出修复修道院的决定时，该大学的资金主要来自中央政府的专项补贴，并未充分认识到资源的机会成本。此外，校内不同院系之间的资金竞争也并不激烈。如今，由于严重的财政限制和现有的融资体系，大学可能不再会做出同样的决定。学校将有所权衡并可能专注于高等教育，而不会更多地关注文化方面的因素（因为其机会成本很高）。因此，本章的这一案例说明了不同规则对各方机构行为的影响：在考虑到时空变化的情况下，即使是像大学这样的公共机构也不可能做出对修道院进行修缮的决定。此外，在处理关于遗产保护的问题时，对严重的资源限制予以考虑是非常必要的。

38.3　学习目标

公共部门在保护建筑遗产方面发挥着重要作用，这也是文化经济学中的一个热门话题。本章中的案例能够使学生了解此类干预的一些特点，其中的重点在于遗产领域的监管。尽管遗产领域的公共干预是很重要的，但本笃会修道院的案例表明，公共干预的相关决策可能会阻碍其预期目标的实现。学生们可能会有所思考：公共干预可能是“供给导向”的（旨在最大化公共部门的效用），而不是“需求导向”的（旨在满足社会偏好）。监管的范围和强度可能更像是公共决策过程的内生产物，而不仅仅是遗产领域的政策手段。本章的案例还可以帮助学生理解信息不对称[2]对文化遗产领域中的公共决策过程的影响（这会导致关于资源使用的机会成本被低估）。学生可能熟悉与文化遗产保护有关的争议性问题（因为它们经常在媒体中被广泛地讨论），但并不熟知与公共决策过程的运作相关的经济学概念（例如信息不对称和机会成本）。

38.4 教学方式

以下问题可供课堂提问：

(1) 政府为什么要对遗产保护进行干预？

(2) 遗产的概念有多广泛？

(3) 谁来决定什么是遗产？

(4) 遗产保护涉及哪些相互矛盾的目的？

(5) 不同的遗产保护模式意味着什么？

(6) 如何进行遗产保护？

(7) 在哪些情况下，私人投资者愿意投资于遗产保护？

38.5 可供进一步讨论（或作为书面作业）的问题

(1) 关于遗产保护的公共决策过程有哪些特点？

(2) 遗产保护中的监管所产生的影响有哪些？

38.6 评估标准

(1) 学生是否理解与本章专题相关的理论或研究成果？

(2) 学生能否认识到本章专题与文化经济学中其他专题之间的联系？

注释

[1]参见本笃会修道院的网站 http://www.monasterodeibenedettini.it/en/the-

monastery/。

[2]当一方拥有比另一方更多或质量更高的信息时，就会出现信息不对称问题，交易方可以在任何交易中利用这些信息来发挥自己的优势。

补充阅读材料

1. Pignataro, G. and I. Rizzo (1997), "The political economy of rehabilitation: The case of the Benedettini Monastery", in M. Hutter and I. Rizzo (eds), *Economic Perspectives of Cultural Heritage*, 1st edition, Basingstoke: Palgrave Macmillan, pp. 91–106.

2. Benhamou, "Public intervention for cultural heritage", pp. 3–16; and Peacock, "Adam Smith has returned to live in Edinburgh: A case study", pp. 491–498 in I. Rizzo and A. Mignosa (eds), *A Handbook on the Economics of Cultural Heritage*, Cheltenham, UK and Northampton, MA, USA: Edward Elgar Publishing.

3. Mazza, "Public choice", pp. 379–388, and Rizzo, "Regulation", pp. 386–93 in R. Towse (ed.), *A Handbook in Cultural Economics*, Cheltenham, UK and Northampton, MA, USA: Edward Elgar Publishing.

附　录

Aarhus Municipality　奥胡斯市

Abbing H.　H. 艾宾

abuse, limited probability of　滥用的可能性

accreditation systems of cultural institutions　文化机构的认证制度

Adler M.　莫什·阿德勒

administrative economies of scale　行政上的规模经济

admission ticket expenses　门票费用

"Adopt a Castle" campaign　"领养城堡"活动

AGAINST public support　反对公共资助

agglomeration in craft industries　手工艺产业集聚

algorithmic processing, forms of　算法处理的形式

algorithms　算法

Alper N.　N. 阿伯尔

Altruism　利他主义

Amazon　亚马逊公司

Andrew Young School of Policy Studies　安德鲁·杨政策研究学院

art galleries　画廊

　　evaluation criteria　画廊的评价标准

　　as market makers　作为做市商的画廊

　　role of　画廊所扮演的角色

art market　艺术市场

artificial intelligence (AI)　人工智能

　　applications of　人工智能之应用

　　in artistic creation　艺术创作中的人工智能

cultural event　大型文化活动
cultural goods　文化产品
　consumption of　文化产品的消费
　demand curves and price elasticity　文化产品的需求曲线与价格弹性
　demand of　文化产品的需求
　economic valuation of　文化产品的经济价值之评估
　provision of　文化产品的供给
　and services　文化产品与服务
cultural heritage（CH）　文化遗产
　consumption of　文化遗产的消费
　decisions about　关于文化遗产的决策
　economics analysis of　文化遗产经济分析
　governance of　文化遗产的管理
　importance of transmitting　传承文化遗产的重要性
　indirect support　文化遗产的间接资助
　public intervention　文化遗产的公共干预
　regulation　文化遗产法规
　selection of　文化遗产的甄选
cultural inclusion　文化包容
cultural industries　文化产业
cultural infrastructure　文化基础设施
cultural institutions　文化机构
　accreditation of　文化机构的认证
　analyses of　对文化机构的分析
　efficiency of　文化机构的效率
　functions for　文化机构的职能
　inefficiency in　文化机构的低效率
　network of　文化机构体系
　performance of　文化机构的业绩
cultural labour markets　文化劳动力市场
cultural management　文化管理
cultural managers　文化管理者

Leontief W.　华西里·列昂惕夫
Living National Treasure "人间国宝"
long tail　长尾
Lorenz curve　洛伦兹曲线
Lyall K.　K. 莱尔

MacDonald G. M.　G. M. 麦克唐纳
machine learning　机器学习
marginal cost　边际成本
marginal reasoning　边际推理
market demand for public goods　公共产品的市场需求
market discipline　市场规则
market failure　市场失灵
　sources of　市场失灵的原因
marketing　市场营销
market segmentation　市场细分
Mateos-Garcia J.　J. 马特奥斯-加西亚
Mayer E.　E. 梅耶
media exposure　媒体曝光
media taxes　媒体税
Meng X. -L.　孟晓犁
merit goods argument　有益产品论
metadata　元数据
microeconomic models　微观经济学模型
"minor" museum "小型"博物馆
Modern Culture and Dissemination　现代文化与传播
monopolistic power　垄断力
Mozart effect　莫扎特效应
multinational galleries　跨国画廊
multiplier effects　乘数效应
museums　博物馆
　collection　博物馆藏品